中国传统文化十六讲

主编 张晓芝 王慧颖

重庆大学出版社

图书在版编目（CIP）数据

中国传统文化十六讲/张晓芝,王慧颖主编. --重庆:重庆大学出版社,2019.9(2024.8 重印)

ISBN 978-7-5689-1815-2

Ⅰ.①中…　Ⅱ.①张…②王…　Ⅲ.①中华文化—高等学校—教材　Ⅳ.①K203

中国版本图书馆 CIP 数据核字(2019)第 206030 号

中国传统文化十六讲

主　编　张晓芝　王慧颖

责任编辑:唐笑水　　版式设计:唐笑水

责任校对:张红梅　　责任印制:张　策

*

重庆大学出版社出版发行

出版人:陈晓阳

社址:重庆市沙坪坝区大学城西路 21 号

邮编:401331

电话:(023)88617190　88617185(中小学)

传真:(023)88617186　88617166

网址:http://www.cqup.com.cn

邮箱:fxk@cqup.com.cn(营销中心)

全国新华书店经销

重庆市国丰印务有限责任公司印刷

*

开本:787mm×1092mm　1/16　印张:15　字数:331 千

2020 年 1 月第 1 版　　2024 年 8 月第 7 次印刷

ISBN 978-7-5689-1815-2　　定价:42.00 元

前　言

　　党的"二十大"报告指出,"中华优秀传统文化源远流长、博大精深,是中华文明的智慧结晶""我们必须坚定历史自信、文化自信,坚持古为今用、推陈出新,把马克思主义思想精髓同中华优秀传统文化精华贯通起来"。此次《中国传统文化十六讲》教材编写组贯彻党的"二十大"精神,坚持"三全育人"鲜明导向,牢牢把握德育主线,坚守马克思主义在教材编写中的指导地位,弘扬社会主义核心价值观。

　　讲授中国文化的大学语文具有悠久的历史,是各大高校普遍开设的课程。大约在 20 世纪 30 年代国内各院校就已经开始针对大一学生开设大学语文课程,当时统一称为"大一国文"。迄今为止,大学语文已经走过九十余年的历史。这门传统的课程,旨在提高大学生的国文水平,这在当下依然具有现实意义。

　　根据中国国家图书馆、国内各大出版社、各高校教材征订信息、孔夫子旧书网等各渠道的数据进行不完全统计,现在国内针对大学语文课程的教材有千余种。一般的情况是,各大高校基本都采用本校教师编写的教材。基于这种考虑,我们古代文学教研室的全体同仁,也尝试着编写一套大学语文教材。一方面希望能够通过本校教师所掌握的学生基础能力,编写符合院校自身实际情况的大学语文教材。另一方面在大学语文成为必修课的当下,也期望能够集众人智慧,将大学语文课程变为特色课程,毕竟此课程涉及高校里几乎所有专业。大学语文作为公共必修课,它的地位应该与大学英语等具有平等的地位。然而,现实情况却是大学语文的授课情况远不及大学英语。师资力量、课程规范、社会认可度、学生到课率等都不甚理想,大学语文的改革势在必行。而教材是改革的首要突破点,我们根据院校实际情况,将特色和实用结合起来,编写优质的大学语文教材。

　　大学语文的泛泛授课模式已经不适应现在的高校教学,当下,各大院校都在探索大学语文教材及课堂教学的改革与发展。从国内各大院校对大学语文教学、科研工作的投入来看,其发展趋势走在改革的前列。这一论断,主要基于以下几点:一是大学语文授课教师的年轻化、高学历化。语文的高等教育是学生走入社会前进行国文教育的最后一环，也是最重要的一环。教师的年轻化可以将最新的思想带入课堂；教师的高学历化能够拓宽学生的学术视野。大学语文的改革，其趋势是将中国传统文化和现实生活巧妙地融合在一起。二是大学语文授课方式的转变。高校教师作为授课主体，授课方式在某种程度上已摆脱了教材的束缚，采取集中备课、专题授课、"内外课堂"、灵活考查等分专业、分层次的授课方式。这一趋势促使大学语文的课堂变得丰富、精彩，而不再以"满堂灌"的方式授课，使得学生的学习积极性有了很大的提高。三是各高校对大学语文各种教材的研究已经展开。以古代文学教师为主体科研人员的大学语文改革，在复旦大学、南开大学、四川大学等高校都有很好的尝试。20世纪90年代末期以来，大学教师就不断反思大学语文的教学，提出"语文是人类最重要的交际工具""大学语文课，应当着眼于帮助学生在新的高度上形成语文意识，深化学生对语文基本要素及其内在联系的自觉把握"，这在学界已形成共识。

大学语文可以提升学生学习、理解能力，提高学生人文精神素养。大学语文要坚持它的文学性，没有文学作品的载体，人文精神教育容易流于空泛，因此选篇是教材编写的重点之一。而坚持文学性不等于只讲文学作品和文学知识，或者孤立地讲篇章、字词和结构，而应当注重通过对文学作品的整体把握，以及通过对文学人物的命运分析来传递人文精神，增进学生对文学作品中人生哲理和精神境界的理解。

此次教材编写的主旨是：特色为"经"，实用为"纬"，交织精品。从整体来看，在这十六个专题之中，专题与专题之间相互关联，形成联系网。也就是说，每一个专题都不是孤立存在的。从部分来看，又以一个专题引领数篇文章，从文学常识到理论深度，由小到大，以点及面，力求立体呈现大学语文概况。其实际意义就是在专题授课之中，体现出国文的特色，让学生在兴趣中学习中国传统文化。针对除中文系以外学生的具体情况，采取由浅入深的教学方式，有利于不同层次、不同专业的学生依据自身特点进行学习。此次教材的编撰是集体智慧的结合，因此从某种意义上说，众多思想观念的结合能够解决高校在大学语文授课方面遇到的诸多问题。

参与编写本书的有张晓芝、王慧颖、罗燕萍、段丽惠、张红波、金蕊、耿战超、姚诚、陈秋红九位老师。张晓芝负责前言、第一讲、第二讲及全书统稿。耿战超负责第三讲、第四讲，金蕊负责第五讲、第十六讲，姚诚负责第六讲、第十五讲，张红波和陈秋红负责第七讲、第八讲，罗燕萍负责第九讲、第十讲，段丽惠负责第十一讲、第十二讲，王慧颖负责第十三讲、第十四讲。全书从酝酿到开始编纂长达三年时间，翻阅已出版的大学语文教材几十部;从确定讲题到编写完成,历时一年;从提交出版社到出版又历时半年,其中辛苦,非参与其中不能体会。需要指出的是,本书所涉及的引用文献及内容均参考相关出版资料,编者稍作修改,针对所选篇目作繁简字转换时,对异体字、不规范字进行了修改和调整,对部分文段的句读进行了少许改动。感谢四川外国语大学教务处在教材建设方面给予的编写资助。感谢四川外国语大学中国语言文化学院周文德院长、卢玫书记在本书出版方面的支持。特别感谢重庆大学出版社的支持。由于编者水平有限,书中错误之处难免,敬请读者指正。

编　者

2024 年 2 月

目　录

中国文化历史悠久，早在新石器时代，人们已经可以利用星体的位置辨别方向、判断时间，并对季节变化有了认识。从物候授时到观象授时，人们通过对天地万物的观测，逐渐了解天文规律，并应用于社会生产，积累了丰富的天文知识。经历时代的变更，天文历法不断发展、完善，宋元时期，中国古代天文学达到鼎盛。古代天文历法是中华传统文化内核中最重要的部分之一，它的影响一直延续到现在，这在世界上是独一无二的。本讲主要从天干地支和二十四节气两个方面，引导读者领略中国古代天文历法的博大精深。

第一讲

中国古代天文历法

解　题

中国古代天文学经历了四个发展时期，分别是上古至春秋战国的早期，西汉至唐五代的发展与完善时期，宋元的鼎盛时期，明清的停滞时期。

一、天文学的早期

人类自诞生那一刻起就需要与"物"打交道，而天地万物的变化对农业生产会产生重要影响。可以想见，早期的人类在进行农业生产时，会利用动植物的生活规律和生长规律来规划农业安排。也就是说，"物候授时"是早期人们掌握天文规律的第一步。虽然"物候授时"与太阳运动有关，对指导农业生产有重要作用，但也存在很大的问题，毕竟动植物的变化要滞后一些，难以精确反映实际规律。于是，古代劳动人民又进行了进一步的探究。

"物候授时"之后是"观象授时"。何谓"观象授时"？古代人们通过观测天象以确定时间，具体而言则是通过星象以确定季节。"观象授时"这一术语见于清代毕沅的《夏小正考注》（《续修四库全书》收录）一书。"观象"一词，形象地描述了原始的天文学，也指出了上古时期先民在制定天文历法时依据天象的事实。实际上，在人们有规律地依据年、月、日、时计时之前，中国古代人民在漫长的岁月中都是"观象授时"。早在4300多年前古人就已经能"观象授时"，并确定了阴历二十四节气中的"春分、秋分、夏至、冬至"等重要节气。例如，《尚书》《夏小正》《逸周书》等典籍里就有不少关于"观象授时"的记载。现存最早而又比较完整地记录观象授时的文字的典籍是《尚书·尧典》，其文曰："乃命羲和，钦若昊天，历象日月星辰，敬授人时。"尧用羲氏、和氏家族中之贤能者，敬顺天理，观测日月星辰的运行，掌握其规律，以审知时候而授民，便于农事。又云："帝曰：咨！汝羲暨和。期三百有六旬有六日，以闰月定四时成岁。允厘百工，庶绩咸熙。"这句话意思是，"帝尧说：啊！你们羲氏、和氏。一年有三百六十六天，你们得用置闰月的办法调配月与岁，确定一年的春、夏、秋、冬四季。四时不差，这就可以规定百官的职守，各种事情就可以开始做了。"可见上古帝王对观象制历何等重视，更看出星历在指导生产中的重要作用，在社会职事上的特殊地位。

早期天文历法的产生，无论是"物候授时"还是"观象授时"，都属于被动授时。当人们掌握了更多天文规律之后，特别是回归年的长度，就能够预先推断季节，历法就应运而生了。夏、商、周时期应该已经有相关天文历法了，但文字记载较少。春秋战国时期，流行过黄帝、颛顼、夏、商、周、鲁等六种历法。当时诸侯国都有自己的历法,历元不同,岁首有异。值得注意的是,春秋战国五百年间,出现了很多占星家,他们开始对恒星进行观测,中国天文学就形成了天文和历法两条主线。

二、天文学的发展与完善时期

到西汉时期,天文学有了飞跃式进步。汉初沿用秦朝《颛顼历》,以十月为岁首。1972 年在山东临沂银雀山汉墓中发现的元光元年的历谱,是我国迄今为止发现的最早的完整历谱。根据它的推算,这个历谱与秦历法相同,证明武帝太初以前依然采用《颛顼历》。但《颛顼历》并不精确,到汉武帝时已出现了"朔晦月见,弦望满亏"的错乱现象。于是汉武帝令司马迁等改《颛顼历》而作《太初历》,以正月为岁首。由此,天文学家制定了中国第一部较为完整的历法《太初历》。还有,《淮南子》一书中,出现了关于太阳黑子的记录,"日中有鸟"就是太阳黑子的形象。《汉书·五行志》中还有两处关于太阳黑子的记载,其一,汉元帝永光元年四月,"日黑居仄,大如弹丸",说明太阳边侧有"黑子"倾斜,形状、大小与弹丸差不多,这被世界公认为是有关太阳黑子的最早记录。其二,司平元年三月乙未(十八日),"日出黄,有黑气大如钱,居日中央",这里已经把黑子的位置、时间都记述得十分详细。另外,马王堆汉墓出土的帛书《五星占》,其中有关于五大行星运行的记载,这是我国现存最早的天文学著作。

西汉时期,落下闳制造了浑仪,这是中国古代的一种天文观测仪器。这种仪器以浑天说为理论基础,由相应天球坐标系各基本圈的环规及瞄准器构成。西汉落下闳以后,浑仪的功能随着环的增加而增加。东汉时期,张衡从日、月、地球所处的不同位置,对月食作了最早的科学解释;张衡所发明制作的地动仪,可以遥测千里之外地震发生的方向,这比欧洲早 1700 多年。到唐代李淳风,已能够用一架浑仪同时测出天体的赤道坐标、黄道坐标和白道坐标。

从西汉到五代时期,《太初历》发展到《符天历》,中国历法在编排日历外,又增添了节气、朔望、置闰、交食和计时等多项内容。历法的发展越来越完善,体系越来越缜密,数据越来越精确,观测手段和计算方法也越来越先进。如隋代刘焯,用等间距二次差内插法来处理日月运动的不均匀性。唐代僧人一行编有《大衍历》,"大衍历"之名是依据周易系辞"大衍之数"一语而来。全文共分七篇,包括《步气朔》《步发敛》《步日躔》《步月离》《步晷漏》《步交会》《步五星》。《步气朔》讨论如何推算二十四节气和朔望弦晦的时刻;《步发敛》内容包括七十二候、六十四卦以及置闰法则等;《步日躔》讨论如何计算太阳的位置;《步月离》讨论如何推算月亮的位置;《步晷漏》计算表影和昼夜漏刻的长度;

《步交会》讨论如何计算日、月食；《步五星》介绍的是五大行星的位置计算。这七篇编次结构合理、逻辑严密，成为后世历法编次的经典模式，表明中国历法已完全成熟。自秦以来千余年，中国人的宇宙观念发生了改变，中国历法从"盖天说"走到了"浑天说"。

五代时的历法，据史料记载，后晋有《调元历》，蜀有《永昌历》和《正象历》，南唐有《齐政历》，后周有王处讷的《明玄历》和王朴的《钦天历》等。其中也有一些创新，如《调元历》不用上元积年，《钦天历》在实际观测基础上对五星动态表的改正等。有些历法还在一定时期内为后世所沿用。

三、天文学的鼎盛时期

宋代，中国天文学继续向前发展。宋代在三百余年内颁发过十八种历法，其中以南宋杨忠辅制定的《统天历》最优。《统天历》取回归年长为 365.2425 日，是当时世界上最精密的数值，欧洲著名的《格里高利历》，即当今世界通行的公历，其回归年长亦取365.2425日，但比《统天历》晚了三百多年。《统天历》还指出了回归年的长度在逐渐变化，其数值是古大今小。《统天历》提出的回归年消长的概念，也是较为先进的思想。宋代最富有革新的历法，莫过于北宋时期沈括提出的《十二气历》。我国历代颁发的历法，均将十二个月分配于春、夏、秋、冬四季，每季三个月，如遇闰月，所含闰月之季即四个月；而天文学上又以立春、立夏、立秋、立冬四个节令，作为春、夏、秋、冬四季的开始。所以，这两者之间的矛盾在历法上难以统一。针对这一弊端，沈括提出了以"十二气"为一年的历法，后世称它为《十二气历》。沈括在他的名著《梦溪笔谈》中写道："直以立春之日为孟春之一日，惊蛰为仲春之一日，大尽三十一日，小尽三十日；岁岁齐尽，永无闰月。十二气常一大一小相间，纵有两小相并，一岁不过一次。"《十二气历》实为一种阳历，它既与实际星象和季节相合，又能更简便地服务于生产活动，可惜，由于传统习惯势力太大而未能颁发实行。

在进行具体的天象观测时，出现了许多大型仪器。宋代拥有水运仪象台和四座大型浑仪。其中北方的苏颂制作的水运仪象台，集观测、演示、报时于一体，是当时世界上最优秀的天文仪器。

自宋至元，中国古代天文学发展至鼎盛阶段。宋元两朝颁布的历法达二十多部，元朝郭守敬的《授时历》，连续使用了360年，达到了中国历法的巅峰。郭守敬还创制了简仪和高表。

四、天文学的停滞时期

明清两代,我国天文学发展几乎处于停滞阶段,元代的《授时历》在明代继续使用。清初采纳了欧洲耶稣会传教士所编制的《西洋新法历书》,而中国的天文学没有很大的进展。

中国天文学在宋元时期处于世界领先地位,为什么明清两朝没有继续发展呢? 首先是经济、政治方面的原因。从根本上说,社会制度制约着天文学的发展。封建势力会阻碍社会进步,这一点与西方社会有着共性。我国封建社会持续时间久,封建势力强,创新意识常常受到压制。另一方面,经济虽然在持续发展,但人们却一直重视农业生产,呈现出"思想守旧,科技落后"的现象。当然,上层统治者的重视与否也是一个重要方面。明清两朝统治者只是沿用前代历法而未重视对历法进行改进。其次是天文学本身的原因。元代的天文仪器已经达到肉眼测量的极限,除非再增加凹、凸透镜,否则精确度不会提高,而望远镜技术是在欧洲诞生的。另外,中国古代擅长的是代数计算,在解决天体位置与推算值弥合问题上,只注重表象,不注重几何结构和相关的理论依据。相反,西方特别是古希腊天文学非常重视几何学。14 世纪以后,我国的科技水平与欧洲的科技水平差距越来越大。我们应该反思,为何我国在天文历法方面出现了落后的局面。笔者认为,原因不仅是以上所罗列的宏观方面,中观和微观也应该是我们探究的角度。

中国古籍中关于天文历法的记载可谓真正的"天书"。学习中国文化,了解一些古代天文学知识,对于了解、学习、研究中国古代文学、哲学、史学等都有重要意义。

篇目选读

《尚书·尧典》节选

乃命羲和①,钦若昊天②,历象日月星辰③,敬授人时④。分命羲仲⑤,宅嵎夷⑥,曰

---

① 羲、和为同族两氏,郑玄以为乃"重黎之后"。相传重黎氏族世掌天地四时之官,颛顼时"乃命重黎,绝地天通"(《尚书·吕刑》)。至尧时,重黎后代氏族羲、和的首领继续在部落联盟中担任这类官职。

② 钦:敬。若:顺从,遵循。故《史记·五帝本纪》钦若作"敬顺"。昊天:广大无际的天。

③ 历:《史记》作"数",推算岁时。象:《楚辞·怀沙》王逸注,"象,法也"。这里作动词,意为观测。

④ 敬授人时:指制定历法,为民所用。

⑤ 羲仲:与下文的羲叔、和仲、和叔皆掌天文之官。此四人都是羲、和氏族的首领,在部落联盟中职掌天文。

⑥ 宅:居住。嵎夷:氏族名,东夷的支系。

旸谷①。寅宾出日②，平秩东作③。日中星鸟④，以殷仲春⑤。厥民析⑥，鸟兽孳尾⑦。申命羲叔，宅南交⑧，曰明都⑨。平秩南讹⑩，敬致⑪。日永星火⑫，以正仲夏。厥民因⑬，鸟兽希革⑭。分命和仲，宅西，曰昧谷⑮。寅饯纳日，平秩西成⑯。宵中星虚⑰，以殷仲秋。厥民夷⑱，鸟兽毛毨⑲。申命和叔，宅朔方，曰幽都⑳。平在朔易㉑。日短星

---

① 旸谷：一作汤谷，皆为声借字。《说文》："旸，日出也。"传说中的日出之处，其地在东方。
② 寅：《尚书》古本多作"夤"。《说文》："夤，敬惕也。"宾，导。《孔疏》："宾者，主行导引，故宾为导也。"
③ 平：与"平章百姓"之平同义，辨别。秩：杨筠如《尚书覈诂》有按语称，"《说文》秩本训积义，积之必有次叙，故引申有清察之义"。东作：屈万里《尚书今注今译》云，"五行家以东方配春；东作即春作，谓春日之农作也。此言使民治其春作"。
④ 中：均等。日中即昼夜时间均等，古时指春分这一天。星鸟：星名。古人分二十八宿为四象，每象包括七宿，星鸟是南方朱雀七宿的总名。朱雀七宿在天呈鸟形，故名星鸟。
⑤ 殷：《广雅》云"正也"。确定的意思。仲：《史记》作"中"，一年四季、一季三个月，古人称中间那个月为仲。仲春，春天的第二个月。
⑥ 厥：《史记》作"其"。析：《史记·司马相如列传·索隐》引如淳说云，"析，分也。"指使民分散耕种。
⑦ 孳尾：生衍繁殖。孳，《说文》云，"汲汲生也"，是孳义为生。尾，交接。
⑧ 交：指春夏之交。
⑨ 曰明都：此三字诸本多无，然根据文义，似缺。
⑩ 平秩南讹：指太阳从北回归线向南移动。讹，运动。《诗·小雅·无羊》云，"或寝或讹"。《传》云，"讹，动也"。
⑪ 致：至，到来的意思。
⑫ 日永：夏至这天白昼最长，昼长六十刻，夜短四十刻，所以古人称夏至为日永。永，长也。星火：火星，是二十八星宿中的心星，仲夏黄昏时，心星出现在南方。故《夏小正》云："五月，初昏大火中。"《传》曰："大火者，心也。"
⑬ 因：就高地而居。古代人们多生活在高处以避水灾，今考古发掘的新石器时代文化遗址，多在河流附近的台地上。
⑭ 鸟兽希革：夏季暑热，鸟兽羽毛稀疏的意思。希，稀疏。革，皮。
⑮ 昧谷：西方地名，不可考。昧，又作"蒙"，《史记集解》引徐广曰"一作抑"。
⑯ 平秩西成：与"平秩东作"对文。西，指太阳向西运转。成，指秋天收获之事。
⑰ 宵中：古人称秋分为宵中，此日昼长、夜长相等，均为五十刻。星虚：即虚星，属二十八宿。秋分黄昏时，虚星出现在西方，古人根据虚星的运行情况，考定仲秋的季节。
⑱ 厥民夷：夏天百姓避洪水就高地而居，秋天则返回平原上生活。夷，平，指平原地带。
⑲ 毨：《玉篇》："犹，毛更生也。"
⑳ 幽都：指幽州，亦指北方之地，具体地点实不可考。
㉑ 平：辨别。在：观察。朔易：指太阳从南回归线向北运转。朔，极北地。易，变易，此处指运转。

昴①,以正仲冬。厥民隩②,鸟兽氄毛③。帝曰:"咨! 汝羲暨和。期三百有六旬有六日④,以闰月定四时成岁⑤。允厘百工⑥,庶绩咸熙⑦。"

(节选自李民、王健撰《尚书译注》,上海古籍出版社 2004 年版。)

《淮南子·天文训》节选

天坠未形,冯冯翼翼,洞洞灟灟⑧,故曰太昭⑨。道始于虚霸⑩,虚霸生宇宙⑪,宇宙生气,气有涯垠⑫。清阳者薄靡而为天⑬,重浊者凝滞而为地。清妙之合专易,重浊之凝竭难⑭。故天先成而地后定。天地之袭精为阴阳,阴阳之专精为四时,四时之散精为万物。积阳之热气生火,火气之精者为日;积阴之寒气为水,水气之精者为月。日月之淫为精者为星辰。天受日月星辰,地受水潦尘埃。昔者,共工与颛顼争为帝,怒而触不周之山,天柱折,地维绝。天倾西北,故日月星辰移焉;地不满东南,故水潦尘埃归焉。天道曰圆,地道曰方。方者主幽,圆者主明。明者吐气者也,是故火日外

---

① 日短:古时称冬至为日短。这天昼短漏刻为四十刻,夜长漏刻为六十刻,一年中白昼最短的一天。星昴:昴星,二十八宿之一,冬至黄昏时,昴星出现在北方。

② 隩:内。冬天入室内居住,避寒取暖。

③ 氄:细密而软的毛。

④ 期:一周年。旬:十日为旬。有:又。期三百有六旬有六日,一年三百六十六日。

⑤ 闰月定四时:我国古代历法以一年为十二个朔望月,大月三十天,小月二十九天,总计三百五十四天,比一年的实际天数少十一天又四分之一天,三年的累积相当于一个月,所以置闰月以解决。四时,四季。本段分叙四季的政事,每一季分三个内容,第一是派一位官员管该季相应一方的事务;第二是依四中星定四季;第三叙述百姓和鸟兽生活情况。

⑥ 厘:治。百工:百官。

⑦ 庶:众。咸:皆。熙:兴。

⑧ 冯冯、翼翼、洞洞、灟灟:都是指混沌不开,无形之貌的意思。

⑨ 太昭:当为太始。《易·乾坤凿度》云"太始者,形之始也"。是太始无形,故天地未形,谓之太始也。此指宇宙原始的混沌状态。

⑩ 虚霸:王逸注《楚辞·天问》云"太始之元,虚廓无形"。霸,同"廓",空阔,开朗。

⑪ 宇宙:宇,四方上下也;宙,往古来今也,将成天地之貌也。宇宙,系时间与空间的集合体。

⑫ 气:构成万物的原始物质。涯垠:边际。王念孙认为此处当为"宇宙生元气,元气有涯垠"。

⑬ 清阳:清轻之气。薄靡:像尘埃飞扬之貌,轻微而发散。

⑭ 重浊:沉重混浊之气。凝竭:聚集。黄帝《素问·阴阳应象大论》云"积阳为天,积阴为地。故清阳为天,浊阴为地"。

景①；幽者含气者也②，是故水日内景③。吐气者施④，含气者化⑤，是故阳施阴化。天之偏气怒者为风⑥，地之含气和者为雨⑦，阴阳相薄⑧，感而为雷⑨，激而为霆，乱而为雾⑩，阳气胜则散而为雨露，阴气胜则凝而为霜雪。

毛羽者⑪，飞行之类也，故属于阳；介鳞者⑫，蛰伏之类也⑬，故属于阴。日者阳之主也，是故春夏则群兽除⑭，日至而麋鹿解，月者，阴之宗也，是以月虚而鱼脑减，月死而蠃蜕膲⑮。火上荨⑯，水下流，故鸟飞而高，鱼动而下。物类相动，本标相应⑰，故阳燧见日则燃而为火⑱，方诸见月则津而为水⑲，虎啸而谷风至⑳，龙举而景云属㉑，麒麟斗而日月食㉒，鲸鱼死而彗星出，蚕珥丝而商弦绝㉓，贲星坠而勃海决㉔。人主之情，上通于天。故诛暴则多飘风㉕，枉法令则多虫螟㉖，杀不辜则国赤地，令不收则多淫雨。

四时者，天之吏也；日月者，天之使也；星辰者，天之期也㉗；虹霓彗星者，天之

---

① 外景：明者，吐气者也。光芒在外，火与太阳之类是也。
② 含气：吸收气体。
③ 内景：幽者，含气者也。光芒在内，水与月之类是也。
④ 施：给予。
⑤ 化：生成。
⑥ 偏气：不正之气。《大戴礼记》云"阴阳之气，偏则风，和则雨"。
⑦ 含气：与"偏气"相对。吸收的气体。
⑧ 薄：迫也，逼近。
⑨ 感：动也，感触。
⑩ 乱：杂乱。
⑪ 毛羽：即鸟类。
⑫ 介鳞：指龟和蛇等动物。
⑬ 蛰伏：指冬眠的动物。
⑭ 除：冬毛微坠也。
⑮ 月死：农历每月晦日，月光不明，所以叫"月死"。
⑯ 荨：通"罩"，蔓延。
⑰ 标：末端。
⑱ 阳燧：一种取火的工具，是利用凹面聚光的原理取火的。
⑲ 津：生津，即化气。
⑳ 谷风：木风也，即东风。
㉑ 景云：祥云。
㉒ 麒麟：古代传说中的端兽，是以犀牛、长颈鹿为原型的。食：蚀。
㉓ 珥：通"咡"，吐丝。
㉔ 贲星：客星。决：溢出。
㉕ 诛暴：暴虐、诛杀。飘风：暴风。
㉖ 虫螟：食心虫。
㉗ 期：期约、聚会。

忌也。

天有九野①,九千九百九十九隅,去地五亿万里。五星,八风,二十八宿,五官,六府,紫宫、太微、轩辕、咸池、四守、天阿。何谓九野?中央曰钧天②,其星角、亢、氐③;东方曰苍天④,其星房、心、尾;东北曰变天⑤,其星箕、斗、牵牛;北方曰玄天⑥,其星须女、虚、危、营室;西北方曰幽天⑦,其星东壁、奎、娄;西方曰颢天⑧,其星胃、昴、毕;西南方曰朱天⑨,其星觜巂、参、东井;南方曰炎天⑩,其星舆鬼、柳、七星;东南方曰阳天⑪,其星张、翼、轸。

何谓五星?东方木也,其帝太皞⑫,其佐句芒⑬,执规而治春⑭。其神为岁星,其兽苍龙,其音角,其日甲乙。南方火也,其帝炎帝⑮,其佐朱明⑯,执衡而治夏⑰。其神为荧惑⑱,其兽朱鸟,其音徵,其日丙丁。中央土也。其帝黄帝⑲,其佐后土⑳,执绳而制四方㉑。其神为镇星,其兽黄龙,其音宫,其日戊己。西方金也。其帝少昊,其佐蓐收,执矩而治秋。其神为太白,其兽白虎,其音商,其日庚辛。北方水也。其帝颛顼,其佐玄冥,执权而治冬。其神为辰星,其兽玄武,其音羽,其日壬癸。

……

---

① 九野:九天之野也。一野,千一百一十一隅也。
② 钧天:依据高诱注,钧,平也,为四方之主,故曰"钧天"。
③ "其星"句:角、亢、氐,东方宿也,三星离斗杓是最近的,所以把它们划为中央。
④ 苍天:《吕览》注,"东方二月建卯,木之中也。木色青,故曰苍天"。
⑤ 变天:阴阳始作,万物萌芽,故曰变天。
⑥ 玄天:北方十一月建子,水之中天。水色黑,故曰玄天。
⑦ 西北方曰幽天:西方季秋(九月),将接近于阴气(太阴)将盛的冬天,故称"西北方曰幽天"。
⑧ 西方曰颢天:西方属金,色白,故称"西方曰颢天"。
⑨ 西南方曰朱天:南方为火,西南方火之末,炎气下降,为少阳,故称"西南方曰朱天"。
⑩ 炎天:《吕氏春秋》,"南方五月建午,火之中也,火性炎上,故曰炎天"。
⑪ 东南方曰阳天:南方为太阳,东方为少阳,处两阳之间,故称"东南方曰阳天"。
⑫ 木:即木星。古代认为木星十二年一周天,每岁行一次。太皞:伏羲氏占有天下的年号,祭祀为东方天帝。
⑬ 句芒:《吕氏春秋》"少昊氏之子曰重,佐木德之帝,死为木官之神"。
⑭ 规:画圆形的工具。
⑮ 炎帝:神农氏,祭祀时为南方之帝。
⑯ 朱明:即祝融,炎帝后裔,后人称为火神。
⑰ 衡:测量水平的工具。
⑱ 荧惑:因为隐约不定,使人迷惑得名。
⑲ 黄帝:少典之子,祭祀为中央之帝。
⑳ 后土:炎帝之子。
㉑ 绳:绳尺,木工取直的墨绳和尺子。

何谓五官？东方为田①。南方为司马②。西方为理③。北方为司空④。中央为都⑤。何谓六府⑥？子午、丑未、寅申、卯酉、辰戌、己亥是也。太微者，太一之庭也⑦，紫宫者⑧，太一之居也，轩辕者，帝妃之舍也，咸池者⑨，水鱼之囿也⑩，天阿者⑪，群神之阙也：四宫者⑫，所以守司赏罚。

太微者，主朱雀⑬。紫宫执斗而左旋⑭，日行一度以周于天。日冬至峻狼之山⑮，日移一度，凡行百八十二度八分度之五，而夏至牛首之山⑯，反覆三百六十五度四分度之一而成一岁。天一元始⑰，正月建寅⑱，日月俱入营室五度⑲。天一以始建七十六岁，日月复以正月入营室五度无余分，名曰一纪⑳。凡二十纪，一千五百二十岁大终㉑，日月星辰复始甲寅元。日行一度而岁有奇四分度之一㉒，故四岁而积千四百六十一日而复合，故舍八十岁而复故曰㉓。

（节选自何宁撰《淮南子集释》，中华书局1998年版。）

---

① 田：主农官。
② 司马：主兵。
③ 理：主狱。
④ 司空：主土。
⑤ 都：四方官之总管。
⑥ 六府：古人认为是天上贮存财物的地方。
⑦ 太一：天帝之别名。
⑧ 紫宫：也称为紫微。包括北天极附近的天区，大致相当于拱极星区，有十五星。
⑨ 咸池：在五车中，天潢南，鸟鱼所在地。
⑩ 水鱼：水神。
⑪ 天阿：应为天河。
⑫ 四宫：即紫微、轩辕、咸池、水鱼。
⑬ 主：掌管。
⑭ 左旋：向左旋转。
⑮ 峻狼之山：指北斗星至冬至时斗柄指向南极之山。
⑯ 牛首之山：指夏至时斗柄指向北极牛首之山。
⑰ 天一：北极星的别名。
⑱ 建寅：夏正以寅月为岁首。
⑲ 营室：即二十八星宿，玄武七宿的第六宿。
⑳ 一纪：纪年的单位，为七十六岁。
㉑ 大终：即一个周期。
㉒ 奇：零数。
㉓ 曰：应为"日"。

《二十四节气歌》二首①

一

春雨惊春清谷天，夏满芒夏暑相连。

秋处露秋寒霜降，冬雪雪冬小大寒。

每月两节不变更，最多相差一两天。

上半年来六廿一，下半年是八廿三。

二

立春梅花分外艳，雨水红杏花开鲜；

惊蛰芦林闻雷报，春分蝴蝶舞花间。

清明风筝放断线，谷雨嫩茶翡翠连；

立夏桑果像樱桃，小满养蚕又种田。

芒种玉秧放庭前，夏至稻花如白练；

小暑风催早豆熟，大暑池畔赏红莲。

立秋知了催人眠，处暑葵花笑开颜；

白露燕归又来雁，秋分丹桂香满园。

寒露菜苗田间绿，霜降芦花飘满天；

立冬报喜献三瑞，小雪鹅毛片片飞。

大雪寒梅迎风狂，冬至瑞雪兆丰年；

小寒游子思乡归，大寒岁底庆团圆。

---

① 二十四节气起源于黄河流域。远在春秋时代，就定出仲春、仲夏、仲秋和仲冬等四个节气。以后不断地改进与完善，到秦汉年间，二十四节气已完全确立。汉元封七年，由邓平等制定的《太初历》，正式把二十四节气订入历法，明确了二十四节气的天文位置。太阳从黄经零度起，沿黄经每运行15度所经历的时日称为"一个节气"。每年运行360度，共经历24个节气，每月2个。其中，每月第一个节气为"节气"，即：立春、惊蛰、清明、立夏、芒种、小暑、立秋、白露、寒露、立冬、大雪和小寒等12个节气。每月的第二个节气为"中气"，即：雨水、春分、谷雨、小满、夏至、大暑、处暑、秋分、霜降、小雪、冬至和大寒等12个节气。"节气"和"中气"交替出现，各历时15天，现在人们已经把"节气"和"中气"统称为"节气"。

作品讲授

《尚书》

《尚书》是中国第一部上古历史文件和部分追述古代事迹著作的汇编,相传孔子晚年曾经编订过此书,并用作教育学生的教材。在儒家思想中,《尚书》具有极其重要的地位。《尚书》有《今文尚书》和《古文尚书》之别。西汉初,《尚书》仅存29篇,用汉代通行的隶书抄写,因而称《今文尚书》。西汉武帝之时,从孔子住宅壁中发现的《尚书》,所用字体远于先秦,为"蝌蚪文字",因而有《古文尚书》之称。西晋永嘉年间,《今文尚书》与《古文尚书》皆散佚。东晋初,梅赜给朝廷献上了一部《尚书》,这部《尚书》包括《今文尚书》33篇,《古文尚书》25篇。但是,从唐代开始就有人怀疑梅赜所献的《古文尚书》系伪书,后递经明梅鷟、清阎若璩、惠栋等人进行考证,最后确定梅赜所献《尚书》中的《古文尚书》是伪《古文尚书》。清嘉庆时期,阮元主持重刻《十三经注疏》,《尚书》系《十三经注疏》之一种。《十三经注疏》本的《尚书》包括《今文尚书》和伪《古文尚书》。

《淮南子》

《淮南子》又名《淮南鸿烈》,此书是淮南王刘安及其门客集体编写的一部哲学著作。《淮南子》在先秦道家思想的基础上,综合了诸子百家学说,因此含有儒家、阴阳家、墨家、法家等思想。班固《汉书·艺文志》将《淮南子》一书归入"杂家",《四库全书总目》亦将其归入"杂家"。《淮南子》原书含内篇二十一卷,中篇八卷,外篇三十三卷,然今存世的只有内篇。《淮南子》一书在中国历史上有重要地位,刘知几称其"牢笼天地,博极古今,上自大公,下至商鞅。其错综经纬,自谓兼于数家,无遗力矣",梁启超也云"《淮南鸿烈》为西汉道家言之渊府,其书博大而和有条贯,汉人著述中第一流也"。《淮南子》版本众多,如东汉高诱撰有《淮南子注》,北宋苏颂有《校淮南子》,明茅坤有《淮南鸿烈解批评》,刘文典撰《淮南鸿烈集解》,胡怀琛撰《淮南子集解补正》,于省吾有《淮南子新证》等,以上诸种版本可资参考。

(一)十大天干与十二地支

在中国古代的历法中,甲、乙、丙、丁、戊、己、庚、辛、壬、癸被称为"十大天干",子、丑、寅、卯、辰、巳、午、未、申、酉、戌、亥被称为"十二地支"。两者按固定的顺序互相配合,组成了干支纪法。十大天干在文化中有着特殊的意义,象征着事物的轮回发展。甲即"拆"也,指破土而出。乙即"轧"也,指全部破土而出。丙即"炳"也,指万物炳然,逐渐强大。丁即"强"也,指万物强壮。戊即"茂"也,指万物茂盛。己即"纪"也,指万物成长,有自己的年限。庚即"更"也,指事物收敛、更替。辛即"欣"也,指果实初成。壬即"妊"也,指成熟孕育。癸即"揆"也,指万物幼胎的揆度期。十二地支也有特殊的含义,也是一个轮回。子,孳也,阳气始萌,孳生于下也。丑,纽也,寒气自屈曲也。寅,演也,津也,寒土中屈曲的草木,迎着春阳从地面伸展。卯,茂也,日照东方,万物滋茂。辰,震也,伸也,万物震起而生,阳气生发已经过半。巳,巳也,阳气毕布已矣。午,忤也,万物丰满长大,阴阳交相愕而忤,阳气充盛,阴气开始萌生。未,昧也,日中则昃,阳向幽也。申,伸束以成,万物之体皆成也。酉,就也,万物成熟。戌,灭也,万物灭尽。亥,核也,万物收藏,皆坚核也。

(二)二十八星宿

二十八星宿又名二十八舍或二十八星,它把南中天的恒星分为二十八群,且其为沿黄道或天球赤道(地球赤道延伸到天上)所分布的一圈星宿。它分为四组,又称为四象、四兽、四维、四方神,每组各有七个星宿,其起源至今尚不完全清楚。

东方青龙七宿:角、亢、氐、房、心、尾、箕。

北方玄武七宿:斗、牛、女、虚、危、室、壁。

西方白虎七宿:奎、娄、胃、昴、毕、觜、参。

南方朱雀七宿:井、鬼、柳、星、张、翼、轸。

(三)五星与五行

五星,古指水星、金星、火星、木星、土星五颗星。此五颗星又叫辰星、太白、荧惑、岁星、镇星,这是古代对这五颗星的通常称法。《史记·天官书》中记载"天有五星,地有五行"。五行,指木、火、土、金、水五种性质的事物。《尚书·洪范》记载:"五行,一曰水,二曰火,三曰木,四曰金,五曰土。水曰润下,火曰炎上,木曰曲直,金曰从革,土爰稼穑。"天之五星刚好与地上的五原素木、火、土、金、水相配。

《二十四节气歌》

常见农谚如下:

(1)最好立春晴一日,风调雨顺好种田。

(2)立夏小满,雨水相赶。

(3)小满前后,安瓜点豆。

(4)秋分早,霜降迟,寒露种麦正当时。

(5)知了叫,割早稻,知了飞,堆草堆。

(6)寒露麦,霜降豆。

(7)一九二九不出手,三九四九冰上走,五九六九沿河看柳,七九河开,八九燕来,九九加一九,耕牛遍地走。

课后思考

1.2018 年 8 月 18 日 18 点 18 分,用天干地支表示年、月、日、时。

2.中国古代天文历法的价值与意义。

3.二十四节气影响了我们周边国家,在朝鲜半岛、日本、东南亚地区同样流传着相关的节气文化。2016 年,二十四节气被正式列入联合国教科文组织人类非物质文化遗产名录。谈谈当下我们应该如何保护这一传统文化。

拓展阅读

[1] 张培瑜,等.中国古代历法 [M].北京:中国科学技术出版社,2008.

[2] 潘鼐.中国恒星观测史 [M].上海:学林出版社,2009.

[3] 李道平.周易集解纂疏 [M].北京:中华书局,1994.

[4] 司马迁.史记 [M].北京:中华书局,1985.

[5] 李民,王健,译注.尚书译注 [M].上海:上海古籍出版社,2004.

[6] 丁緜孙.中国古代天文历法基础知识 [M].天津:天津古籍出版社,1989.

[7] 张闻玉.古代天文历法讲座 [M].桂林:广西师范大学出版社,2008.

[8] 何宁.淮南子集释 [M].北京:中华书局,1998.

中国文化具有多元性、丰富性及不平等性特征。以"称谓"为例，古今称谓或有不同，意义和内涵或有变化。在古代，对于称谓，人们遵循着"贵贱有等，长幼有别，贫富轻重皆有称"的原则。贵贱、长幼、贫富、身份地位等成为称谓变化的重要因素。在博大精深的中华文化之中，称谓与"尊卑有序"的文化心理密切相关。在现代社会中，称谓为了适应时代发展而开始发生变化，其以崭新的面貌出现在新时代，实际上是更好地传承了中华文化。这是历史发展的必然，也体现出人的价值观念的变化。这一讲，我们从关系、职业、地位等具体方面，讲述各种各样不同的"称谓"。

第二讲

中国古代称谓常识

解　题

在现代汉语中，称谓有广义和狭义之分。广义的称谓包括所有人和事物的名称，例如夏、商、周等朝代名，华夏、中国、中华等名号。狭义的称谓，指的是人们根据亲属和其他方面的相互关系，以及身份、职业等而得来的名称，如母亲、父亲、兄长、老师、校长、主席等。无论是广义的称谓还是狭义的称谓，在古代均有一定的适用范围，越过范围往往被认定为"不敬"或"无礼"。古代称谓有自称、对称、他称、谦称、尊称、面称、背称等不同情形，这些情形的复杂性，一方面体现出汉语语言学体系的庞大，另一方面则与文化学的内容相关，体现的是儒家礼义的核心思想与文化的传承性。在此，我们择取四个具有代表性的称谓体系予以解题。

一、名、字、号等称谓

名称的诞生是用来方便称谓的，而随着社会的发展，称呼加入了各种文化意义。在古代称谓中，"礼"的融入使得称谓上升为一种社会讲究，称呼人名尤其如此。"古人对于称呼有一种礼貌式，就是不用人称代词，而用名词"，"称人则用一种尊称，自称则用一种谦称"（王力《汉语史稿》）。人名的称呼有特定的称法，用字、号称人，表示尊敬；用名自称，表示谦逊。

古人的姓氏，可以参考《元和姓纂》等典籍，此处不赘述。取名早在春秋时期就有了相关记载，且较为详细。《左传·桓公六年》有文字云："名有五，有信、有义、有象、有假、有类。以名生为信，以德命为义，以类命为象，取于物为假，取于父为类。不以国，不以官，不以山川，不以隐疾，不以畜牲，不以器币。"（《春秋左传正义》）这是古人对取名方法的规定，对后世影响很大。古人于幼时取名，分为乳名和训名，乳名亦是小名，训名乃为学名。《宋史·选举志三》就说："凡无官宗子应举，初生则用乳名给据，既长则用训名。"古人取名是较为随便的，如司马相如的乳名为"犬子"。《史记·司马相如列传》云："（相如）少时好读书，学击剑，故其亲名之曰'犬子'。"这与后世取狗儿、丑牛、黑牛、猪娃等贱名意义相近。贱名的取法一直持续至 20 世纪七八十年代，现在一些贫苦地区的人们也偶尔会取用贱名。《颜氏家训》称："名以正体，字以表德。"所以，名，往往蕴含着长辈的期许，乳名更是如此，名字虽贱，但愿望是美好的，长辈们希望孩子好养活，无病无灾，平安顺遂。训名则是孩童进入学校接受教育时，父亲、老师或其他长辈取的一个名，供老师称呼。所以，有些人会沿用学名作为本名，也有些人会另取本名。如邓小平，其学名为邓希贤,小平即为后来所改之名。训名也可以是社会中个人的称号,即具有法律意义的特殊符号。可见在古代,训名有别于乳名、字、号。

字,是"名"的解释和补充,是与"名"相表里的,所以又称"表字"。《礼记·檀弓上》说:"幼名,冠字。"《疏》云:"始生三月而始加名,故云幼名。年二十有为父之道,朋友等类不可复呼其名,故冠而加字。"(《礼记集解》)《仪礼·士冠礼》又云:"冠而字之,敬其名也。君父之前称名,他人则称字也。"(《仪礼注疏》)可见,男子到了二十岁成人,要举行冠礼。冠礼是礼之开始,古人十分重视加冠正容,取字与加冠同时进行,亦可见其比取名庄重严肃,故用字也当比用名庄重严肃。《礼记·冠义》说:"礼仪之始,在于容体。"又说:"冠者,礼之始也。"《礼记·昏义》也说:"夫礼始于冠,本于昏,重于丧祭,尊于朝聘,和于射乡。此礼之大体也。"这是对男子而言,那么对女子又该如何称呼呢? 女子未许嫁的叫"未字",亦可叫"待字";十五岁许嫁时,举行笄礼,也可取字,供亲朋呼唤。

号,成年后由自己题取,称"自号"或"别号"。而人死后,由朝廷追尊或赐予的则称"谥号"。一般情况下,有别号的多是文人,一般是自己取。如陶渊明自号"五柳先生",李白自号"青莲居士",欧阳修自号"六一居士"。当然,也有为他人所加称的。有人认为称号还不够尊重,于是就称人的籍贯、居地、官职等。如贾谊,曾贬为长沙王太傅,故称"贾长沙";杜甫,唐肃宗时官左拾遗,故称"杜拾遗";柳宗元,河东(今山西运城永济一带)人,故称"柳河东",其官终柳州刺史,又称"柳柳州"。

名、字、号,在古代称谓之中各有不同。古代官宦富贵之家,多以忠孝节义、福禄寿康、升官发财之义来命名,以仁、义、礼、智、信、福、德、贵、寿、荣、耀取名的人特别多。字较为讲究,一般情况下是很严肃的。号则是根据个人性情、行为等取得,有一定的特殊性。总之,古人取名重意义、重内涵的做法,几千年来一直延续至今。

二、年龄的称谓

古人根据人的生理特征,对不同的年龄,用不同的代称。这些代称背后,都带有一定的寓意。丰富多彩的称谓,一方面增加了语言的趣味性,另一方面则显示了文化的深厚内涵。古代年龄称谓,形成已久,了解年龄的称谓、来源、含义及大致范围,有助于我们准确地理解和运用相关词汇,也能够将具有文化底蕴的称谓很好地传承下去。

首先,关于年龄段的称谓,如襁褓、婴儿、孩提、黄口、舞勺之年、舞象之年、而立之年、不惑之年、知命之年等,这些词都有特定的使用范围。襁褓,亦作"襁緥""繦緥"等。襁指背负婴儿用的宽带,褓指包裹婴儿的被子。"襁褓"一词最早见于《列子·天瑞》:"人生有不见日月,不免襁褓者,吾既已行年九十矣,是三乐也。"唐张守节《史记正义》称:

"褓,长尺二寸,阔八寸,以约小儿于背;褓,小儿被也。"(见二十四史修订版《史记》)褓褓,借指一岁以下的婴幼儿。"婴儿"这个称呼是由人初生时需要被抱在胸前喂奶的现象而来的,"婴"可与"膺"通假,"膺"者,胸也,婴儿即为抱在胸前之儿。"孩提"出自《孟子·尽心上》:"孩提之童,无不知爱其亲也,及其长也,无不知敬其兄也"。颜师古注:"婴儿始孩,人所提挈,故曰孩提也。孩者,小儿笑也"。孩提也作"孩抱"或"提孩"。黄口,也指幼儿,《淮南子·氾论训》有云:"古之伐国,不杀黄口,不获二毛。"高诱注:"黄口,幼也。"黄口,本指雏鸟的嘴,这里借指幼儿。古代户役制度称小孩为"黄",各朝代略有不同,如隋代以不满三岁的幼儿为"黄",唐代以刚出生的婴儿为"黄"。需要指出的是,黄口的语义本指幼儿,后来发展为无知的年轻人,用以讥讽他人年幼无知,如"黄口小儿""黄口小雀"等。舞勺之年,典故出自《礼记·内则》:"十有三年学乐、诵诗、舞勺。成童,舞象,学射御。"孔颖达疏:"舞勺者,熊氏云:'勺,钥也。'"意思是,勺是一种乐舞,古未成童者习之。古代,孩童十三之时学此舞勺,后用来代指幼年。舞象之年,亦出自《礼记·内则》。孔颖达疏:"成童,谓十五以上;舞象,谓舞武也。熊氏云:'谓用干戈之小舞也。'"而立之年、不惑之年、知命之年等描述年龄的词语,来自《论语·为政》的记载,"十有五而志于学,三十而立,四十而不惑,五十而知天命,六十而耳顺,七十而从心所欲不逾矩"。还有诸如总角、垂髫、束发、白首等年龄称谓的词,也有悠久的历史。

其次,关于具体数字的一些年龄称谓,也颇有文化内涵。《礼记·曲礼上》中说:"人生十年曰幼,学;二十曰弱,冠;三十曰壮,有室;四十曰强,而仕;五十曰艾,服官政;六十曰耆,指使;七十曰老,而传;八十、九十曰耄;七年曰悼。悼与耄虽有罪,不加刑焉。百年曰期颐。"《礼记》所载,对后世影响很大,后人常把"幼学""弱冠"等作为年龄称谓。女子十二岁称金钗之年,十三岁称豆蔻年华,十五岁称及笄之年,十六岁称碧玉年华,二十岁称桃李年华,二十四岁称花信年华,行将出嫁的年纪称摽梅之年。男子十三岁称舞勺之年,十五岁称束发之年,十五至二十岁称舞象之年,二十岁称弱冠之年,三十岁称而立之年,四十岁称不惑之年,五十岁称年逾半百、知非之年、知命之年、艾服之年、大衍之年,六十岁称花甲之年、平头甲子、耳顺之年、杖乡之年,七十岁称古稀之年、杖国之年、致事之年、致政之年,八十岁称杖朝之年,八十至九十岁称耄耋之年,九十岁称鲐背之年,一百岁称期颐之年。人生百年,数字丈量,各有所称,内涵丰富。

当然,古代年龄称谓并不只这些,还有许多散见于各类古书中,因较少使用,这里也不再介绍。

三、关系的称谓

关系是指人与人之间,人与事物之间,事物与事物之间的相互联系。人际关系从属于社会关系,人际关系是我们在社会实践中与人产生的交往关系,受个人的直接影响。人际关系分为先天性和后天性的,具发展性。人与人之间关系的确立会产生各种"称谓",用以交际。在中国古代,各种不同的关系有不同的称谓。以朋友关系为例,幼年就相识的朋友叫"总角之交",贫贱而地位低下时结交的朋友叫"贫贱之交",情谊契合、亲如兄弟的朋友叫"金兰之交",同生死共患难的朋友叫"生死之交"或"刎颈之交",在遇到磨难时结交的朋友叫"患难之交",情投意合、友谊深厚的朋友叫"莫逆之交",从小一块长大的异性好朋友叫"竹马之交",以平民身份相交往的朋友叫"布衣之交",辈分不同、年龄相差较大的朋友叫"忘年之交",不拘身份、形迹的朋友叫"忘形之交",不因贵贱的变化而改变深厚友情的叫"车笠之交",有道德、有学问、在道义上彼此支持的朋友叫"君子之交",朋友间感情十分真诚、肝胆相照的朋友叫"肺腑之交",朋友间平淡的、浮泛的交往叫"泛泛之交",依靠吃吃喝喝结成的朋友叫"酒肉之交",无意中相遇而结成的朋友叫"邂逅之交"。这是朋友关系的各种称谓,其复杂性包含着多种文化意义。

关系称谓往往与人与人之间的年龄、身份、交往方式密切相关。其实在中国古代,人际关系的外在表现是伦理,伦理其实是人与人之间合理的分际与职分。《论语·颜渊》中记载:"齐景公问政于孔子。孔子对曰:'君君臣臣,父父子子。'"说明君臣父子各守分际,各尽职分的重要性。亲情关系中的父子关系、母子关系,都有特定的称谓,而且根据说话的对象,又有尊称、敬称等不同的称谓,这一点在"作品讲授"环节会有讲解。

关系称谓,涉及人际关系,人际关系以伦理为基础,让每个人际关系中的个体均能按其角色、职责、地位、身份而有适当的思想、言语、行为模式,主要是为了达到一种良好的关系气氛,进而提高交往效率,进行有效的沟通,并最终能够增进情感。

四、职业的称谓

在古代,人们在称呼以某种技艺为职业的人时,习惯在其姓名前面加上一个表明其职业的词,如庖丁、轮扁等。同样,古代有官位之人,人们习惯在其姓后加上官职来称呼,如王丞相、李太师、吴尚书、张大将军等。以老师这一职业为例,亦有各种不同的称呼。如夫子,原为孔子门徒对孔子的尊称,后来成为人们对教师的尊称。《论语》有"夫子焉不学,而亦何常师之有"之句。如"师傅",原本是太师、太傅、少师、少傅等官职的合称,因为这些职位负责教习太子,所以师傅也成为老师的代称。《穀梁传·昭公十九年》:"羁贯成童,不就师傅,父之罪也。""师傅"这一称谓迄今仍在使用,但一般指工商、曲艺、戏剧等行业的老师。如师父,《吕氏春秋·劝学》中载:"事师之犹事父也。"正所谓"一日为师终身为父"。如先生、山长、教授等也皆为称呼老师之词。同样是对老师的称呼,学生又是如何称呼老师的呢?在中国传统文化的社交礼仪中,学生以函丈、先生、坛席、讲席、道席、撰席、史席等词语称呼老师。如函丈,《礼记·曲礼上》:"若非饮食之客,则布席,席间函丈。"意思是老师讲席与学生坐席之间要留出一丈的空地。后来在书函中常用作对师长的敬称。宋陆游《江西到任谢史丞相启》:"早亲函丈,偶窃绪余,曾未免于乡人,乃见待以国士。"明徐渭《答龙溪师书》:"冒妄之深,伏希函丈裁之。"清黄宗羲《与陈乾初论学书》:"自丙午奉教函丈以来,不相闻问,盖十有一年矣。"

上述所言四种情形,也只是中国古代称谓中很小的一部分内容。在社交礼仪中,称谓是十分重要的,姓名称谓、亲属称谓、职务称谓等只是最基本的称谓形式。中国古代之所以有各种各样的称谓,是因为古代有尊人卑己的传统,也是"礼"的重要体现。

篇目选读

《礼记·曲礼上·第一之一》节选

《曲礼》曰:毋不敬①,俨若思②,安定辞③,安民哉!

……

道德仁义,非礼不成;教训正俗④,非礼不备;分争辨讼,非礼不决;君臣上下,父子兄弟,非礼不定;宦、学事师⑤,非礼不亲;班朝、治军⑥,莅官、行法,非礼威严不行;祷祠、祭祀,供给鬼神,非礼不诚不庄。是以君子恭、敬、撙⑦、节、退、让以明礼。

鹦鹉能言,不离飞鸟;猩猩能言,不离禽兽。今人而无礼,虽能言,不亦禽兽之心

---

① 敬:尊敬,严肃。

② 俨:与"严"同,端正、庄重之意。

③ 辞:所说的话。

④ 正俗:使动用法,使风俗端正的意思。

⑤ 宦、学事师:宦,是做官后的学习;学,是未做官之前的学习。这两个时期的学习都要跟从老师,即"事师",故"宦""学"两字连用。

⑥ 班:分层次等级之意。

⑦ 撙:有意克制的意思。

乎！夫唯禽兽无礼，故父子聚麀①。是故圣人作为礼以教人②，使人以有礼，知自别于禽兽。

太上贵德③，其次务施报。礼尚往来，往而不来，非礼也；来而不往，亦非礼也。人有礼则安，无礼则危。故曰：礼者，不可不学也。夫礼者，自卑而尊人，虽负贩者④，必有尊也，而况富贵乎！富贵而知好礼，则不骄不淫；贫贱而知好礼，则志不慑⑤。

人生十年曰幼，学；二十曰弱⑥，冠⑦。三十曰壮，有室；四十曰强，而仕；五十曰艾⑧，服官政⑨；六十曰耆⑩，指使；七十曰老，而传⑪；八十九十曰耄⑫；七年曰悼。悼与耄，虽有罪，不加刑焉。百年曰期，颐⑬。

大夫七十而致事⑭。若不得谢，则必赐之几杖，行役以妇人，适四方，乘安车⑮。自称曰"老夫"，于其国则称名。越国而问焉，必告之以其制。

谋于长者，必操几杖以从之⑯。长者问，不辞让而对，非礼也。

……

幼子常视毋诳⑰。童子不衣裘、裳，立必正方，不倾听。长者与之提携，则两手奉长者之手⑱。负、剑，辟咡诏之，则掩口而对⑲。

从于先生，不越路而与人言。遭先生于道，趋而进⑳，正立拱手。先生与之言则

---

① 麀：音"优"，原指雌鹿，在这里通指雌性兽类。
② 作：兴起之意。为：产生、制定之意。
③ 太上：指的是古代的三皇五帝。
④ 负贩者：用肩挑着东西做买卖的人，古时有人认为他们道德水平低下，利欲熏心。事实并不尽然。
⑤ 慑：胆小之意。
⑥ 弱：身体还未完全成熟。
⑦ 冠：古人中，二十岁的男子要行加冠之礼，从这时起，意味着已经长大成人。
⑧ 艾：指艾草，形容人年纪大了，头发花白的颜色如艾草。
⑨ 服：担任，掌管之意。
⑩ 耆：音同"齐"，年老之意。
⑪ 传：分配家产，交代家事。
⑫ 耄：音同"茂"，视力、听觉明显下降，活动能力也明显减退。
⑬ 颐：赡养老人之意。
⑭ 致事：退离自己的职位。
⑮ 安车：古代一种单匹马牵着走的车。
⑯ 操：配备之意。几杖：坐着时所靠之物和走路时所扶之物。
⑰ 视：与"示"通假，教育之意。
⑱ 奉：捧的意思。
⑲ 掩口而对：遮住口和长者说话，怕口气伤人。
⑳ 趋：快走，惶恐不安的样子。

对,不与之言则趋而退。

从长者而上丘陵①,则必乡长者所视②。

登城不指,城上不呼③。

(节选自孙希旦撰《礼记集解》,中华书局1989年版。)

《礼记·曲礼上·第一之二》节选

将适舍,求毋固④。将上堂,声必扬。户外有二屦⑤,言闻则入,言不闻则不入⑥。将入户,视必下⑦。入户奉扃⑧,视瞻毋回。户开亦开,户阖亦阖。有后入者,阖而勿遂。毋践屦,毋踏席⑨,抠衣趋隅,必慎唯诺。

大夫士出入君门,由闑右⑩,不践阈⑪。

凡与客入者,每门让于客⑫。客至于寝门,则主人请入为席,然后出迎客,客固辞,主人肃客而入。主人入门而右⑬,客入门而左;主人就东阶,客就西阶。客若降等⑭,则就主人之阶;主人固辞,然后客复就西阶。主人与客让登,主人先登,客从之,拾级聚足⑮,连步以上。上于东阶,则先右足;上于西阶,则先左足。

---

① 丘陵:指地势高的地方。

② 乡:与"向"同,朝向的意思。

③ 登城不指,城上不呼:古人登城,不随便指示方向,害怕迷惑众人;也不大呼小叫,害怕把人惊吓住。

④ 固:随便,平常的样子。

⑤ 户外有二屦:古人为客入室之前,要把鞋脱在室外,长者则可以把鞋脱在室内。假如看到室外有两双鞋,可以肯定屋内有三个人。

⑥ 言闻则入,言不闻则不入:在外面能够听到屋内人的说话声音,则可以进去,否则就不要上前打扰,很可能屋内人在秘密商量一些事情。

⑦ 视必下:目光要向下看,避免看到别人隐蔽的事情。

⑧ 奉扃:指进门要双手做托扃的样子,表示尊敬和谦恭。扃,与"迥"同音,指门上的横梁。

⑨ 踏:音同"计",是踩踏的意思。古人入席是有次序的,要从尾部开始升席,如果相反,就犯了踏席的错误。

⑩ 闑:音同"涅",古代大门中竖立的短木,主人进出时从右,宾客则从左,大夫、士更为高贵,进出从右。

⑪ 阈:音同"玉",门槛之意。

⑫ 凡与客入者,每门让于客:古人待客时,如果宾客地位高于主人,主人应出大门迎接;宾客地位低于主人,主人则在大门内迎接。进门时,主人请宾客先入,恭敬之后,主人引导宾客进入。每门,古代天子宫中五门,诸侯三门,大夫二门,所以称每门。

⑬ 主人入门而右:古代建筑门内称庭,庭的北边是堂,有东西两排台阶,东边的阼阶,是主人出入庭堂时所用的,西边的宾阶是宾客出入所用的。在庭的东西两侧各有一条小路通向东西两阶,"主人入门而右""客入门而左"就是指的主人和宾客都可以沿着各自的通道去往庭堂。

⑭ 降等:宾客的等级低于主人。

⑮ 拾级聚足:指每上一级台阶,都要把双脚并拢一次,然后再开始登下一个台阶。"拾",音同"社"。

帷薄之外不趋①,堂上不趋②,执玉不趋。堂上接武③,堂下布武,室中不翔④。并坐不横肱⑤,授立不跪⑥,授坐不立⑦。

凡为长者粪之礼,必加帚于箕上⑧。以袂拘而退,其尘不及长者。以箕自乡而扱之。奉席如桥衡⑨。请席何乡?请衽何趾⑩?席南乡北乡,以西方为上;东乡西乡,以南方为上。

若非饮食之客⑪,则布席,席间函丈。主人跪正席,客跪抚席而辞⑫。客彻重席⑬,主人固辞,客践席,乃坐。主人不问,客不先举⑭。将即席,容毋怍⑮,两手抠衣,去齐尺。衣毋拨⑯,足毋蹶⑰。先生书策琴瑟在前,坐而迁之,戒勿越。虚坐尽后⑱,食坐尽前⑲。坐必安,执尔颜⑳。长者不及,毋儳言㉑。正尔容,听必恭,毋剿说㉒,毋雷同㉓,必则古昔,称先王。侍坐于先生㉔,先生问焉,终则对。请业则起,请益则起。父召无

① 帷:布幔。薄:帘子。
② 趋:这里有小步快走之意,表示对长者的尊敬。
③ 接武:是指迈着细小的步子向前走。武,足迹之意。
④ 翔:放松两臂随意地走路。
⑤ 横肱:把两臂横着伸开。
⑥ 跪:两膝着地,臀部不接触足跟,上身挺直的姿势。
⑦ 坐:两膝着地,臀部接触足跟的姿势。
⑧ 必加帚于箕上:古人取扫帚和簸箕时的样子,以表示尊敬之意。
⑨ 桥衡:打水用的桔槔上的横木,一头高一头低,这里是用来形容席的拿法,托席的两只手,左手要高,右手要低。
⑩ 衽:衽席的简称,即卧席的意思。
⑪ 饮食之客:指那些前来讨论学问之事的宾客。
⑫ 辞:主人让正席于宾客时,宾客谦让,不肯接受。
⑬ 客彻重席:在古代,王公贵族之类的宾客到来时要铺三层席,大夫级的宾客到来时要铺双重席。所以所来的客人为表示谦逊,做出要撤掉重席的举动。彻,与"撤"通假,向后退的意思。
⑭ 先举:先说之意。
⑮ 怍:音同"作",容色改变的意思。
⑯ 拨:飘起、扬起的意思。
⑰ 蹶:跳脚的意思。
⑱ 虚坐:坐着只是说话。
⑲ 食坐:坐着吃饭的意思。
⑳ 执:保持之意。
㉑ 儳言:和长者说不一样的话题,即东拉西扯。儳,音同"颤"。
㉒ 剿说:把别人的言论当成是自己的言论。剿,音同"抄"。
㉓ 雷同:说和别人一样的话。
㉔ 侍:服侍的意思。

诺,先生召无诺①,唯而起②。侍坐于所尊敬,毋余席③,见同等不起。烛至起,食至起,上客起。烛不见跋④。尊客之前不叱狗。让食不唾⑤。

侍坐于君子,君子欠伸,撰杖屦⑥,视日蚤莫⑦,侍坐者请出矣。侍坐于君子,君子问更端⑧,则起而对。侍坐于君子,若有告者曰:"少间⑨,愿有复也。"则左右屏而待⑩。毋侧听⑪,毋噭应⑫,毋淫视⑬,毋怠荒⑭。游毋倨⑮,立毋跛⑯,坐毋箕⑰,寝毋伏⑱。敛发毋髢,冠毋免,劳毋袒⑲,暑毋褰裳⑳。

(节选自孙希旦撰《礼记集解》,中华书局 1989 年版。)

《幼学琼林》卷二节选

祖孙父子

何谓五伦? 君臣、父子、兄弟、夫妇、朋友。何谓九族? 高、曾、祖、考、己身、子、孙、曾、玄。始祖曰鼻祖,远孙曰耳孙。父子创造,曰肯构肯堂。父子俱贤,曰是父是子。祖称王父,父曰严君。父母俱存,谓之椿萱并茂。子孙发达,谓之兰桂腾芳。桥木高而仰,似父之道。梓木低而俯,如子之卑。不痴不聋,不作阿家阿翁。得亲顺亲,

---

① 诺:回答应声的意思,说话的语速慢。
② 唯:回答之意,说话的语速快。
③ 余席:和长者坐在同一席端。
④ 跋:烛烧尽时留下的残物。古人称火炬为烛,烛尽之物为跋。晚辈在和长辈秉烛长谈时,看到烛尽时要主动把残物去除。
⑤ 唾:唾液的意思。
⑥ 撰:拿着之意。
⑦ 蚤莫:天的早晚之意。
⑧ 更端:更换事由的意思。
⑨ 少间:停顿片刻之意。
⑩ 屏:退避之意。
⑪ 侧听:窃听他人的言辞。
⑫ 噭应:高声大喊之意。噭,音同"叫"。
⑬ 淫视:目光斜视,不专注的意思。
⑭ 怠荒:懒惰的、没精神的样子。
⑮ 倨:骄傲的样子。
⑯ 跛:单脚踩地,没有站稳的样子。
⑰ 箕:臀部着地,两腿向前伸出,是一种不文明的坐姿。
⑱ 伏:趴着的意思。
⑲ 袒:裸露的意思。
⑳ 褰:把衣服撩开的意思。

方可为人为子。盖父愆，名为干蛊育义子，乃曰螟蛉。生子当如孙仲谋，曹操羡孙权之语。生子须如李亚子，朱温叹存勖之词。菽水承欢，贫士养亲之乐。义方是训，父亲教子之严。绍箕裘，子承父业。恢先绪，子振家声。具庆下，父母俱存。重庆下，祖父俱在。燕翼诒谋，乃称裕后之祖。克绳祖武，是称象贤之孙。称人有令子，曰麟趾呈祥。称宦有贤郎，曰凤毛济美。弑父自立，隋杨广之天性何存。杀子媚君，齐易牙之人心奚在。分甘以娱目，王羲之弄孙自乐。问安惟点颔，郭子仪厥孙最多。和九教子，仲郢母之贤。戏彩娱亲，老莱子之孝。毛义捧檄，为亲之存。伯俞泣杖，因母之老。慈母望子，倚门倚闾。游子思亲，陟岵陟屺。爱无差等，曰兄子如邻子。分有相同，曰吾翁即若翁。长男为主器，令子可克家。子光前曰充闾，子过父曰跨灶。宁馨英畏，皆是美人之儿。国器掌珠，悉是称人之子。可爱者子孙之多，若螽斯之蛰蛰。堪羡者后人之盛，如瓜瓞之绵绵。

兄　弟

天下无不是底父母，世间最难得者兄弟。须贻同气之光，毋伤手足之雅。玉昆金友，羡兄弟之俱贤。伯埙仲篪，谓声气之相应。

兄弟既翕，谓之花萼相辉。兄弟联芳，谓之棠棣竞秀。患难相顾，似鹡鸰之在原。手足分离，如雁行之折翼。元方季方俱盛德，祖太丘称为难弟难兄。宋郊宋祁俱中元，当时人号为大宋小宋。荀氏兄弟，得八龙之佳誉。河东伯仲，有三凤之美名。东征破斧，周公大义灭亲。遇贼争死，赵孝以身代弟。煮豆燃萁，谓其相害。斗粟尺布，讥其不容。兄弟阋墙，即兄弟之斗很。天生羽翼，谓兄弟之相亲。姜家大被以同眠，宋君灼艾而分痛。田氏分财，忽瘁庭前之荆树。夷齐让国，共采首阳之蕨薇。虽曰安宁之日，不如友生。其实凡今之人，莫如兄弟。

夫　妇

孤阴则不生，独阳则不长，故天地配以阴阳。男以女为室，女以男为家，故人生偶以夫妇。阴阳和而后雨泽降，夫妇和而后家道成。夫谓妻曰拙荆，又曰内子。妻称夫曰藁砧，又曰良人。贺人娶妻，曰荣谐伉俪。留物与妻，曰归遗细君。受室即是娶妻，纳宠谓人娶妾。正妻谓之嫡，众妾谓之庶。称人妻曰尊夫人，称人妾曰如夫人。结发系是初婚，续弦乃是再娶。妇人重婚，曰再醮，男子无偶，曰鳏居。如鼓瑟琴，夫妻好合之谓。琴瑟不调，夫妇反目之词。牝鸡司晨，比妇人之主事。河东狮吼，讥男子之畏妻。杀妻求将，吴起何其忍心。蒸梨出妻，曾子善全孝道。张敞为妻画眉，媚态可哂。董氏为夫封发，贞节堪夸。冀郤缺夫妻，相敬如宾。陈仲子夫妇，灌园食力。不弃糟糠,宋弘回光武之语。举案齐眉,梁鸿配孟光之贤。苏蕙织回文,乐昌分破镜,是夫妇之生离。张瞻炊臼梦,庄子鼓盆歌,是夫妇之死别。鲍宣之妻,提瓮出汲,雅得顺从之道。齐御之妻,窥御激夫,可称内助之贤。可怪者,买臣之妻,因贫求去,不思覆水难收。可丑者,相如之妻,霄夜私奔,但识丝桐有意。要知身修而后家齐,夫义自然妇顺。

叔 侄

曰诸父,曰亚父,皆叔父之辈。曰犹子,曰比儿,俱侄儿之称。阿大中郎,道韫雅称叔父。吾家龙文,杨素比美侄儿。乌衣诸郎君,江东称王谢之子弟。吾家千里驹,符坚美符朗为侄儿。竹林,叔侄之称。兰玉,子侄之誉。存侄弃儿,悲伯道之无后。视叔犹父,美公绰之居官。卢迈无儿,以侄而主身之后。张范遇贼,以子而代侄之生。

师 生

马融设绛帐,前授生徒,后列女乐。孔子居杏坛,贤人七十,弟子三千。称教馆曰设帐,又曰振铎;谦教馆曰糊口,又曰舌耕。师曰西宾,师席曰函丈。学曰家塾,学俸曰束脩。桃李在公门,称人弟子之多。苜蓿长栏杆,奉师饮食之薄。冰生于水而寒于水,比学生过于先生。青出于蓝而胜于蓝,谓弟子优于师傅。未得及门,曰宫墙外望。称得秘授,曰衣钵真传。人称杨震为关西夫子,世称贺循为当世儒宗。负笈千里,苏章从师之殷。立雪程门,游杨敬师之至。弟子称师之善教,曰如坐春风之中。学业感师之造成,曰仰沾时雨之化。

朋友宾主

取善辅仁,皆资朋友。往来交际,迭为主宾。尔我同心,曰金兰。朋友相资,曰丽泽。东家,曰东主,师傅,曰西宾。父所交游,尊为父执。己所共事,谓之同袍。心志相孚,为莫逆,老幼相交,曰忘年。刎颈交,相如与廉颇。总角好,孙策与周瑜。胶漆相投,陈重之与雷义。鸡黍之约,元伯之与巨卿。与善人交,如入芝兰之室,久而不闻其香。与恶人交,如入鲍鱼之肆,久而不闻其臭。肝胆相照,斯为腹心之友。意气不孚,谓之口头之交。彼此不合,谓之参商。尔我相仇,如同冰炭。民之失德,干糇以愆。他山之石,可以攻玉。落月屋梁,相思颜色。暮云春树,想望丰仪。王阳在位,贡禹弹冠以待荐。杜伯非罪,左儒宁死不徇君。分首判袂,叙别之辞。拥彗扫门,迎迓之敬。陆凯折梅逢驿使,聊寄江南一枝春。王维折柳赠行人,遂唱阳关三叠曲。频来无忌,乃云入幕之宾。不请自来,谓之不速之客。醴酒不设,楚王戊待士之意怠。投辖于井,汉陈遵留客之心诚。蔡邕倒屣以迎宾,周公握发而待士。陈蕃器重徐稚,下榻相延。孔子道遇程生，倾盖而语。伯牙绝弦失子期，更无知音之辈。管宁割席拒华歆，谓非同志之人。分金多与，鲍叔独知管仲之贫。绨袍垂爱，须贾深怜范叔之窘。要知主宾联以情，须尽东南之美。朋友合以义，当展切偲之诚。

（节选自冯毅点校《幼学琼林》，北岳文艺出版社1994年版。）

作品讲授

《礼记》

《礼记》，又名《小戴礼记》《小戴记》，西汉礼学家戴圣所编，是中国古代一部重要的典章制度选集，共二十卷四十九篇，主要记载了先秦的礼制，体现了先秦儒家的哲学思想、教育思想、政治思想、美学思想，是研究先秦社会的重要资料，也是一部儒家思想的资料汇编。《礼记》是"三礼"之一、"五经"之一、"十三经"之一，在唐代时尊为"经"，宋代以后，位居"三礼"之首。《礼记》中记载的古代文化史知识，对后世有重要影响。

《礼记》始于《曲礼》，终于《丧服四制》。《曲礼》分上、下篇，记载的大多是周礼的一些礼节，如言语、饮食、洒扫、应对、进退之法等。在言语之中，有众多关于称谓的载录。《曲礼》开篇即云，一个有地位的人，心中时刻都要有个"敬"字，外表要端庄，像是俨然若有所思的样子，说话要态度安详，句句在理。此外，还指出礼的实质在于对自己卑谦，对别人尊重。所讲述的礼中，有很多微文小节涉及称谓，如"人生十年曰幼，学；二十曰弱，冠"这一段，后世一直沿用幼学、弱冠、耄耋、期颐等词。在讲与老师之间交往的礼节时，称呼老师为"先生"，通过对礼节的规定，可以看出"先生"一词的厚重、老师地位的尊崇。如跟随先生走路，不应跑到路的另外一边和别人说话。在路上碰见先生，要快步上前，正立拱手。先生和自己讲话，就回答；先生不与自己讲话，就快步退下。这些礼节将老师的身份与地位固定在一个很高的层面，而随着身份地位的确立，"先生"一词也就有了特别的文化内涵。《曲礼上》还有一句"若非饮食之客，则布席，席间函丈"，函丈本身的意思是讲者与听讲者座席之间相距一丈，说的是主客之间讲话对答的礼节要求，后来用以称讲席，引申为对师长的敬称。对于学生而言，同学之间也有尊称，如同窗、窗友、书友、学友、同门、同科、同举、同砚、砚台、砚右等。

《幼学琼林》

《幼学琼林》是中国古代启蒙儿童的读物，作者为明末程登吉。此书内容广博、包罗万象,所选的第二卷涉及祖孙父子、兄弟、夫妇、叔侄、师生、朋友、宾主等称谓及各种历史典故。如"称人有令子,曰鳞趾呈祥;称宦有贤郎,曰凤毛济美",说的是对人的尊称。现在,"令"字的称谓依然在沿用。令尊,尊称对方的父亲。令堂,尊称对方的母亲。令郎、令子、令郎君、令嗣,尊称对方的儿子。令媛、令爱,尊称对方的女儿。令婿、令坦,尊称对方的女婿。令媳,尊称对方的儿媳。令正、令阃、贤阁、尊夫人(称人妻曰尊夫人,称人妾曰如夫人),尊称对方的妻子。其他还有,令侄,称人侄儿。乔梓,称人父子。昆玉、昆仲,称人兄弟。高足,称别人的学生。相反,自称则是用于谦称自己以及与自己相关的人事,表示谦逊的态度。自称的情况也较为复杂,在此略讲几点。一是一般人自称之词,如愚,谦称自己不聪明。鄙,谦称自己学识浅薄。敝,谦称自己或自己的事物不好。卑,谦称自己身份低微。窃,有私下、私自之意,使用它常有冒失、唐突的含义在内。臣,谦称自己不如对方的身份地位高。仆,谦称自己是对方的仆人,使用它含有为对方效劳之意。二是古代帝王的自谦词,如孤、寡、不谷。孤、寡、不谷,意为少德之人,用以自称,表示自谦。三是古代官吏的自谦词,如下官、末官、小吏。此三词皆指卑小的官,多用以自谦。四是读书人的自谦词,如晚生、晚学、小生。此三词指后辈在前辈面前的谦称。在宋代,士大夫对位高年长者自称"晚生""晚学"。在早期白话作品中,青年读书人自称"小生"。五是自称自己一方的亲属朋友,常用"家""舍"等谦词,"家"是对别人称比自己的辈分高或年纪大的亲属时用的谦词,如家父、家母、家兄等;"舍"用以谦称自己的家或自己的卑幼亲属,前者如寒舍、敝舍,后者如舍弟、舍妹、舍侄等。其他自谦的词还有在下、小可、小子、老朽、老夫、老汉、老拙等,也在一定的场合使用。《幼学琼林》所选内容,涉及很多历史典故,细读所选内容,或可进一步了解称谓背后的特殊内涵。

课后思考

1.《韩非子·五蠹》云:"今有不才之子,父母怒之弗为改,乡人谯之弗为动,师长教之弗为变。夫以父母之爱、乡人之行、师长之智,三美加焉,而终不动,其胫毛不改。"对这句话中关于称谓的词语进行分析。

2.《大戴礼记》"束发而就大学",《淮南子·氾论训》"古之伐国,不杀黄口",陶渊明《桃花源记》"黄发垂髫,并怡然自乐",杜甫《赠别》"娉娉袅袅十三余,豆蔻梢头二月初",《牡丹亭》"忽有一生,年可弱冠,风姿俊妍",《聊斋志异》"君无大贵,但得耄耋足矣",以上文献中均有称谓之词,找出并说明其文化内涵。

3.中国古代称谓的现实意义有哪些? 谈一谈在传承中华传统文化过程中,"礼"与"称谓"之间的关联性。

4.阅读《幼学琼林》,分析一下这部书的现实意义。

拓展阅读

[1] 孙诒让,著,王文锦,陈玉霞,点校.周礼正义[M].北京:中华书局,1987.

[2] 孙希旦,撰,沈啸寰,王星贤,点校.礼记集解[M].北京:中华书局.1989.

[3] 郑玄,注,贾公彦,疏,王辉,点校.仪礼注疏[M].上海:上海古籍出版社,2008.

[4] 吉常宏.中国人的名字别号[M].北京:商务印书馆,1997.

[5] 袁庭栋.古人称谓[M].济南:山东画报出版社,2007.

[6] 陈德芸.古今人物别名索引[M].北京:国家图书馆出版社,2009.

婚姻在人类生活中占有不可或缺的重要地位,关系到人类种族繁衍、家族兴亡与个体发展。在中国古代,传统儒家认为"昏礼者,礼之本也",婚姻是"合两姓之好",有着"上以事宗庙,而下以继后世"的重要功能。中国古代的婚恋文化,集中体现着各时期的社会文化心理与风尚,更是一种贯穿个人人生全过程的重要支配因素。中国古代男女双方的婚姻,讲究"父母之命,媒妁之言",当事双方不能自主选择,尤其是女性在婚姻中的地位更趋于低微,深刻反映了古代男女地位的不平等。本讲主要从中国古代婚姻形态、制度以及礼俗的变迁,来一探中国古代婚恋文化的基本面貌。

第三讲

中国古代婚恋文化

解　题

"昏礼者,礼之本也。"所谓中国古代"婚恋"文化,即围绕中国传统的"昏(婚)礼"所形成的诸种文化要素的总和,大致包含三点:礼义(内容)、礼仪(形式)、礼俗(习俗);相对应的,则是中国古代的婚姻形态、婚礼制度、婚姻习俗的演进。

一、中国古代的婚姻形态

中国古代的婚姻形态,在历史发展的不同阶段,受政治、经济、文化、地域等不同因素的影响,呈现出不同的形态;但其与人类社会其他文明体的婚姻形态又大都经历了相似的演化进程,即从蒙昧时代的群婚,到血缘婚、族外婚、对偶婚,再进化为更为文明的一夫一妻制的专偶婚。

"群婚"又称"杂乱婚",是人类在生产力极为低下的原始社会时期,因为生存的需要必须群体活动、群居生活,两性性行为随意、杂乱,由此所发展出的一种没有固定配偶形式的婚姻关系。其时先民们尚未产生"亲戚、兄弟、夫妇、男女"等伦理观念,部落内成年女子都是成年男子的妻子,反之亦然。《吕氏春秋·恃君览》中载:"昔太古尝无君矣,其民聚生群处,知母不知父,无亲戚兄弟夫妻男女之别,无上下长幼之道,无进退揖让之礼。""群婚"作为一种原始的婚姻形态,还没有发展出相应的婚姻制度,更谈不上什么婚姻礼节。

从原始群婚阶段,先民又进入血脉相承的亲属联姻阶段,即"血缘婚"。随着生产分工的发展,部落内部已经自然划分出不同的年龄集团,两性关系逐渐地排斥父女辈、母子辈的杂婚形态,而只发生在同辈男女之间。同辈之间共夫或者共妻,兄弟姐妹同时又是夫妻。中国上古关于伏羲、女娲兄妹婚的神话就是原始时期血缘婚和血缘家庭的典型例证。血缘婚本质上是杂乱婚的进一步发展,仍然是同一部族内部之间的联姻,但是近亲婚配、近亲繁殖不利于人类后代的健康繁衍,这种婚姻形态逐渐被抛弃,进而被非血缘婚的"族外婚"所代替。

族外婚又称"多偶婚",是一群兄弟与另一群姐妹之间的通婚,这种婚姻形态在早期禁止了同胞兄弟姐妹之间通婚,是人类婚姻关系的巨大进步。虽然在很长一段时期内,旁系兄弟姐妹的通婚被允许,但随着人类社会的自然选择,旁系兄弟姐妹之间通婚逐渐被禁止。这有利于生育更为强健的人类个体,对人类文明的发展有着重要意义。在这种婚姻形态下,兄弟共妻、姐妹共夫现象非常普遍,在中国古代典籍中,也留有相关的记载。

《孟子·万章上》关于舜的记载中，帝尧将自己的两个女儿娥皇、女英一起嫁给了舜，而舜的弟弟象，又产生了"二嫂使治朕栖"的念头，这就是多偶婚的痕迹。

在多偶婚形态下，"民知其母，不知其父"，世系只能从母系。而随着生产力的发展，男子在生产中的地位逐渐上升，人类社会由母系社会向父系社会过渡，氏族间的通婚逐渐具有了独占性质，多偶婚逐渐向对偶婚形态发展。对偶婚是指一个女子在一群男子中选择一个在一定时期内做主夫，反之，一个男子在一群女子中选择一个在一定时期内做主妻。由此可见，早期对偶婚具备一夫多妻、一妻多夫的婚姻形态。随着父系社会的成型，女性失去优越的历史地位，对偶婚形态由不稳定到稳定，人类社会逐渐进入一夫多妻的历史时期。在商周时代，贵族阶层的男子可以拥有多个妻子，并发展出媵婚等制度。《诗经》中对其美化之辞亦有存在，所谓"庶姜孽孽，庶士有朅"，正妻和随媵的侄娣共侍一夫，这成为当时宗法血缘制下贵族阶层的普遍现象。

当然，受到阶层地位以及经济条件的制约，虽然男子拥有多妻的特权，但实际上，一夫一妻则逐渐成为主流的婚姻形态，这就是更为文明的专偶婚形态。考古发掘证实，我国在商朝时期，一夫一妻的婚姻形式已是主流，在商代墓葬遗存中，一男一女的合葬墓很常见。据统计，殷墟墓地中夫妻并葬墓的数量占殷墟总墓葬数量的三分之一。《诗经》中那些描写青年男女之热烈爱恋、游子思妇之哀怨悱恻、夫妻日常之生活情趣的篇章，都向我们展露着商周时代一夫一妻的专偶婚姻形态。自那时起，一夫多妻、一夫一妻并存的婚姻制度就成为中国古代婚姻的基本形态。

二、中国古代的婚礼制度

婚礼在中国古代属于嘉礼之一种，周代时就已经形成了一整套完备的仪式制度，《仪礼》一书中对此有着详细的记载。《仪礼·士昏礼》中所记的士阶层成婚礼仪制度，并不仅限于单一阶层，当时贵族婚礼制度也都大致遵循这一设定，其影响着后世并普及到社会的各个阶层。周代的"婚姻六礼"，已成为中国古代婚礼仪式的固有程序。《礼记·中庸》中说："君子之道，造端乎夫妇。"《昏义》篇又曰："礼之大体，而所以成男女之别，而立夫妇之义也。……故曰，昏礼者，礼之本也。"在儒家学说观照下，婚礼被视作整个礼制的基础，婚礼仪式的制度设定蕴含着深刻的儒家血缘伦理观念。"婚姻六礼"包含了从提亲到完婚的六个大体步骤，以下简要述之。

一是纳采，各代有不同的称呼，大致即民间习称的"说媒"。自周定礼乐而来，男女相恋交往就被要求要合乎规范，私订终身被视为非礼苟合，会遭到社会舆论的鄙视。《礼记·坊记》曰："男女无媒不交。""父母之命，媒妁之言"成为人们普遍遵守的择偶方式。

提亲时,男方一般要带上相应的礼物,如先秦时,男方要以雁为纳采礼,《仪礼·士昏礼》载:"昏礼。下达,纳采,用雁。"雁为禽,所以纳采礼又称"委禽";至于宋代,纳采又名"敲门"。纳采礼,实质上体现了中国古代男女婚恋从最初就被纳入"礼"的规范。

二是问名。纳采礼既行,如果女方收下礼物,就表示了对婚事的应允。男方此时要托媒人询问女方的名字和生辰,以便占卜婚姻的吉凶。女方书写名字及生辰的文书,就是后世所习称的"庚帖",所以问名礼也就被称为"请庚帖"或"合八字"。庚帖文书的书写极富喜庆色彩,如清代的庚帖封面上一般要写上"文定厥祥""天作之合"之类的吉祥话,内里再开具女方的姓名、籍贯、生辰和世系。问名礼与纳采礼一样,都要依托于媒人,故而《礼记·曲礼》曰:"男女非有行媒,不相知名。"

三是纳吉。中国古人相信天命,当双方家庭托媒人完成"纳采""问名"之后,要请巫师术士进行卜卦,以测算男女双方生辰八字是否相合。所以"纳吉"又被称作"卜吉"。卜卦合算之后,双方父母就可以知道男女之间的婚配是否吉利,如果是"乾坤两造无冲",就说明婚姻祥瑞可配。"纳吉"的实行,意味着双方实质上交换了庚帖,若是卜卦吉祥,也就相当于初步完成了定亲仪式。

四是纳征。亦称"纳成""纳币",就是下聘礼,即男家往女家送聘礼。《礼记·士昏礼》孔颖达疏:"纳征者,纳聘财也。征,成也。先纳聘财而后婚成。"这一环节所送的礼物,要远比纳采时丰富贵重,而且不同阶层也有相应的标准,所以民间又称为"下大礼""过财"。在中国古代,纳征礼中男方给予女方家庭财物,是具有法律与社会意义的,意味着若干权利的转移,也是造成男女双方在婚姻关系中不平等地位的部分原因。古代遵循"非受不交不亲",只有经过"纳征"这一环节,男女双方的婚约才算完全成立,进入了婚姻的实质阶段。

五是请期。亦称"告期",即男方择定迎娶新娘的良辰吉日后告诉女方,周代时迎亲吉日一般都要由巫师占卜而定,后世也就一直传承下来。因为"请期",中国古代还演变出了"催妆"环节。一旦佳期定下来,男方就会派人通知女方家,以便其及早置办嫁妆,为接下来的婚礼举行做足准备。

六是亲迎。这是六礼的最后一步。据说周文王婚配时,曾亲迎新娘于渭水河畔,自此亲迎就成为男女婚姻的定制。成婚当天,新郎要亲自到女方家迎接新娘,护送回男方家,之后再举行婚礼仪式。这一环节相当烦琐,相应仪式历代都有不同的演变,但主要就是迎亲和拜堂。拜堂次日,新妇还要行拜见公婆之礼;婚后第三天,新妇还有归宁之礼,这样婚礼才算完全结束,男女双方可以成家立室了。

三、中国古代的婚姻习俗

古代男女成婚的年龄，各朝代自有不同，并无定制。如春秋时期，男子二十岁行冠礼，女子十六岁行笄礼，表示进入成人行列，可以进行婚配。到汉代又有不同的规定，《汉书·惠帝纪》记载："女子年十五以上至三十不嫁，五算。"女子到十五岁就可以嫁人了，过了三十还不嫁人，就要接受一定的惩罚。《唐律》规定："诸男年十五，女年十三以上，并听婚嫁。"宋代延续唐代成规，也有"凡男年十五，女年十三，并听婚嫁"的制度，对男女成婚年龄进一步放宽。其实在古代，成婚年龄在礼法上的规定和实际情形很不一样，不管是贵族阶层还是民间都有早婚的现象，这一方面和中国古代较低下的生产力水平相关，另一方面也有古代统治阶层重视人口繁衍的原因。

在中国古代，婚姻的缔结往往也意味着双方家族建立关系，通婚是为了家族地位的巩固或者提升。所以古代婚姻特别注重门第，要讲究门当户对。注重门第的典型表现就是中国古代常常出现政治性婚姻，如魏晋南北朝时期出现了很多世家大族，为了巩固家族地位，门第的讲究几乎成了通婚的先决条件。南朝的陈朝，有太原晋阳人王元规，八岁时失去了父亲，兄弟三人随着母亲依附于舅父。当时郡中有一个土豪刘瑱，为了攀附名门，想把女儿许配给他。王母因为王元规兄弟弱小，就想答应这门亲事，王元规哭着请求说："我们怎么能如此苟且，与寒族通婚呢？"他的母亲只好罢念，由此可见门第对于婚姻的影响。

与我们对古代婚姻的传统认知不同的是，古人在很长一段历史时期内并不忌讳女子再嫁。西汉大儒董仲舒就认为寡妇有权再嫁，以为"夫死无男，有更嫁之道"完全符合《春秋》大义。《汉书》中也记载有"夫妇之道，有义则合，无义则离"，认为离婚是男女双方正当的权利。诸如西汉卓文君，北宋女词人李清照，南宋大诗人陆游的前妻唐婉，都是再嫁女性的代表。片面地强调女子应守贞节的礼教观念，所谓"饿死事小，失节事大"，只是到宋代才逐渐兴起的迂腐观念。自宋至明，贞操观念急剧转变并逐渐严格化，清代更成为将贞操观念上升到宗教般的程度。在这一观念支配下，寡妇不改嫁而保持贞节，叫"守节"。那些守节终身者，会得到官方的旌表，为其立"贞节坊"，实际是沦为了封建吃人礼教的牺牲品。

篇目选读

《礼记·昏义》节选

昏礼者①,将合二姓之好②,上以事宗庙③,而下以继后世也④。故君子重之⑤。是以昏礼纳采、问名、纳吉、纳征、请期⑥,皆主人筵几于庙⑦,而拜迎于门外,入揖让而升⑧,听命于庙,所以敬慎、重正昏礼也⑨。

父亲醮子⑩而命之迎,男先于女也。子承命以迎,主人筵几于庙,而拜迎于门外。婿执雁入⑪,揖让升堂,再拜奠雁⑫,盖亲受之于父母也⑬。降出,御妇车,而婿授绥⑭,御轮三周,先俟于门外⑮。妇至,婿揖妇以入,共牢而食⑯,合卺而酳⑰,所以合体、同尊卑,以亲之也⑱。

敬慎重正,而后亲之,礼之大体,而所以成男女之别,而立夫妇之义也。男女有

---

① 昏:即“婚”,指婚娶之礼。古时婚礼于黄昏时举行,取阴阳交替之义,故名。
② 二姓之好:指两家建立姻亲关系。
③ 事:此指祭祀。宗庙:古代祭祀先祖的处所。古代妻子有辅助丈夫进行宗庙祭祀的职责。
④ 后世:指后世子孙。
⑤ 重:重视。
⑥ 纳采、问名、纳吉、纳征、请期:见本讲解题。
⑦ 筵几:铺设坐席和几案,以便神灵坐息和凭依。这里的主人指女方父亲。庙:指祢庙,即父庙。
⑧ 揖让:作揖谦让。升:指升阶登堂。
⑨ 敬慎:恭敬谨慎。上述六礼,男方依托媒人进行,女方主人每次都要在庙中接待,以示郑重。
⑩ 醮(jiào):古代一种敬酒礼,由尊者向卑者敬酒,卑者将酒饮尽而不回敬。此处的子指婿,女方父亲在婿亲迎之前,为之酌酒。
⑪ 婿:同“婿”。雁:指婚礼中男方送女方的礼物。
⑫ 再拜:依当时礼节,应为“再拜稽首”的省文。依礼,男方亲迎时执雁,当先奠雁而后拜。女子在堂后东房中,面朝南而立,以待迎娶。婿上堂后即来到东房门前,面朝北奠雁,以示相授,并向女子行再拜礼。
⑬ 父母:谓女之父母。女方在随婿出门之前,父母要分别对她告诫一番,之后女方才随婿出门,表示婿是从女方父母那里亲自领回。
⑭ 降出:婿降而出,妇即跟从婿自西阶而降,随婿而出。御:驾车。绥:可抓以上车的绳。婿亲自驾车,以表示对妇的亲爱,因为这本是奴仆之事,婿是有意自降身份了。
⑮ 先:这里有引导的意思。俟:等待。
⑯ 共牢而食:牢,即俎,古代祭祀时盛放祭品的器具。夫妇共食同一俎中的牲肉。
⑰ 合卺而酳:卺(jǐn),谓半瓢,一瓠分为两瓢谓之卺。酳(yìn),食毕,有赞者向夫妇进酒,以颐安所食,叫做酳酒。婿与妇各执一片以酳,故云“合卺而酳”。
⑱ 合体:合为一体,指关系密切。夫妇共牢而食,合卺而酳,表明夫妇结合为一体,尊卑相同,以此表示亲爱之情。

别,而后夫妇有义;夫妇有义,而后父子有亲;父子有亲,而后君臣有正①。故日:"昏礼者,礼之本也。"

(节选自孙希旦撰《礼记集解》,中华书局1989年版。)

《悼亡诗》(其一)潘岳

荏苒冬春谢,寒暑忽流易②。

之子归穷泉,重壤永幽隔③。

私怀谁克从,淹留亦何益④?

俛俛恭朝命,回心反初役⑤。

望庐思其人,入室想所历⑥。

帏屏无仿佛,翰墨有余迹⑦。

流芳未及歇,遗挂犹在壁⑧。

怅恍如或存,回惶忡惊惕⑨。

如彼翰林鸟,双栖一朝只⑩。

如彼游川鱼,比目中路析⑪。

春风缘隙来,晨霤承檐滴⑫。

---

① 夫妇有义,父子有亲,君臣有正:中国传统社会有五种基本人伦关系,即父子、君臣、夫妇、兄弟、朋友,称为
"五伦"。婚礼的实施是为了以示男女有别,由此夫妇亲爱,而后夫妇有道义;夫妇有道义,而后父子有亲
情;父子有亲情,而后君臣关系端正。所以说夫妇之义,是人伦关系的起点。

② 荏苒(rěn rǎn):(时间)渐渐过去。谢:去。流易:演变、变换。寒冬暑夏变换,常指代一年。古代礼制,妻死
而丈夫要服丧一年。这首诗大约作于妻子死后一周年。

③ 之子:那个人,指妻子。穷泉:犹九泉,指墓中。重壤:层层土壤,地下,泉下。永:长。幽隔:指人死入阴间,
与世隔绝。

④ 私怀:私心、私衷,个人的心情,此指悼念亡妻的心情。克:能。淹留:羁留、逗留,此指滞留在家。亦何益:
又有什么好处。

⑤ 俛俛(mǐn miǎn):俛,通"勉"。勉强,不得已。朝命:朝廷的命令。回心:改变心意。初役:原任的官职。

⑥ 庐:房屋。其人:那个人,此指亡妻。所历:指之前夫妇过去那些欢乐的日子。

⑦ 帏屏:帐帏和屏风,这里借指寝息之所。仿佛:似有若无貌,隐约之貌。这里指亡妻的仿佛形影。翰墨:笔
墨,这里指妻子当年的手迹尚存。

⑧ 流芳:或指亡妻的化妆用品。遗挂:或指亡妻的遗像。

⑨ 怅恍:恍惚。如或:好像。回惶:亦作"迴皇""迴徨",彷徨疑惑。惕:惊惧。

⑩ 翰林:鸟栖之林,与下句"游川"相对。

⑪ 比目:鱼名,成双即行,单只不行,常以喻情爱深挚的夫妻。

⑫ 缘隙:循着门窗的缝。晨霤:霤,同"溜"(liù)。早晨屋檐上流下来的水。

寝息何时忘,沉忧日盈积①。

庶几有时衰,庄缶犹可击②。

(选自潘岳著、王增文校注《潘黄门集校注》,中州古籍出版社 2002 年版。)

《快嘴李翠莲记》节选

昔日东京有一员外③,姓张名俊,家中颇有金银。所生二子,长曰张虎,次曰张狼。大子已有妻室,次子尚未婚配。本处有个李吉员外,所生一女,小字翠莲,年方二八。姿容出众,女红针指④,书史百家,无所不通。只是口嘴快些,凡向人前,说成篇,道成溜,问一答十,问十道百。有诗为证:

问一答十古来难,问十答百岂非凡。

能言快语真奇异,莫作寻常当等闲。

话说本地有一王妈妈,与二边说合,门当户对,结为姻眷,选择吉日良时娶亲。

三日前,李员外与妈妈论议,道:“女儿诸般好了,只是口快,我和你放心不下。打紧他公公难理会⑤,不比等闲的,婆婆又兜答⑥,人家又大,伯伯、姆姆⑦,手下许多人,如何是好?”婆婆道:“我和你也须分付他一场。”只见翠莲走到爹妈面前,观见二亲满面忧愁,双眉不展,就道:“爹是天,娘是地,今朝与儿成婚配。男成双,女成对,大家欢喜要吉利。人人说道好女婿:有财有宝又豪贵;又聪明,又伶俐,双六⑧、象棋通六艺;吟得诗,做得对,经商买卖诸般会。这门女婿要如何?愁得苦水儿滴滴地。”

员外与妈妈听翠莲说罢,大怒曰:“因为你口快如刀,怕到人家多言多语,失了礼节,公婆人人不欢喜,被人笑耻,在此不乐。叫你出来,分付你少则声⑨,颠倒说出一篇

① 寝息:睡觉休息。盈积:众多的样子。

② 庶几:希望,但愿。衰:减。庄缶:庄指庄周,缶指瓦盆,古时一种打击乐器。战国时庄周之妻死,惠子吊之,庄周方箕踞鼓盆而歌。惠子诘之。庄周以为人之生死,是自然之变化,明乎此,则无须为之而悲伤。

③ 东京:今河南省开封市,下文“汴梁”也是此指。员外:即员外郎,本指官员,这里指有钱有势的豪绅。

④ 女红针指:红,通“工”,女红也称为女事。这里指女子所做的针线、纺织、刺绣等活计。

⑤ 打紧:要紧,实在。难理会:此处指对方不明事理。

⑥ 兜答:亦作“兜搭”,这里指多心眼,难对付。

⑦ 伯伯、姆姆:女子对丈夫的哥哥、嫂嫂的称呼。

⑧ 双六:又称“双陆”,古代一种棋类游戏。

⑨ 则声:作声。

来①，这个苦恹的好②！"翠莲道："爷开怀，娘放意。哥宽心，嫂莫虑。女儿不是夸伶俐，从小生得有志气。纺得纱，续得苎，能裁、能补、能绣刺。做得粗，整得细，三茶、六饭一时备。推得磨，捣得碓，受得辛苦吃得累。烧卖、匾食有何难，三汤二割我也会③。到晚来，能仔细，大门关了小门闭；刷净锅儿掩厨柜，前后收拾自用意。铺了床，伸开被，点上灯，请婆睡，叫声安置进房内。如此伏侍二公婆，他家有甚不欢喜？爹娘且请放心宽，舍此之外直个屁！"

翠莲说罢，员外便起身去打。妈妈劝住，叫道："孩儿，爹娘只因你口快了愁！今番只是少说些。古人云：'多言众所忌。'到人家只是谨慎言语，千万记着！"翠莲曰："晓得。如今只闭着口儿罢。"

妈妈道："隔壁张大公是老邻舍④，从小儿看你大，你可过去作别一声。"员外道："也是。"翠莲便走将过去，进得门槛，高声便道："张公道，张婆道，两个老的听禀告：明日寅时我上轿，今朝特来说知道。年老爹娘无倚靠，早起晚些望顾照。哥嫂倘有失礼处，父母分上休计较。待我满月回门来，亲自上门叫聒噪⑤。"

张大公道："小娘子放心，令尊与我是老兄弟，当得早晚照管。令堂亦当着老妻过去陪伴，不须挂意！"

作别回家，员外与妈妈道："我儿，可收拾早睡休，明日须半夜起来打点。"翠莲便道："爹先睡，娘先睡，爹娘不比我班辈。哥哥嫂嫂相傍我，前后收拾自理会。后生家熬夜有精神，老人家熬了打盹睡。"翠莲道罢，爹妈大恼曰："罢，罢，说你不改了！我两口自去睡也。你与哥嫂自收拾，早睡早起。"翠莲见爹妈睡了，连忙走到哥嫂房门口高叫："哥哥嫂嫂休推醉，思量你们忒没意。我是你的亲妹妹，止有今晚在家中，亏你两口下着得⑥，诸般事儿都不理，关上房门便要睡。嫂嫂你好不贤惠，我在家，不多时，相帮做些道怎地？巴不得打发我出门，你们两口得伶俐⑦。"

翠莲道罢，做哥哥的便道："你怎生还是这等的？有父母在前，我不好说你。你自去安歇，明日早起，凡百事我自和嫂嫂收拾打点。"翠莲进房去睡。兄嫂二人，无多时，

① 颠倒：反而、反倒。
② 恁的：如此，这般。
③ 三汤两割：泛指宴席上的菜肴汤羹。
④ 大公：大伯。
⑤ 聒噪：打扰、麻烦的意思。
⑥ 下着得：忍心。
⑦ 伶俐：干净、畅快。

前后俱收拾停当，一家都安歇了。

员外、妈妈一觉睡醒，便唤翠莲问道："我儿，不知甚么时节了？不知天晴天雨？"翠莲便道："爹慢起，娘慢起，不知天晴是下雨。更不闻，鸡不语，街坊寂静无人语。只听得：隔壁白嫂起来磨豆腐，对门黄公舂糕米。若非四更时，便是五更矣。且待奴家先起，烧火劈柴打下水，且把锅儿刷洗起，烧些脸汤洗一洗，梳个头儿光光地。大家也是早起些，娶亲的若来慌了腿。"

员外妈妈并哥嫂一齐起来，大怒曰："这早晚，东方将亮了，还不梳妆完，尚兀自调嘴弄舌①！"翠莲又道："爹休骂，娘休骂，看我房中巧妆画。铺两鬓，黑似鸦，调和脂粉把脸搽。点朱唇，将眉画，一对金环坠耳下。金银珠翠插满头，宝石禁步身边挂②。今日你们将我嫁，想起爹娘撇不下；细思乳哺养育恩，泪珠儿滴湿了香罗帕。猛听得外面人说话，不由我不心中怕；今朝是个好日头，只管都噜都噜说甚么！"

翠莲道罢，妆办停当，直来到父母跟前，说道："爹拜禀，娘拜禀，蒸了馒头索了粉，果盒肴馔件件整。收拾停当慢慢等，看看打得五更紧。我家鸡儿叫得准，送亲从头再去请。姨娘不来不打紧，舅母不来不打紧，可耐姑娘没道理③，说的话儿全不准。昨日许我五更来，今日鸡鸣不见影。歇歇进门没得说，赏他个漏风的巴掌当邀请。"

员外与妈妈敢怒而不敢言。妈妈道："我儿，你去叫你哥嫂及早起来，前后打点。娶亲的将次来了④。"翠莲见说，慌忙走去哥嫂房门口前，叫曰："哥哥嫂嫂你不小，我今在家时候少。算来也用起个早，如何睡到天大晓？前后门窗须开了，点些蜡烛香花草。里外地下扫一扫，娶亲轿子将来了。误了时辰公婆恼，你两口儿讨分晓！"

哥嫂两个忍气吞声，前后俱收拾停当。员外道："我儿，家堂并祖宗面前⑤，可去拜一拜，作别一声。我已点下香烛了。趁娶亲的未来，保你过门平安！"翠莲见说，拿了一炷，走到家堂面前，一边拜，一边道："家堂，一家之主；祖宗，满门先贤：今朝我嫁，未敢自专。四时八节，不断香烟。告知神圣，万望垂怜！男婚女嫁，理之自然。有吉有庆，夫妇双全。无灾无难，永保百年。如鱼似水，胜蜜糖甜。五男二女，七子团圆。二个女婿，答礼通贤；五房媳妇，孝顺无边。孙男孙女，代代相传。金珠无数，米麦成

---

① 兀自：还在。

② 禁步：古代女子的一种饰品，最初用于压住裙摆。佩戴行步之时，应做到声音缓急有度，轻重得当，不然就要被视为失礼。

③ 可耐：怎耐，可恨。姑娘：这里指姑母。

④ 将次：将要，就要。

⑤ 家堂：家中供神的地方，女子出嫁前要到家庙中拜祭。

仓。蚕桑茂盛,牛马捱肩。鸡鹅鸭鸟,满荡鱼鲜。丈夫惧怕,公婆爱怜。妯娌和气,伯叔忻然。奴仆敬重,小姑有缘。不上三年之内,死得一家干净,家财都是我掌管,那时翠莲快活几年!"

翠莲祝罢,只听得门前鼓乐喧天,笙歌聒耳,娶亲车马,来到门首。张宅先生念诗曰①:

"高卷珠帘挂玉钩,香车宝马到门头。

花红利市多多赏,富贵荣华过百秋。"

李员外便叫妈妈将钞来②,赏赐先生和媒妈妈,并车马一干人。只见妈妈拿出钞来,翠莲接过手,便道:"等我分!爹不惯,娘不惯,哥哥嫂嫂也不惯。众人都来面前站,合多合少等我散。抬轿的合五贯,先生媒人两贯半。收好些,休嚷乱,吊下了时休埋怨!这里多得一贯文,与你这媒人婆买个烧饼,到家哄你呆老汉。"

先生与轿夫一干人听了,无不吃惊,曰:"我们见千见万,不曾见这样口快的。"大家张口吐舌,忍气吞声,簇拥翠莲上轿。一路上,媒妈妈分付:"小娘子,你到公婆门首,千万不要开口!"不多时,车马一到张家前门,歇下轿子,先生念诗曰:

"鼓乐喧天响汴州,今朝织女配牵牛。

本宅亲人来接宝,添妆含饭古来留③。"

且说媒人婆拿着一碗饭,叫道:"小娘子,开口接饭。"只见翠莲在轿中大怒,便道:"老泼狗,老泼狗,叫我闭口又开口。正是媒人之口无量斗,怎当你没的翻做有。你又不曾吃早酒,嚼舌嚼黄胡张口。方才跟着轿子走,分付叫我休开口。甫能住轿到门首,如何又叫我开口?莫怪我今骂得丑,真是白面老母狗!"

先生道:"新娘子息怒。他是个媒人,出言不可太甚。自古新人无有此等道理!"翠莲便道:"先生你是读书人,如何这等不聪明?当言不言谓之讷,信这虔婆弄死人④!说我婆家多富贵,有财有宝有金银,杀牛宰马做茶饭,苏木檀香做大门,绫罗段四无算数,猪羊牛马赶成群。当门与我冷饭吃,这等富贵不如贫。可耐伊家忒怎村,冷饭将来与我吞。若不看我公婆面,打得你眼里鬼火生!"

翠莲说罢,恼得那媒婆一点酒也没吃,一道烟先进去了;也不管他下轿,也不管他

---

① 张宅先生:指阴阳先生。

② 将钞:拿钱。

③ 含饭:婚礼仪式的一个环节。

④ 虔婆:贼婆子。

拜堂。

本宅众亲簇拥新人到了堂前，朝西立定。先生曰："请新人转身向东，今日福禄喜神在东。"翠莲便道："才向西来又向东，休将新妇便牵笼。转来转去无定相，恼得心头火气冲。不知那个是妈妈？不知那个是公公？诸亲九眷闹丛丛，姑娘小叔乱哄哄。红纸牌儿在当中，点着几对满堂红①。我家公婆又未死，如何点盏随身灯②？"

张员外与妈妈听得，大怒曰："当初只说娶个良善人家女子，谁想娶这个没规矩、没家法、长舌顽皮村妇！"诸亲九眷面面相睹，无不失惊。先生曰："人家孩儿在家中惯了，今日初来，须慢慢的调理他。且请拜香案，拜诸亲。"合家大小俱相见毕。先生念诗赋，请新人入房，坐床撒帐：

"新人挪步过高堂，神女仙郎入洞房。

花红利市多多赏，五方撒帐盛阴阳。"

张狼在前，翠莲在后，先生捧着五谷，随进房中。新人坐床，先生拿起五谷，念道：

"撒帐东，帘幕深围烛影红。佳气郁葱长不散，画堂日日是春风。

撒帐西，锦带流苏四角垂③。揭开便见姮娥面，输却仙郎捉带枝。

撒帐南，好合情怀乐且耽。凉月好风庭户爽，双双绣带佩宜男④。

撒帐北，津津一点眉间色。芙蓉帐暖度春宵，月娥苦邀蟾宫客。

撒帐上，交颈鸳鸯成两两。从今好梦叶维熊⑤，行见蟾珠来入掌⑥。

撒帐中，一双月里玉芙蓉。恍若今宵遇神女，红云簇拥下巫峰。

撒帐下，见说黄金光照社。今宵吉梦便相随，来岁生男定声价。

撒帐前，沉沉非雾亦非烟。香里金虬相隐映，文箫今遇彩鸾仙。

撒帐后，夫妇和谐长保守。从来夫唱妇相随，莫作河东狮子吼⑦。"

说那先生撒帐未完，只见翠莲跳起身来，摸着一条面杖，将先生夹腰两面杖，便骂道："你娘的臭屁！你家老婆便是河东狮子！"一顿直赶出房门外去，道："撒甚帐？撒甚帐？东边撒了西边样。豆儿米麦满床上，仔细思量象甚样？公婆性儿又莽撞，只道新妇

---

① 满堂红：一种用红彩绢做成的红灯笼。

② 随身灯：人死后点在脚后的灯。

③ 流苏：丝线接成的穗子。

④ 宜男：指萱草，俗称金针菜，古人认为孕妇佩戴萱草则生男孩，是一种美好的希冀。

⑤ 好梦叶维熊：叶，通"协"；熊罴，猛兽，象征男子。古人祝人生子称"熊罴入梦"，以此作为生男的吉兆。

⑥ 蟾珠(pín zhū)：珍珠，亦是比喻女子怀孕。

⑦ 河东狮子：比喻悍妒强横的妇女。

不打当。丈夫若是假乖张①,又道娘子垃圾相。你可急急走出门,饶你几下擀面杖。"

那先生被打,自出门去了。张狼大怒曰:"千不幸,万不幸,娶了这个村姑儿!撒帐之事,古来有之。"翠莲便道:"丈夫、丈夫,你休气,听奴说得是不是。多想那人没好气,故将豆麦撒满地。倒不叫人扫出去,反说奴家不贤惠。若还恼了我心儿,连你一顿赶出去,闭了门,独自睡,晏起早眠随心意。阿弥陀佛念几声,耳伴清宁到伶俐。"

张狼也无可奈何,只得出去参筵劝酒。

(节选自洪楩辑《清平山堂话本》,江苏古籍出版社1990年版。)

作品讲授

《礼记·昏义》

《礼记·昏义》,是《礼记》第四十四篇,主要阐释士昏礼的意义,故名。孔颖达《礼记正义》引郑玄语曰:"名曰《昏义》者,以其记娶妻之义,内教之所由成也。"又曰:"娶妻之礼,以昏为期,因名焉。必以'昏'者,取其阴来阳往之义。"《礼记》主要记载并阐释了周代礼乐文明之中所包蕴的伦理思想,男女婚姻为人伦之大端,所以《昏义》一篇在详细记载当时婚姻制度设定的同时,也对制度仪式所内含的伦理道德做了明确阐发。《昏义》既反映了先秦时期贵族们的婚礼状况,也为后世婚姻制度打下了思想基础,其中所阐发的婚姻伦理规范,渗透到了中国传统婚姻生活的方方面面。即便到现在,大部分地方的婚礼仪式还是大体遵循着其仪式规范。虽然《昏义》篇中主要以"男女之别"为出发点,逐渐由夫妇关系引申至父子关系、君臣关系,内含着等级名分的线索。但是在整个婚礼制度设定中,也有丈夫对妻子的亲爱之意,甚至提出了夫妇合体,以"同尊卑"的观点,这对于提高妻子在家庭中的地位有积极的作用,与汉代之后的"夫为妻纲"论是有所差别的。

《悼亡诗》(其一)

《悼亡诗》(其一),是西晋文人潘岳的名篇。潘岳,字安仁,西晋著名文学家、政治家。因为杜甫《花底》诗中云:"恐是潘安县,堪留卫玠车。"后世遂又称其为"潘安"。潘岳姿仪甚美,出行常有人慕名围观,甚至有"掷果盈车"的风流典故,但他却是一个很情深的人。《悼亡诗》正是为悼念亡妻杨氏所作,共有三首,本讲所选为其一。潘岳与妻子杨氏十二岁时订婚,婚后共同生活了大约二十四个年头,夫妻感情很好。晋惠帝元康八年,杨氏因病去世。潘岳大为悲恸,除写下三首《悼亡诗》外,还有《哀永逝文》《悼亡赋》等,

---

① 乖张:性情怪僻,不通人情。

以表达对妻子的怀念。

本讲所选的这一首《悼亡诗》,写作时间是杨氏死后一周年,所以诗中有"荏苒冬春""寒暑忽易"的说法。自开头至"回心反初役"为诗的第一部分,写诗人为妻子守丧之后,不得已要离家返回任所,此时自己依然还沉浸在对亡妻的怀念之中。这是诗人自语,也可视为诗人对妻子的衷肠告白。自"望庐思其人"至"回惶忡惊惕"是诗的第二部分,写诗人徘徊于与妻子日常所居之处,睹物生情,但是居室之内再也不见妻子的形影,心中的悲痛又渐渐难以抑制,以致神志恍惚,既惊又惧。细腻的心理描写,深切表现了诗人对妻子感情之真挚,思念之深沉。自"如彼翰林鸟"至末尾是诗的第三部分。通过各种典故的运用,比喻自己丧偶的孤独悲哀。妻子去世恍惚间已经周年,又到春风袭人、晨霤点滴的时节,深沉的忧思积压在诗人心头,难以入眠,最终也难以排解。清代陈祚明在《采菽堂古诗选》中评说:"安仁情深之子,每一涉笔,淋漓倾注,宛转侧折,旁写曲诉,刺刺不能自休。"潘岳悼亡诗感情深沉,淋漓尽致,对后世产生了深远影响,"悼亡诗"由此成为古代悼念亡妻的专门诗篇。

《快嘴李翠莲记》

《快嘴李翠莲记》,见于明代嘉靖时人洪楩编刻的《清平山堂话本》。洪家为书香门第、文献世家,家有藏书楼名为"清平山堂",至洪楩时将其扩为印书之处,既藏且印,成为明代杭州著名的书坊。《清平山堂话本》为洪楩刻印自编,又名《六十家小说》,共计六十卷,主要收录宋元话本,以及元明间的戏剧曲目,是研究宋元时期文学的珍贵文献。宋元话本,是一种新兴的文学体裁,即白话小说,其对之后明清小说的繁荣起了重要作用。《清平山堂话本》是目前所知保存宋元话本最多的一部集子。

《快嘴李翠莲记》,全名为《新编小说快嘴媳妇李翠莲记》。所谓"新编",是洪楩收集旧本刻印时沿用的旧名,并不是表示这篇话本是明代所编。这篇话本大概是元代刻印的,但从语言的口气、风格以及说唱结合的形式上看,基本上可以确定是宋代作品,元代应是在宋代话本的基础上有所加工,所以要标上"新编"二字。这一篇小说,围绕李翠莲出嫁前后的事情展开,鲜明地塑造了一个心直口快、个性爽利,甚至有点刚强泼辣的青年女子形象。李翠莲的这种性格,是与中国古代传统文化中对女性温柔贤淑的要求不相符的,所以她自始至终就处于一种与周围环境、群体相抗争的位置。她的泼辣言语,正是她抗争的工具。我们可以将这种抗争视作对封建礼教的反叛,这是一种难能可贵的女性独立自主意识。

本篇小说的场景设置集中在李翠莲娘家与夫家两处,时间也集中在李翠莲出嫁前夕到被休回娘家的四五天内,情节相当紧凑。同时,文中先后登场的人物总计有十多个,除李翠莲之外,其无奈的兄嫂、严厉的公婆等,都各具特色,形象塑造都很成功。本篇最为成功的就是其中大量采用极富世俗生活气息的口语,成为塑造李翠莲形象的重要手段,这也正是宋元话本的典型特征。

课后思考

1.通过对中国古代婚姻形态的学习,思考婚姻关系在人类社会发展中的作用。

2.思考中国古代传统"婚姻六礼"的当代价值与意义。

3.你还知道哪些传统的婚俗文化?通过文献查找、田野考察、问卷调研等多种形式,收集相关资料并加以分析。

拓展阅读

[1] 杨天宇.礼记译注 [M].上海:上海古籍出版社,2016.

[2] 潘岳,著,王增文,校注.潘黄门集校注 [M].郑州:中州古籍出版社,2002.

[3] 洪楩,辑,石昌渝,校点.清平山堂话本 [M].南京:江苏古籍出版社,1990.

[4] 向仍旦.中国婚俗文化 [M].北京:中国书籍出版社,2015.

[5] 汪玢玲.中国婚姻史 [M].武汉:武汉大学出版社,2013.

[6] 董家遵,著,卞恩才,整理.中国古代婚姻史研究 [M].广州:广东人民出版社,1995.

[7] 王革非.古代婚姻与女性婚服 [M].北京:中国经济出版社,2016.

中华民族是一个富于哲学思维的民族，拥有悠久的文明史与文化史。中国古代哲学不仅是中华民族文明史与文化史的精华，也为人类文明的发展与进步作出了巨大贡献。经典文献作为中华民族古代哲学思想的载体，对中华民族在物质文明、精神文明、政治文明、社会文明、生态文明进程中形成的，具有永恒意义和普遍价值的思想体系、文化观念和学术精华进行了总结。经典中所蕴含的治国之道、文化之道和修身之道，更能促使我们明了世事的进展，透析人性的本质，深化思考的层次，对个人的现实发展与未来成长都很有裨益。本讲简要概述中国古代哲学的发展历程、古代哲学的基本命题以及古代哲学经典的形成，所选篇目亦分别从认识论、道德论、修养论、生死论、体用论切入，来探究中国古代哲学经典的基本情况与丰富内涵。

第四讲

中国古代哲学经典

解 题

　　中华民族在上下五千年的文明发展历程中,创造了人类文明史上独具特色的哲学思想,中国古代哲学是本民族理论思维与认识的结晶。早至商代殷墟遗留的甲骨文,就已经能看到中国哲学的最初萌芽;西周初年的《尚书·洪范》已提出了五行学说;《周易》中也具备了原始的"阴阳"观念。这都是先民最为朴素的辩证法思想,是我们民族理论思维的先声。

　　春秋战国时期,与动荡的社会政治局势相附和,思想领域百家争鸣,成为中国古代哲学的正式开端。这一时期涌现出孔子、孟子、老子、庄子、墨子、韩非子等许多重要的思想家,形成了儒家、道家、墨家、法家、名家、阴阳家等重要的思想派别。当时哲学争论以天道观为中心,诸子们开始触及宇宙论、本体论等哲学基本命题。唯心主义者以天有意志,将其视为自然和人类的主宰,尚未摆脱上古宗教思维的束缚。另有思想家或以"气"释天,如《管子》所论;或以"道"为本体,以"无"为本体,如老子、庄子所论,都否认了天有意志之说。墨子虽然否认天命,却还是承认天有意志。荀子则强调天人之分,提出"制天命而用之",批判了唯心主义和宗教迷信,成为先秦唯物主义哲学的集大成者。

　　在这一时期,影响后世至深的中国古代哲学经典基本相继形成。凝聚着三代以来政治文化治理经验的所谓"先王之法",被尊为"六艺"经典;诸子百家之思想论述,也先后编订,成为经典之辅翼。尤其是儒家学派逐渐确立"显学"地位,《诗》《书》《礼》《乐》《易》《春秋》《论语》《孟子》《荀子》《礼记》等都被纳入儒家学说体系中,形成了较为完整的文献体系。同时,道家之《老子》《庄子》,墨家之《墨子》等文献,也都因学派学说的流行而成为两千年来流传不衰的哲学经典。这一时期的思想与经典,基本上确定了中国文化日后发展的走向,已经成为中华文化的基因与血脉,这是中国古代哲学发展史上真正的"轴心时代"。

　　两汉时期,随着大一统帝国的稳定与强盛,西汉初期流行的"黄老"道家之学,逐渐让位于融合了阴阳五行与法家思想的汉代新儒学。汉武帝曾提出三次策问,征询"大道之要,至论之极"一类的大问题,这一方面是治国策略的改弦更张,另一方面也促使思想界为中央政权意识形态建构寻求新的学理支撑。董仲舒以"天人感应""三纲五常""君权神授"为核心思想的《天人三策》,使得汉武帝采纳了"罢黜百家,独尊儒术"的主张,在儒家地位独尊的同时,也使得儒学文献取得"经"的地位。在这样的文化政策之下,中国古代的哲学流派便由先秦诸子之学转入汉代儒家经学。

两汉经学宣扬"天人感应",将中国古代哲学关于天人关系的讨论进一步演化为宇宙论问题。董仲舒在《天人三策》《春秋繁露》等著作中,提出人世间的一切都由上天安排,"道之大原出于天。天不变,道亦不变";同时提出"天意""天志""天德""天威""天谴""天夺"等观念,将天作为自然界与人类社会的主宰,陷入了形而上学的世界观。从"天人感应"出发,汉代经学家对人的"命""性""情"问题也进行了讨论,认为"命"为天降,"性"为先天素质,"情"为人欲。所以,个体就要顺从天命,教化人性,节制欲望,这就为统治阶层教化人民建构了学理依据。两汉经学提出"三纲五常"的道德标准,对君臣、父子、夫妻之间的关系进行主从处理,都是着眼于大一统帝国意识形态建构的目的。

东汉末年,经学沦为烦琐注疏的哲学,僵化的教条与虚伪的说教使其逐渐失去了生命力与影响力。魏晋南北朝时期,玄学形成,佛教也开始占据重要的地位,思想界产生了新的风潮。玄学家大多是当时的名士,代表人物有何晏、王弼、阮籍、嵇康、向秀、郭象等,他们主要围绕"有""无""本""末"等基本问题展开讨论,以解决"名教"与"自然"的内在冲突关系。名教为儒家所倡导的道德规范,自然为道家所推崇的自然本体论,此期的主流学说都致力于以道家的本体论来论证儒家道德规范的合理性。曹魏时期的何晏、王弼扬弃了汉儒的神学论,尤以王弼《老子注》《老子指略》《周易注》等著作为代表,诸文献中皆大倡"贵无"说,以"无"为宇宙万物的本体;西晋裴頠《崇有论》则提出"崇有"论,认为本体就是现实世界的总和。同为西晋时人的郭象,综合上述两家观点,提出"独化"论,指向了宇宙的和谐关系。在"有""无"问题讨论的基础上,思想家们先后提出"名教出于自然""越名教而任自然""名教即自然"等观点,逐渐廓清对两者之间的关系的认识,最终在理论层面取得了调和统一。

魏晋南北朝时期玄学家热衷于玄远的"清谈",客观上促使了中国本土宗教道教以及外来宗教佛教的兴盛。道教自东汉兴起,魏晋南北朝时期葛洪、陶弘景等对其义理、神仙体系进行了整理、改革,《抱朴子》《神仙传》《真诰》等道教典籍,融入了儒家倡导的等级制度与伦理道德等内容,道教已被改造为服务于统治阶层的宗教。佛教从东汉时已经传入中土,小乘佛学与大乘佛学都有所发展,佛教在传播初期,以"格义"的方式与玄学相结合,但很快就走上了独立发展的道路。东晋道安主张废弃佛教经典"格义"之法,使佛教逐渐趋于中国化,先后产生了"六家七宗"等般若学流派。这一时期涌现了很多高僧大德,如道安、慧远、鸠摩罗什、僧肇、竺道生等,他们新译、重译的佛教经论有七十余部,计三百多卷,极大地推动了佛教哲学在中国的发展传播。

隋唐时期,中国社会政治、经济、文化发展达到又一个高峰,文化心态更趋于包容,三教并存成为这一时期的文化现象。由于寺院经济的发达,宗教发展具备了充足的物质基础,隋唐时期的佛教、道教都极为鼎盛,当时甚至已到"十分天下财,而佛有七八"的地步,道教道观所在多有,佛教佛寺更是遍布全国,佛教宗派如天台宗、唯识宗、华严宗等都在此期产生并壮大,成为中国化佛教的重要派别。道教经典如《一切道经》,佛教经典如《摩诃止观》《华严经》《楞严经》《成唯识论》《金刚经》《维摩经》等都于此期编订或译定。道教典籍思理玄微,佛教理论体系深邃精致,为中国哲学理论思维的发展提供了充足的滋养。

受此影响,传统儒学不得不寻求抗争,与道教、佛教等宗教人士进行辩难,以求恢复意识形态领域的话语权。在国家层面,由政府主持先后编订了《经典释文》《五经正义》等儒家经典,重新整合统一了当时的意识形态。而以韩愈、李翱为领起,儒家知识分子倡导道统论,在韩愈《原人》《原道》《原性》、李翱《复性书》等著作中,指摘佛教"不知君臣之义,父子之情",主张恢复儒家的纲常礼教,推崇纲常伦理的永恒性与合理性。其后的柳宗元、刘禹锡等采取与韩愈唯心主义不同立场的唯物主义,批判汉唐流行的神学化的天人观念,柳宗元《天说》《天对》,刘禹锡《天论》《因论》是为代表著作。柳宗元以"元气"为本体,以元气、阴气、阳气"合焉者三,一以统同",提出"自动""自斗"的辩证观念;在此基础上,又明确提出"天人不相预"的观点,对神学思想进行了彻底批判,突破了汉儒以来的天人感应、符命祥瑞之说。刘禹锡基本继承了柳宗元之论,其《天论》中指出"天之能,人固不能也;人之能,天亦有所不能也",在天人关系讨论中大大提升了人的能动性与地位。唐代韩、李、柳、刘诸人的思辨,使得中国古代哲学关于天人关系的讨论又向前推进了一大步,而其关于道统、"性""情"的思考也为后世宋明理学开了先河。

自先秦哲学发展以来,至于汉唐,中国古代哲学已经形成儒、释、道三家并立的基本格局。儒家学说因其强烈的现实观照,关注的核心问题主要集中在政治制度化、伦理规范化等层面,只有到魏晋玄学时才开始真正将本体论的探究作为哲学思辨的核心问题,这一弊端历经隋唐却没有大的改变。但经由唐代思想家的努力,传统儒学在与佛、道争辩论难的过程中,吸取二者理论思维经验与教训,终于开拓了中国古代哲学发展的新天地,也使得传统儒学发展提升为宋明理学,或称宋明道学。宋儒充分吸收佛、道理论滋养,使得儒、释、道三教会通,围绕"理""气""心""性"等范畴进行反复论辩,先后出现了周敦颐濂学、张载关学、二程(程颐、程颢)洛学、朱熹闽学、陈亮和叶适浙学、邵雍象数学以及陆九渊心学等不同的学派。

宋明理学将中国古代哲学导引到总结阶段。周敦颐被奉为宋明理学开山宗师,开创濂学,其《太极图说》《通书》等经典著作深刻影响了宋以后700余年的思想发展。他由儒家《易传》入手而创立宇宙发展图式的宇宙论,将无极、太极作为本体和宇宙的开端,意图描述宇宙发生发展以至于人类社会发生发展的全过程。后人尊周敦颐对当时的思想界有"破暗"之功,正是推崇其开拓一代新思潮的功绩。宋明理学又被称为"义理之学",以区别于之前汉唐重章句传注的烦琐学风,这一新的学风则是由王安石首开其端。王安石《三经新义》《洪范传》等著作,一反汉唐旧解,"务通义理",重新阐明儒家经典的内在意蕴,此与他本人主导推动的政治改革运动相配合,引领了当时的学风,后人尊之为"荆公新学"。

与王安石同时期的张载、二程(程颐、程颢),先后创立关学、洛学,成为与王安石新学并立的北宋三大学派。张载被后世尊为横渠先生,其《横渠易说》《正蒙》《西铭》等著作,彰显了一个伟大哲学家的博大胸怀。尤其是"为天地立心,为生民立命,为往圣继绝学,为万世开太平"的"四句教",以及《西铭》中"民胞物与"之情怀,深刻反映了一个真正儒家知识分子的价值观与理想主义,对中华民族文化有着深远影响。张载以"天人一气"的论证逻辑,着力解决儒家"知人而不知天"的弊端,建构了儒家宇宙本体论。程颐、程颢著《二程遗书》《外书》《经说》《文集》,首次将"理"作为宇宙的本体,实开宋明理学的端绪。二程将"理""气"作为对立的范畴,以理为体,以气为用,虽倡"体用一源",但更强调"理者,实也,本也"。这是对之前儒学中本体论讨论的进一步提升,他们批评张载以气为本体,但也论证理与气"显微无间",显露着辩证思维的光辉。

南宋朱熹,继承发展二程之说,创闽学,是理学的集大成者。朱熹的主要著作有《太极图说解》《通书解》《四书集注》《周易本义》等,建立了理一元论的哲学体系,解决了自北宋以来理、气关系的争论。朱熹倡导理本气末、理一分殊,把理视为宇宙万物根源,又吸纳张载学说,提出理为"形而上之道也,生物之本也",气为"形而下之器也,生物之具也",这是一种客观唯心主义的本体论。朱熹还探究了天理人欲之辨,认为天理人欲不能并存,用儒家纲常伦理来压制人的物质欲望,这虽然在培养人的道德意识方面有积极意义,但南宋以后统治者以此作为统治思想,将其发展为禁欲主义,以至于"以理杀人",朱熹思想的正面意义在一定程度上被遮蔽了。

两宋还出现过以陈亮、叶适为代表的具有功利主义倾向的浙学,以邵雍为代表的象数学,而能够与程、朱理学相抗衡的,则属陆九渊所开创的"心学"。陆九渊提出"心即理",这有别于朱熹所论的"性即理",他明确将心推演为万化的根本,宇宙的本原。陆九渊与朱熹曾经进行过几次激烈的辩论,如"鹅湖之会"时关于"尊德性"与"道问学"的论争,涉及认识论上的分歧;关于"无极而太极"的论争,涉及本体论上的分歧。通过辩论,陆九渊高举"心学"大旗,为中国古代哲学的发展作出了极大贡献。明代王守仁,又将陆九渊思想概括为"心外无物""心外无事""心外无理",同时吸收先秦儒家精神以及禅宗学理,终于到晚年时提出"致良知"之论,建构起了完备的心学体系。

明清之际,面对社会巨变,知识分子从对现实社会政治的批判出发,开始清理总结中国古代哲学思想,并着重对宋明理学进行了反思。由此至清末,这一时期思想家代表有王夫之、黄宗羲、颜元、戴震等。重要的哲学经典有王夫之《张子正蒙注》《思问录》《读四书大全说》《读通鉴论》,黄宗羲《明儒学案》《宋元学案》,颜元《四存编》《四书正误》《朱子语类评》,戴震《原善》《绪言》《孟子字义疏证》等。明清思想家们对理气、道器、有无、体用、知行、心理、动静、常变、理欲等诸多哲学范畴进行了辨析,将中国古代的朴素唯物主义和辩证思想推到了新的高度,同时提倡"经世致用"的实证学风,也促生了社会的启蒙主义风潮。

篇目选读

《礼记·大学》节选

大学之道①,在明明德②,在亲民③,在止于至善④。知止而后有定⑤,定而后能静⑥,静而后能安⑦,安而后能虑⑧,虑而后能得⑨。物有本末,事有终始⑩,知所先后,则近道矣。

古之欲明明德于天下者,先治其国;欲治其国者,先齐其家⑪;欲齐其家者,先修其身⑫;欲修其身者,先正其心;欲正其心者,先诚其意;欲诚其意者,先致其知⑬;致知在

---

① 大学之道:大学的宗旨,大学的最终目的。大学在古代的含义有两种:一为"博学";一为"大人之学"。古代儿童八岁上小学,主要学习洒扫、应对、进退之节,以及礼乐射御书数之类小艺。十五岁后入大学,开始学习穷理正心、修己治人的大学问,此是先王之法,所以为"大人之学"。

② 明明德:第一个"明"是动词,彰显、发扬之意。第二个"明"是形容词,含有高尚、光辉的意思。

③ 亲民:一说是"新民",使人弃旧因新,自新之意;又解为教化人民。

④ 止于:处在。

⑤ 知止:明确目标所在。

⑥ 静:心不妄动。

⑦ 安:所处而安。

⑧ 虑:处事精详。

⑨ 得:得到成果。

⑩ 物有本末,事有终始:朱熹《大学章句》以为:"明德为本,新民为末。知止为始,能得为终。本始所先,末终所后。"

⑪ 齐其家:将自己家庭或家族的事务安排得井井有条,家庭关系和谐。

⑫ 修其身:修炼自己的品行和人格。

⑬ 致其知:让自己得到知识和智慧。

格物①,物格而后知至,知至而后意诚,意诚而后心正,心正而后身修,身修而后家齐,家齐而后国治,国治而后天下平。自天子以至于庶人②,壹是皆以修身为本③。其本乱而末治者④,否矣。其所厚者薄,而其所薄者厚⑤,未之有也⑥。此谓知本,此谓知之至也。

(节选自杨天宇撰《礼记译注》,上海古籍出版社 2004 年版。)

《孟子·公孙丑上》节选

孟子曰:"人皆有不忍人之心⑦。先王有不忍人之心,斯有不忍人之政矣;以不忍人之心,行不忍人之政,治天下可运之掌上。所以谓人皆有不忍人之心者,今人乍见孺子将入于井⑧,皆有怵惕恻隐之心⑨,非所以内交于孺子之父母也⑩,非所以要誉于乡党朋友也⑪,非恶其声而然也。由是观之:无恻隐之心,非人也;无羞恶之心,非人也;无辞让之心,非人也;无是非之心,非人也。恻隐之心,仁之端也⑫。羞恶之心,义之端也。辞让之心,礼之端也。是非之心,智之端也。人之有是四端也,犹其有四体也;有是四端而自谓不能者,自贼者也⑬。谓其君不能者,贼其君者也。凡有四端于我者,知皆扩而充之矣,若火之始然⑭,泉之始达。苟能充之,足以保四海⑮;苟不充之,不足以事父母。"

(节选自焦循撰《孟子正义》,中华书局 1987 年版。)

---

① 格物:研究、认识世间万物之理。

② 庶人:普通百姓。

③ 壹是:全部都是之意。本,本源、根本。

④ 末:与"本"相对,末节之意。

⑤ 厚者薄:该厚待重视的却怠慢。薄者厚:该怠慢的反倒厚待。

⑥ 未之有也:宾语前置句,"未有之也"。意即还不曾有过这样的事情。

⑦ 不忍人之心:怜悯心,同情心。

⑧ 乍:突然、忽然。孺子:幼儿,儿童。

⑨ 怵惕:惊惧。恻隐:哀痛,同情。

⑩ 内交:内交即结交,内同"纳"。

⑪ 要(yāo)誉:博取名誉。要,同"邀",求。

⑫ 端:开端,源头。

⑬ 贼:暴弃。

⑭ 然:同"燃"。

⑮ 保:定,安定。

《庄子·齐物论》节选

南郭子綦隐机而坐①,仰天而嘘,苔焉似丧其耦②。颜成子游立侍乎前③,曰:"何居乎? 形固可使如槁木,而心固可使如死灰乎④? 今之隐机者,非昔之隐机者也。"子綦曰:"偃⑤,不亦善乎,而问之也⑥! 今者吾丧我⑦,汝知之乎? 女闻人籁而未闻地籁⑧,女闻地籁而未闻天籁夫⑨!"

子游曰:"敢问其方⑩。"子綦曰:"夫大块噫气⑪,其名为风。是唯无作,作则万窍怒呺⑫。而独不闻之翏翏乎⑬? 山陵之畏佳⑭,大木百围之窍穴,似鼻,似口,似耳,似枅,似圈,似臼,似洼者,似污者⑮;激者,謞者,叱者,吸者,叫者,譹者,宎者,咬者⑯,前者唱于而随者唱喁⑰。泠风则小和,飘风则大和,厉风济则众窍为虚⑱。而独不见之调调,之刁刁乎⑲?"

子游曰:"地籁则众窍是已,人籁则比竹是已⑳。敢问天籁。"子綦曰:"夫吹万不

---

① 南郭:住在城南而以为名称。子綦(qí):人名。隐机:依凭着案几。机,通"几",木几。
② 苔(tà):形体破坏的样子。耦(ǒu):躯体。这里意指茫然相忘,仿佛其精神已经远离其本人。
③ 颜成子游:南郭子綦的门人。颜成,复姓。
④ "形固"句:形如槁木,心如死灰,意指形体若丧,内心不起念。
⑤ 偃(yǎn):子游的名。
⑥ 不亦善乎,而问之也:补语前置,即"而问之不亦善乎",意即你问得很好。而,即"尔",你。
⑦ 吾丧我:意即已摒弃"小我"之私。吾,真我。我,偏执小我。
⑧ 女:通"汝",你。人籁:籁(lài),箫,古代的一种管状乐器,人籁即人吹乐管之声。地籁:大地之声,指风吹孔窍之声。
⑨ 天籁:自然之声,指万物因其各自的自然而然状态而自鸣。
⑩ 方:道理。
⑪ 大块噫(yī)气:大地吐气。块,土地。
⑫ 万窍怒呺(háo):万千个孔穴都鼓怒号叫。
⑬ 翏翏(liú):又作"飂飂",拟声词,长风之声。
⑭ 山陵之畏佳(wēi cuī):指山林的高大,这里意指山林被风吹得来回摇动。陵,通"林"。畏佳,通"巍崔"。
⑮ 枅(jī):柱上方木。圈:杯圈。臼(jiù):坑陷之处。洼:凹洼之处。污:小池。
⑯ 激:激流声。謞(hè):如箭去声。叱(chì):叱骂声。吸:入而细声。叫:叫喊声。譹(háo):哭声。宎(yǎo):风吹深谷之呼啸声。咬(jiāo):哀切声。
⑰ 于:喁,表示相应和之声。前者指风,随者指孔穴。
⑱ 泠(líng)风:小风。飘风:强风。厉风济:烈风而止。济,停止。
⑲ 调调:风摇草木之声。刁刁:也作"刀刀",也是草木动摇之声。
⑳ 比竹:排箫,泛指乐器。

同①,而使其自己也②,咸其自取,怒者其谁邪③?"

大知闲闲,小知间间④;大言炎炎,小言詹詹⑤。其寐也魂交,其觉也形开⑥,与接为构,日以心斗。缦者,窖者,密者⑦。小恐惴惴,大恐缦缦⑧。其发若机栝,其司是非之谓也⑨;其留如诅盟,其守胜之谓也⑩;其杀若秋冬,以言其日消也⑪;其溺之所为之,不可使复之也⑫;其厌也如缄,以言其老洫也⑬;近死之心,莫使复阳也⑭。喜怒哀乐,虑叹变蜇⑮,姚佚启态⑯;乐出虚,蒸成菌⑰。日夜相代乎前,而莫知其所萌。已乎,已乎! 旦暮得此,其所由以生乎!

非彼无我,非我无所取⑱。是亦近矣,而不知其所为使。若有真宰⑲,而特不得其眹⑳。

(节选自郭庆藩撰《庄子集释》,中华书局 1961 年版。)

《论衡·论死篇》节选

世谓死人为鬼㉑,有知,能害人。试以物类验之,死人不为鬼,无知,不能害人。何

---

① 夫吹万不同:风吹的声音千殊万别。

② 使其自己:依照(孔窍)自己的方式产生,都是孔窍之自取。

③ 怒:通"努",发动。

④ 大知(zhì)闲闲,小知间间:知,通"智"。闲闲,章太炎释为"广博之貌"。间间,章太炎释为"褊狭"。

⑤ 炎炎:这里借猛火炎燎之势,比喻说话时气焰盛人。詹詹:喋喋不休,细碎。

⑥ 魂交:精神交错纷乱。形开:形体活动不宁。

⑦ 缦(màn):通"慢",迟缓。窖(jiào):阴暗幽深。密:思虑谨密。

⑧ 惴惴(zhuì zhuì):忧惧、忧虑。缦缦:沮丧、迷茫。

⑨ 栝(guā):箭头。司:通"伺",等待时机。

⑩ 守:沉默不语,心意深藏。

⑪ 杀:衰杀。日消:日渐凋落消失。

⑫ 溺:沉溺。复:恢复原状。

⑬ 厌:压抑、闭锢。缄(jiān):密封。洫(xù):老朽颓败。

⑭ 复阳:恢复生机。

⑮ 变:反复无常。蜇(zhé):畏惧。

⑯ 姚佚(yáo yì):轻浮奢华。启:放纵。态:造作。

⑰ 乐出虚:乐音出自箫管之虚空。蒸成菌:菌类产自湿热的地气。

⑱ 非彼无我:彼,即上述的种种情感。"我",即认识的主体。取:禀受、体现。非我无所取:意指无"我"则无法经验上述之诸种。

⑲ 宰:主宰。

⑳ 眹(zhèn):迹象,征兆。

㉑ 死人:按上下文意,或应为"人死"误倒,《世说新语·方正篇》注引即作"人死"。下句之"死人"亦与此同。

以验之？验之以物。

人，物也；物，亦物也。物死不为鬼，人死何故独能为鬼？世能别人物不能为鬼[1]，则为鬼不为鬼尚难分明。如不能别，则亦无以知其能为鬼也。人之所以生者，精气也，死而精气灭。能为精气者，血脉也。人死血脉竭，竭而精气灭，灭而形体朽，朽而成灰土，何用为鬼？人无耳目，则无所知，故聋盲之人，比于草木。夫精气去人，岂徒与无耳目同哉？朽则消亡，荒忽不见，故谓之鬼神。人见鬼神之形，故非死人之精也。何则？鬼神，荒忽不见之名也。人死精神升天[2]，骸骨归土，故谓之鬼[3]。鬼者，归也[4]；神者，荒忽无形者也。

（节选自黄晖撰《论衡校释》，中华书局1990年版。）

《仁说》朱熹

天地以生物为心者也，而人物之生，又各得夫天地之心以为心者也。故语心之德，虽其总摄贯通无所不备，然一言以蔽之，则曰仁而已矣。请试详之。

盖天地之心，其德有四，曰元亨利贞[5]，而元无不统。其运行焉，则为春夏秋冬之序，而春生之气无所不通。故人之为心，其德亦有四，曰仁义礼智，而仁无不包。其发用焉，则为爱恭宜别之情[6]，而恻隐之心无所不贯。故论天地之心者，则曰乾元、坤元，则四德之体用不待悉数而足。论人心之妙者，则曰"仁，人心也"，则四德之体用亦不待遍举而该[7]。盖仁之为道，乃天地生物之心，即物而在，情之未发而此体已具，情之既发而其用不穷，诚能体而存之，则众善之源、百行之本，莫不在是。此孔门之教所以必使学者汲汲于求仁也[8]。其言有曰："克己复礼为仁。"言能克去己私，复乎天理，则此心之体无不在，而此心之用无不行也。又曰："居处恭，执事敬，与人忠。"则亦所以

---

① 此句中的"人"字，据上下文意，应在下句"则"字之后。
② 精神：这里指精气。王充认为，精气在自然界中是无知的，构成人的精神后才是有知的，人死后，精气离开人体，仍旧归回自然界中。《论死篇》中王充对"精神""精气"两个概念有时是混用的。升天：指精气又回到自然界的元气之中去。
③ 据上下文意，此句"鬼"字后当有"神"字。
④ 鬼者，归也：《韩诗外传》："人死曰鬼，鬼者归也。"
⑤ 元亨利贞：《易经》乾卦的卦辞，原文"乾，元亨利贞"。古人将这四字断读，以为代表了乾卦的四种基本性质，又将其引申，与四季、四德等进行比附。
⑥ 宜别：适当区别。
⑦ 该：周备、详核。
⑧ 汲汲：急切的样子。

存此心也。又曰："事亲孝,事兄弟,乃物恕。"则亦所以行此心也。又曰："求仁得仁。"则以让国而逃、谏伐而饿为能不失乎此心也①。又曰："杀身成仁。"则以欲甚于生、恶甚于死为能不害乎此心也。此心何心也? 在天地则块然生物之心②,在人则温然爱人利物之心,包四德而贯四端者也③。

或曰:若子之言,则程子所谓"爱,情;仁,性④;不可以爱为仁"者,非欤? 曰:不然。程子之所诃⑤,以爱之发而名仁者也。吾之所论,以爱之理而名仁者也。盖所谓情性者,虽其分域之不同,然其脉络之通,各有攸属者⑥,则曷尝判然离绝而不相管哉! 吾方病夫学者诵程子之言而不求其意⑦,遂至于判然离爱而言仁,故特论此以发明其遗意。而子顾以为异乎程子之说,不亦误哉!

或曰:程氏之徒,言仁多矣。盖有谓爱非仁,而以万物与我为一为仁之体者矣。亦有谓爱非仁,而以心有知觉释仁之名者矣⑧。今子之言若是,然则彼皆非欤? 曰:彼谓物我为一者,可以见仁之无不爱矣,而非仁之所以为体之真也;彼谓心有知觉者,可以见仁之包乎智矣,而非仁之所以得名之实也。观孔子答子贡博施济众之问⑨,与程子所谓觉不可以训仁者,则可见矣。子尚安得复以此而论仁哉! 抑泛言同体者,使人含胡昏缓而无警切之功,其弊或至于认物为己者有之矣;专言知觉者,使人张皇迫躁而无沉潜之味⑩,其弊或至于认欲为理者有之矣。一忘一助,二者盖胥失之⑪,而知觉之云者,于圣门所示乐山能守之气象⑫,尤不相似。子尚安得复以此而论仁哉! 因并

---

① 让国而逃、谏伐而饿:指伯夷、叔齐之事。伯夷、叔齐是商朝属国孤竹君儿子,他们拒绝接受王位,让国出逃。周武王伐商纣之时,他们叩马而谏,以仁义之理劝阻武王不要讨伐商朝。商朝灭亡以后,二人耻食周粟,采薇而食,最后饿死在首阳山上。

② 块(yǎng)然:原指弥漫状,这里指整体、全体。

③ 包:包容。

④ 爱,情;仁,性:爱是情,仁是性。朱熹认为,情是已发,性是未发,情、性不可等同。

⑤ 诃(hē):呵斥。

⑥ 攸属:归属。

⑦ 病:以……为病。

⑧ 知觉:感官认识客观事物的作用。

⑨ 博施济众:《论语·雍也》:"子贡曰:'如有博施于民而能济众,何如? 可谓仁乎?'"指给予群众以恩惠和接济。

⑩ 迫躁:窘迫急躁。

⑪ 胥:皆、都。

⑫ 乐山:《论语·雍也》:"子曰:'知者乐水,仁者乐山;知者动,仁者静;知者乐,仁者寿。'"能守:《论语·卫灵公》:"子曰:'知及之,仁不能守之;虽得之,必失之。知及之,仁能守之。'"

记其语,作仁说。

(选自朱熹撰《朱子全书》,上海古籍出版社、安徽教育出版社2002年版。)

作品讲授

《礼记·大学》

《礼记·大学》,是《小戴礼记》的第四十二篇,相传为孔子所述,曾子所记。唐朝韩愈、李翱开始重视《大学》的作用,北宋程颐、程颢为《大学》编次章句,并将其与《中庸》《论语》《孟子》并称为"小经",推崇其为"孔氏之遗书,而初学入德之门也"。南宋朱熹继承二程之学,将《大学》《中庸》《论语》《孟子》合称"四书",与"五经"并列,并作《四书章句集注》,《大学》被确立为"四书之首"。宋元以来,《大学》就是官定的教材与科举用书,对塑造古代士人心性产生了深远影响。

《大学》一文,直接回答了两个问题:儒家学说的宗旨是什么?儒家是如何设计人的发展的?《大学》总结归纳了贯穿于《论语》《孟子》《礼记》等先秦儒家经典中的义理,依朱熹所论,《大学》提出了"三纲领":明明德、亲民、止于至善;"八条目":格物、致知、诚意、正心、修身、齐家、治国、平天下。"三纲八目",对先秦儒家的道德修养论作了总结,并提出了道德修养的基本原则,指出了由道德意识培养到道德行为实践的次序,对我们当下思考如何修养自我、如何恰当处事都有积极意义。

《孟子·公孙丑上》

《孟子》,共七篇,是孟子和其弟子所著。孟子,名轲,战国中期鲁国邹人,受业于孔子之孙孔伋的门人。《孟子》一书反映了孔子以后最重要的儒学大师孟子对儒家学说的继承和发展。孟子主张施仁政,行王道,他带着弟子们周游列国,游说诸侯,即为了宣传自己行王道、施仁政的政治主张。

孟子继承了孔子的仁义学说,深切地关怀社会现实,救世心切,具有崇高的道义感和使命感。孟子专注于内在之仁,主张性善,这与后来的荀子专注于外在之礼,主张性恶是不同的。孟子在本讲所选的《公孙丑上》篇中,提出了"性善论"。他所谓的"人皆有不忍人之心",以及所举的"孺子将入于井"的例子,都是为了表明"善"是人性中天然存在的东西。孟子所谓的性善,即人人之性,是人人皆有善的。在此基础上,孟子又论证了"四端"之说,即将"恻隐之心、羞恶之心、辞让之心、是非之心",阐发为"仁义礼智"四个方面之根基。孟子眼中的"仁义礼智",作为道德能力,是由人的内在本心而产生的。在其他篇章中,亦有明证,如其言:"仁义礼智,非由外铄我也,我固有之也。"(《告子上》)"君子所性,仁、义、礼、智根于心。"(《尽心上》)这种根植于内在本性、本心的道德能力、道德准则,将成为人们在现实中自觉遵循的价值规范。所以,孟子认为人的道德意识"性善"是先验性的,人的道德体系"仁义礼智"的建立是自觉的,这就为儒家教化之说建构了最为牢固的学理基础。

《庄子·齐物论》

《庄子》,战国时期庄子及其后学所作。庄子名周,战国时期宋国蒙人。庄子生活困顿,但却鄙弃权势名利,力图在乱世保持独立的人格,追求逍遥无待的精神自由。《庄子》一书33篇,分为内、外、杂三个部分。一般认为,内篇是庄子所作;外篇、杂篇出于庄子后学。《庄子》哲学思想源于老子,而又发展了老子的思想。"道"是庄子哲学的基础和最高范畴,庄子人生就是体认"道"的人生,实为一种艺术的人生。正如《齐物论》所言:"天地与我并生,而万物与我为一。"庄子在精神上超越了渺小的个体的局限,自我生命已经融入宇宙万物之间,达到了"逍遥游"的境界。

《庄子》哲学思想博大精深,深奥玄妙,充满了夸诞的想象,其虚构的形象世界千变万化,而又一线穿来,有着自己独特的思想逻辑。《庄子》思想这样的特点,在《齐物论》中体现得尤为明显。"齐物论"者,是为了讲明万物之皆然,由此讲明彼我之皆是,所"齐"的正是人我"物论"。所以此篇就包含有"齐物"与"齐论"两层含义:首先观照世界万物,不可拘泥于表面之繁杂,万物归根结底是齐一的,此为"齐物";其次观照人我议论,众论因世俗之是非利害而嚣嚣,但归根结底也是齐一的,此为"齐论"。所以,应该从"道"的立场来看待"物论",等齐一体,既泯灭物我之间的界限,也泯灭判断的个体立场,从而达到"吾丧我"而无所待的自由精神境地。《齐物论》全篇恢诡谲怪,本段节选中对于地籁"吹万不同"的描摹,以及原篇中"朝三暮四""罔两问影""庄周梦蝶"等寓言故事,都极富浪漫诗意。

《论衡·论死篇》

《论衡》,东汉思想家王充所著。王充,字仲任,会稽上虞人。《论衡》是中国古代朴素唯物主义哲学经典的代表,也是一部闪耀着无神论光辉的不朽著作,被称为"疾虚妄古之实论,讥世俗汉之异书"。王充以为"天地合气,万物自生""一天一地,并生万物,万物之生,俱得一气",以"气"为本体,冲破了两汉思想史自董仲舒以来的神学桎梏。王充在《论衡》中对神学化儒学、意志之天、道教神仙方术,以及命理、骨相等种类繁多的世俗迷信,都进行了竭力批判。当然,由于时代的局限,《论衡》中朴素唯物主义的观点,还存在着直观性、猜测性和非科学性的缺陷,缺乏科学的论证。

本讲所节选的《论死篇》,通过对"鬼神"观念的分析,指出物死不得为鬼,人死亦不得为鬼。王充以为,人之所以出生,是因为承受了精气,人死而血脉枯竭,血脉枯竭而精气不存。精气回归到自然之中,尸骨形体归葬到土地之中,民间所谓的"鬼"以害人,完全是虚妄之说。《论死篇》反对有鬼之说,论辩中提出了很多事实可验的证据,虽然有的论据在当下看来是较为幼稚的。在推崇"天人感应"、相信鬼神谶纬的时代,王充起而反抗社会流行学说,清晰有力地提出批判的意见,坚持任何理论都必须经过确实证据的验证,从根本上摧毁了神学化儒学对于思想发展的阻碍。王充将怀疑主义、自然主义提高到了前所未有的高度,虽然《论衡》一书没有提出多少原创性的思想,但其为魏晋时期的理性主义发展奠定了基础,促进了新的人文精神的产生。

《仁说》

《仁说》,是南宋理学家朱熹阐释儒家核心观念"仁"的一篇重要文献。朱熹,字元晦,一字仲晦,号晦庵,是孔子、孟子以后最杰出的儒学大师,世称朱子。朱熹作此文,历两年而"数易其稿",约改定于乾道九年,正是其理学思想体系发展形成的重要阶段。《仁说》一文融合闽学与湖湘学、洛学等思想资源,使得儒家对于"仁"的讨论臻于极致。朱子之论,综合体用,完善了仁学的义理结构,实发二程之所未发,触发了当时思想界对于仁说的大辩论,标志着宋儒思辨的仁学体系的诞生。

孔子创论的"仁",一直都是儒家学说的核心。先秦儒家所论的"仁",内容非常广泛,主要指向人人关系问题,其核心是"爱人",旨趣在于达己达人。但"夫子之言性与天道,不可得而闻也",孔子对"性"之讨论很少,也未将其和"仁"的观念联系起来。宋儒对仁学作了更深入的理性思辨,朱子《仁说》文章前半部分阐发仁的义理结构,后半部分批驳两种异说,继承发扬了孟子"性善"之论,提出了"仁者,心之德,爱之理"的著名阐释。《仁说》的中心,在于体、用的综合。朱熹以心统性情为理论基础,认为天地生生不已,永无止息,是生物之仁;人得天地之心以为心,因而人心之德即为仁。作为体,仁是心之德;作为用,仁是爱之理。体用合一,所以不能"离爱而言仁",故尔"温然爱人利物",无非仁也。按照朱熹的这一结构,为人就要存仁心,行仁教,把知仁与为仁统一起来,遵循道德规范的主导,这就为个体的操存涵养寻找到了安顿之处。

课后思考

1.通过对中国古代哲学发展概况的理解,思考其在整个中华文明史中的作用。

2.查阅相关文献,尝试归纳中国古代哲学的基本命题与基本范畴。

3.思考《大学》"三纲八目"心性修养之道的当代价值与意义。

4.思考中国古代哲学与西方哲学的异同之处,由此探究本民族的文化心理与思维方式的若干特点。

拓展阅读

[1] 郭庆藩,撰,王孝鱼,点校.庄子集释 [M].北京:中华书局,2016.

[2] 焦循,撰,沈文倬,点校.孟子正义 [M].北京:中华书局,1987.

[3] 杨天宇.礼记译注 [M].上海:上海古籍出版社,2016.

[4] 王充,著,黄晖,校释.论衡校释 [M].北京:中华书局,2017.

[5] 胡适.中国哲学史大纲 [M].北京:商务印书馆,2011.

[6] 冯友兰.中国哲学史 [M].北京:中华书局,2014.

[7] 陈荣捷,编著,杨儒宾,等译.中国哲学文献选编 [M].南京:江苏教育出版社,2006.

[8] 宋志明.中国传统哲学通论 [M].3 版.北京:中国人民大学出版社,2013.

西汉刘安在《淮南子》中对中国古代服饰文化的起源作了描绘："伯余之初作衣也,緂麻索缕,手经指挂,其成犹网罗。后世为之机杼胜复,以便其用,而民得以掩形御寒。"大致是说,先民们的第一件衣服应在纺织技术发明之前,利用手编织物制成。但根据现代考古学和古人类学的发现,中国服饰文化的源头似可追溯到旧石器时代晚期的兽皮制衣。随着时代的发展,从鸟羽兽皮到珠玉锦绣,越来越多的物品被用作服饰原料,服饰的式样从简单到繁复,服饰的功能也从最初的遮体避寒向满足人们审美需求的方向转变。本讲主要介绍中国古代传统服饰中传承时间最久、影响最大的冕服和深衣两类,以此了解"衣冠上国"最具代表性的服饰特色。

第五讲

中国古代传统服饰

解　题

　　早在 2.5 万年前的山顶洞人时期,中国人的祖先就已开始以兽皮缝衣御寒,用穿孔贝壳、兽牙等制作装饰品,中国服饰的历史可谓久远。新石器时代出现纺织物以后,无领无袖、着后束腰、缝纫简便、便于劳作的贯头衣和披围式长衣成为新石器时代中后期普遍流行的衣服样式,值得注意的是,此时已有帽和靴鞋出现。夏商周时期,中原华夏族的服饰已成体系:上衣下裳,束发右衽,着靴鞋,配冠帽、束腰大带等为饰。

　　周初制礼作乐,穿衣戴帽成为国家礼制的重要内容。中国人心中素来"以食为天"的观念,若与服装排座次,便成了"衣食住行"。这是因为通过服装穿戴进行社会管理,是中国传统社会特有的统治方略,即所谓"衣冠之治"。在中国古代的各类服饰中,冕服和深衣最具"礼"之特色。

一、冕服

　　在描述中国古代贵族阶层的生活方式时,我们经常可以看到"服冕乘轩""轩冕相袭"等词语,可见"冕"在中国古代服饰制度中所占的位置。冕服之制,传说起于殷商,经周代定制规范、完善。据《周礼·春官·司服》可知,周代冕服分成六款,即为"六冕"。依据祭祀对象的尊卑,须穿着不同等级的冕服,周代冕服的等级与周礼的密切关系由此可见一斑。

　　冕服主要由冕冠、玄衣、纁裳、白罗大带、黄蔽膝、素纱中单、赤舄等部分构成,其中玄衣、纁裳各织纹样,即为"章"。《周礼》云:"青与赤谓之文,赤与白谓之章。"其中"章"是指颜色艳丽的纹样。"冕"的六个种类以织于衣物的"章"的数量来区分,最高级别的冕服有十二"章"。周制冕服的十二"章"是有特定纹样的,分别为日、月、星辰、山、龙、华虫、宗彝、藻、火、粉米、黼、黻。十二章纹内涵丰富,因此,在自周代到明清的近两千年中,一直被用作帝王百官的服饰图样。

　　周代可穿冕服的除天子外,另有公、侯、伯、子、男、孤、卿、大夫等各等级贵族。周礼以详细规定的冕服制度来对贵族和平民阶层作出区分:不同阶层所着衣裳要饰以不同章纹,不同等级的礼服要饰以不同配件等,以便统治者能通过严格的着装等级来显示自己的尊贵和威严。《周礼·春官·司服》对各等级贵族可着冕服的等级作出规定:"王之吉服:祀昊天上帝,则服大裘而冕,祀五帝亦如之;享先王,则衮冕……公之服,自衮冕而下如王之服;侯伯之服,自鷩冕而下如公之服;子男之服,自毳冕而下如侯伯之服。孤之服,

自希冕而下如子男之服;卿大夫之服,自玄冕而下如孤之服。"依此规定,贵族等级与可着冕服种类的对应关系应如下表:

等 级	"冕"之种类
王	大裘冕、衮冕、鷩冕、毳冕、絺冕、玄冕
公	衮冕、鷩冕、毳冕、絺冕、玄冕
侯、伯	鷩冕、毳冕、絺冕、玄冕
子、男	毳冕、絺冕、玄冕
孤	絺冕、玄冕
卿、大夫	玄冕

由上表可看出问题,当在重大祭祀场合,如祭拜先王、宗庙的时候,各等级贵族均穿着自己所属级别可以穿的最高级别的冕服,当如贾谊所说:"是以天下见其服而知贵贱,望其章而知其势",根据冕服的章数便能轻松得知贵族的等级。但如在同一场合中,王与卿大夫都着玄冕,如何能体现出王的尊贵呢?不同等级贵族的同类冕服完全相同吗?以《周礼》之精密严谨,早已对此类情况设立了规矩。

周代六种冕服的差别在于它们服章数目的不同,其服章数依冕服等级依次递减,也就是说,当天子与臣子穿着同样章数的冕服时,人们无法对其地位从服章数目上作出区分,这时就体现出了冕旒的重要作用。冕旒,即冕服之礼冠,以其冠前垂旒数目的不同来区分佩戴者的等级,正如《礼记·礼器》所载:"天子之冕,朱绿藻,十有二旒,诸侯九,上大夫七,下大夫五,士三。"天子冠前的十二束垂旒均长十二寸,每旒以五彩的缲(丝绳)贯十二块五彩玉石,玉按朱、白、苍、黄、玄序次排列、反复,为冕旒的最高等级。这十二束冕旒也被称为"蔽明",意为目不视非、有所不见,把"非礼勿视"的古训形象于冠上。冕旒的佩戴更具鲜明的等级性,不仅同一佩戴者的冕旒数目按所参加仪式的级别高低会有所区别,不同等级的贵族在同一场合所佩戴的旒数及每旒贯玉数也必不相同。因此,当冕服章数相同时,便可从冕旒及贯玉的数量上得知身着冕服之人地位的高低,如王与公在某种场合都可着衮冕,王用冕旒十二束、每旒贯玉十二颗的冕冠,公之服便只能用九旒、每旒贯玉九颗。

冕服制度在周代已大体完备,自汉代以来历代沿袭,在后来的不同朝代中,统治者们或对冕服的种类作出增删,或对冕服的使用范围加以更定,或将章纹的位置予以调整,但冕服制度作为详细区分身份等级、象征统治阶级权威的标志一直沿用到明代。清王朝推行剃发易服政策,顺治九年钦定的《服色肩舆条例》废除了明朝的冠冕、礼服以及汉族的一切服饰，冕服制度随之终结。但清王朝的满族服饰也吸收了前代服饰的纹理图案，如冕服上特有的章纹在清代仍饰于帝后礼服、吉服等服饰上。民国三年，北洋政府制定刊行的《祭祀冠服制》《祭祀冠服图》中，亦将冕服中的章纹施于上衣圆补，作为区分等级的标志。

冕服制度在中国古代文学中留下了深刻的印记，李白说"试涉霸王略，将期轩冕荣"（《经乱离后天恩流夜郎忆旧游书怀赠江夏韦太守良宰》），苏轼说"雅志困轩冕，遗恨寄沧洲"（《水调歌头·安石在东海》），都以"冕"来代指官位爵禄。而冕服上的"十二章纹"在文学作品中也很常见，《诗经》有"君子至止，黻衣绣裳"，曹植《正会诗》有"衣裳鲜洁，黼黻玄黄"，这些都是冕服制度在中国古代文学中的体现。

二、深衣

"深衣"的名称来源于先秦经典《礼记》的《深衣》篇，但其成形时间应在商周时期，春秋战国时期则衣制成熟。深衣最早源于一种"以一幅宽足够人体的衣料对折拼缝，上部中间留口以出头"的"贯头衣"。在纺织技术落后、缝制技艺简陋的时代，这种能够最大限度利用布料、制作工艺相对简单的服装款式便成为最适合当时社会状况的服饰之一。

《礼记·深衣》篇对如何制作深衣作出了较为细致的描述：其上衣、下裳根据一定规范分开裁剪后连缀，上衣、下裳的用布数量，袖口、衣领、背后中缝及下裳边缘的样式均具象征意义，最后还要根据长辈是否健在用不同色彩的布料饰以缘边。孔氏正义曰："所以称深衣者，以余服则上衣下裳不相连，此深衣衣裳相连，被体深邃，故谓之深衣。"道出了深衣拥蔽身体，雍容典雅的特点。

深衣是华夏民族传承时间最久的传统服饰之一。深衣之所以有如此蓬勃的生命力，不仅在于其高雅庄重的服饰风格，更在于其极为广泛的应用范围。孔氏正义曰："凡深衣皆用诸侯、大夫、士夕时所著之服，故《玉藻》云：'朝玄端，夕深衣。'庶人吉服，亦深衣。"指出深衣既可作古代贵族的家居着装，亦可作平民百姓的吉、礼之服。马端临在《文献通考》中亦对深衣的适用范围作出考证："按三代时，衣服之制，其可考见者，虽不一，然除冕服之外，唯玄端深衣二者，其用最广。玄端则自天子至士，皆可服之，深衣则自天子至庶人皆可服之……至于深衣，则裁制缝衽，动合礼法，故贱者可服，贵者亦可服，朝廷可服，燕私亦可服，天子服之以养老，诸侯服之以祭膳，卿大夫服之以夕视私，庶人服之以宾祭，盖亦未尝有等级也。"按马氏所考，结论与孔氏大体一致：即便是在中国古代"礼乐文化"最为繁荣、等级制度最为森严的时期，深衣仍可超越阶层、上下通服。在华夏民族传统服饰中，深衣具有其独特的魅力和巨大的影响力。

深衣的发展与演变大致经历了四个时期。

1.商周萌芽时期

商代文字材料稀少,但从出土的铜、玉、陶、石人形中,已见深衣端倪。周朝为立国重农而比较节俭,人们的衣冠服饰大都朴素简约。西周时期,深衣同冕服一样是贵族服饰。东周时期,深衣已广为流传,不分阶级,无论男女,皆可穿着,深衣成为适用范围最广的服装。此时的深衣已基本成型,交领、右衽、小口大袖、续衽钩边,长及脚踝,代替了外衣的遮挡作用,且便于行走,受到了民众的广泛青睐。

2.春秋战国定型时期

春秋战国时期,各国交互往来,社会环境开放。此时的深衣造型简洁,矩领、窄袖,交领右衽,腰部束带。古代的能工巧匠们还通过剪裁缝纫等方法,使深衣适用于各种场合。如袖口宽大下垂及膝,庄重雍容,可作特定礼服;如给人体活动较大部位更多空间,即为便于活动的常服。

战国时期,深衣盛行,男女均可穿着,成为一种时装。楚人的深衣不仅有直裾,而且还有了曲裾,直裾深衣的衣襟下摆是竖直的,更像"袍",多为男子穿着,干脆利落、庄重规矩;女子则以穿着曲裾深衣为主,更像是"裙"。无论直裾曲裾,均为交领右衽,衣身渐趋宽博,窄袖变为广袖,面料高级,图纹绚丽。

3.秦汉盛行时期

这是深衣作为"礼服"在服饰上的"礼制"地位最终确立的时期。秦朝冠服制度没有沿袭周礼,废除了"六冕"中的五种形制,以"袍"为主。汉武帝时期"罢黜百家,独尊儒术",从而使象征天人合一、恢宏大度、公平正直、包容万物的东方美德的深衣成为"礼"的规范、服饰穿着的标准。

春秋战国时期的曲裾袍,在西汉逐渐成为女子专用的服式,也是女服中最为流行的一种服式。从西汉初年始,汉人贵族妇女的礼服采用深衣制,和冕服一样,也通过衣物的不同颜色、质料、纹样以及头饰和佩绶等区分阶层等级。曲裾深衣通身紧窄,长可曳地,下摆宽大,使穿着者行不露足。衣袖有宽窄两式,袖口大多镶边。衣领为交领,且领口很低,可以露出几层里衣,极富层次感。因里衣最多可达三层,故也称"三重衣"。

东汉时期,直裾逐渐普及,成了深衣的主要形制。直裾深衣继承了楚袍的形式,大气飘逸,在东汉时期广为流行,成为男子的日常生活服饰。到东汉末年,直裾深衣款式基本确立:上衣下裳相连缀,衣身宽博,下摆竖直宽大,整体线条简洁流畅,朴素大方,穿着简便适体。

4.魏晋衰落时期

魏晋南北朝时期,男子不着深衣,女式深衣也与早期形制有了较大差异。此时的深衣为杂裾深衣,又称"杂裾垂霄"服,即在深衣的下摆部位加一些丝织物所制的层层相叠的三角形装饰。深衣腰部加围裳,从围裳伸出长长的飘带,走动时衣带当风,摇曳多姿。

虽然深衣在魏晋时期不再流行,但由于深衣的制作方式体现天道之圆融,怀抱地道之方正,身合人间之正道,行动进退符合权衡规矩,生活起居顺应四时之序,对后世影响深远。在文学方面,历代文人把深衣与君子品行联系到一起,写下了很多优美的篇章。苏轼在《竹鹤》诗中叹息"谁识长身古君子,犹将缡布缘深衣",刘克庄在《涑水》诗中也遗憾"曲台不合加美谥,俗了深衣大带翁",都把深衣当作君子的标准衣着。

深衣在魏晋后并未消亡,中国历史上许多传统服装款式都由深衣发展演变而来,如魏晋时期的大袖长衫、隋唐时期的宽袍、宋代的襕衫、元代的长袍、明代的补服、清代的旗袍、民国的改良旗袍以及现代的连衣裙,都可以看到深衣的影子。

在漫长的中国古代社会进程中,还有许多其他类型的传统服饰,如襦裙、袄裙等,造型精美,风格各异,或缥缈兮翔凤,或婉转兮游龙,为古代文学提供了极好的素材,造就了一个个经典的人物形象。

篇目选读

《礼记·深衣·第三十九》

古者深衣①盖有制度②,以应规、矩、绳、权、衡③。

短毋见肤④,长毋被土⑤,续衽钩边⑥,要缝半下⑦。袼之高下⑧,可以运肘⑨;袂之

---

① 深衣:上衣和下裳相连在一起,用不同色彩的布料作为边缘,能使身体深藏不露而且雍容典雅的一种礼服。
② 盖:大概。制度:规定与尺度。
③ 以:用来。应(yìng):与……相应,符合。规:圆规,测量圆形是否符合标准的工具。矩(jǔ):测量方形是否符合标准的工具。绳:测量直线是否符合标准的工具。权、衡:权指秤锤,衡指秤杆,权衡指测量重量的工具。
④ 毋(wú):不要。见(xiàn)肤:露出肌肤。
⑤ 被(pī)土:垂落到地面。
⑥ 续衽(rèn):"续"是连接的意思;"衽"是下裳左边部分斜裁出来的前后幅。"续衽"就是把下裳左边斜裁出来的前后幅连接在一起。钩边:把下裳右边斜裁出来的布幅边上用带子勾连在一起。
⑦ 要缝(yāo fèng):"要"通"腰","腰缝"指上衣与下裳相连接的下裳上端。半下:下裳上端是下端宽度的一半。
⑧ 袼(gē):上衣的腋下部分。高下:宽窄。
⑨ 可以:可以用来。运肘(zhǒu):使胳膊肘部运转自如。

长短，反诎之及肘①。带②，下毋厌髀③，上毋厌胁④，当无骨者⑤。制十有二幅，以应十有二月⑥，袂圜以应规⑦，曲袷如矩以应方⑧，负绳及踝以应直⑨，下齐如权、衡以应平⑩。故规者，行举手以为容⑪，负绳、抱方者⑫，以直其政⑬，方其义也⑭。故《易》曰："坤六二之动⑮，直以方也⑯。"下齐如权、衡者，以安志而平心也⑰。五法已施⑱，故圣人服之⑲。故规、矩取其无私，绳取其直，权、衡取其平。故先王贵之⑳。故可以为文㉑，可以为武㉒，可以摈、相㉓，可以治军旅㉔。完且弗费㉕，善衣之次也㉖。

---

① 袂(mèi)：指衣袖部分。反诎(qū)之：指把衣袖比胳膊长出来的部分反折回去。诎，通"屈"，指折叠。"之"指衣袖。及：达到。
② 带：指腰间的大带。
③ 厌髀(yā bì)：压在大腿骨上。厌，通"压"。
④ 胁：胸部肋骨。
⑤ 当(dāng)：处在。无骨者：肋骨与大腿骨之间没有骨头的地方。
⑥ 制：下裳的布幅规定。十有(yòu)二：即"十二"。
⑦ 袂圜(mèi yuán)：袖子呈圆形。圜，通"圆"。应规：与圆规的标准相符合。
⑧ 曲袷(qū jié)：弯曲交叉的领口。应方：与方正的矩形标准相符合。
⑨ 负绳及踝(huái)：背后从上至下由一条直线贯通到脚脖下面。应直：与正直的标准相符合。
⑩ 下齐：下裳下端齐整。应平：与公平的原则相符合。
⑪ 行举手：行揖让之礼的时候。以为容：用来体现仪容。
⑫ 负绳：指背后有纵向直线衣缝。抱方：指前面有左右交叉而成的方形领口。
⑬ 直其政：使其政令正直。
⑭ 方其义：方正而不妄动以便符合礼义。
⑮ 坤六二之动：指《周易·坤》的六二爻(yáo)辞："直方大，不习无不利。"《象传》解释说："六二之动，直以方也。不习无不利，地道光也。"
⑯ 直以方：正直而且坚守道义不妄动。
⑰ 以：用来。安志：使心志安定。平心：使内心平和。
⑱ 五法：指下裳十二幅所代表的生生不息，袖口圆融所象征的天道，交领所象征的地道，背缝所代表的正直与贯通，下裳下端所象征的公平等五种法则。已施：已经体现在深衣之中。
⑲ 服之：穿这种深衣。
⑳ 先王：以往历代贤明的君王。
㉑ 可以为(wéi)文：可以用来作为推行道德礼义的文官的服饰。文，本来指道德礼义，此指文官的服装。
㉒ 武：本来指用军事手段维护和平、消除邪恶与暴乱，此指武官的服装。
㉓ 摈(bìn)、相(xiàng)：本来指帮助举行礼仪的司礼官员，此指司礼官员的服装。
㉔ 治军旅：本来指治理军队，此指治理军队的官员的服装。
㉕ 完：完善而不易损坏。且：而且。弗费：只用白布制作，而不需要任何花纹锦绣。
㉖ 善衣：指朝服和祭服。次：次等。

具父母、大父母①,衣纯以缋②。具父母,衣纯以青③。如孤子④,衣纯以素⑤。纯袂、缘、纯边⑥,广各寸半⑦。

(选自孙希旦撰《礼记集解》,中华书局 1989 年版。)

《陌上桑》⑧节选

日出东南隅⑨,照我秦氏楼。秦氏有好女,自名为罗敷。罗敷喜蚕桑⑩,采桑城南隅。青丝为笼系⑪,桂枝为笼钩⑫。头上倭堕髻⑬,耳中明月珠。缃绮为下裙⑭,紫绮为上襦。行者见罗敷,下担捋髭须;少年见罗敷⑮,脱帽着帩头⑯。耕者忘其犁,锄者忘其锄。来归相怨怒,但坐观罗敷⑰。

(节选自郭茂倩《乐府诗集》,中华书局 1979 年版。)

《赠孟浩然》李白

吾爱孟夫子⑱,风流⑲天下闻。

红颜弃轩冕⑳,白首卧松云㉑。

---

① 具父母:指父母尚在。大(tài)父母:指祖父母。
② 衣纯(zhǔn):衣服的边缘。以缋(huì):用有图案或花纹的布料。
③ 青:深蓝而接近于黑的一种颜色。
④ 孤子:三十岁以下而失去父亲的孩子。
⑤ 素:白色生绢。
⑥ 纯袂(zhǔn mèi):袖口的边缘。缘:下裳的边缘。纯(zhǔn)边:衣服两侧的边缘。
⑦ 广:指深衣边缘的宽度。寸半:一寸半。
⑧ 陌:田间的路。桑:桑林。
⑨ 东南隅:指东方偏南。隅,方位、角落。中国在北半球,夏至以后日渐偏南,所以说日出东南隅。
⑩ 喜蚕桑:喜欢采桑。喜,有的本子作"善",善于、擅长。
⑪ 青丝为笼系:用黑色的丝做篮子上的络绳。笼,篮子。系,络绳,缠绕篮子的绳子。
⑫ 笼钩:一种工具。采桑用来钩桑枝,行时用来挑竹筐。
⑬ 倭(wō)堕髻(jì):即堕马髻,发髻偏在一边,呈坠落状。倭堕,叠韵字。
⑭ 缃绮:有花纹的浅黄色的丝织品。
⑮ 少年:古代十至二十岁的男子。
⑯ 帩头:古代男子束发的头巾。
⑰ 但:只是。坐:因为,由于。
⑱ 孟夫子:指孟浩然。夫子,古时对男子的尊称。
⑲ 风流:古人以风流赞美文人,主要是指有文采,善词章,风度潇洒,不钻营苟且等。
⑳ 红颜:指孟浩然少壮时期。轩冕:古时大夫以上官员的车乘和冕服,后用以代指官位爵禄。
㉑ 白首:白头,指孟浩然晚年的时候。卧松云:隐居。

醉月频中圣①，迷花不事君②。

高山安可仰③，徒此揖清芬④。

（选自王琦注《李太白全集》，中华书局 1977 年版。）

《菩萨蛮·小山重叠金明灭》温庭筠⑤

小山重叠金明灭⑥。鬓云欲度香腮雪⑦。懒起画蛾眉⑧，弄妆梳洗迟⑨。

照花前后镜，花面交相映。新帖绣罗襦⑩，双双金鹧鸪⑪。

（选自赵崇祚编，杨景龙校注《花间集校注》，中华书局 2017 年版。）

《水调歌头·安石在东海》苏轼

公旧序云：余去岁在东武作《水调歌头》以寄子由⑫，今年子由相从彭门居百余日⑬，过中秋而去，作此曲以别余⑭。以其语过悲，乃为和之，其意以不早退为戒，以退而相从之乐为慰云。

---

① "醉月"句：月下醉饮。中圣，中，动词，"中圣人"的简称，意谓饮清酒而醉。曹魏时徐邈喜欢喝酒，称酒清者为"圣人"，酒浊者为"贤人"。

② 迷花：迷恋丘壑花草，此指陶醉于自然美景。事君：侍奉皇帝。

③ 高山：言孟品格高尚，令人敬仰。

④ "徒此"句：只有在此向您清高的人品致敬了。李白出蜀后，专程去襄阳拜访孟浩然，不巧孟已外游，李白不无遗憾地写了这首诗，表达敬仰和遗憾之情。"高山安可仰，徒此揖清芬"二句，即透出仰慕而不能一见之意。

⑤ 菩萨蛮：本唐教坊曲名，后用为词牌名，也用作曲牌名。亦作"菩萨鬘"，又名"子夜歌""重叠金"等。双调，四十四字，属小令，以五七言组成。上下片均两仄韵转两平韵。

⑥ 小山：指屏风上的图案，由于屏风是折叠的，所以说小山重叠。一说小山是眉妆的名目，指小山眉，弯弯的眉毛。晚唐五代，此样盛行，见于《海录碎事》，为"十眉"之一式。金明灭：形容阳光照在屏风上金光闪闪的样子。一说描写女子头上插戴的饰金小梳重叠闪烁的情形，或指女子额上涂成梅花图案的额黄有所脱落而或明或暗。金，指唐时妇女眉际妆饰之"额黄"。明灭，隐现明灭的样子。

⑦ 鬓云：像云朵似的鬓发，形容发髻蓬松如云。欲度：将掩未掩的样子。度，覆盖，过掩，形容鬓角延伸向脸颊，逐渐轻淡，像云影轻度。香腮雪：香雪腮，雪白的面颊。

⑧ 蛾眉：女子的眉毛细长弯曲像蚕蛾的触须，故称蛾眉。一说指元和以后叫浓阔的时新眉式"蛾翅眉"。

⑨ 弄妆：梳妆打扮，修饰仪容。

⑩ 贴绣：苏绣中的一种工艺。罗襦（rú）：丝绸短袄。襦，短上衣。

⑪ 金鹧（zhè）鸪（gū）：贴绣上去的鹧鸪图，说的是当时的衣饰，就是用金线绣好花样，再绣贴在衣服上，谓之"贴金"。

⑫ 东武：指密州。子由：苏轼之弟文学家苏辙字。

⑬ 彭门：指徐州。

⑭ 此曲：指苏辙《水调歌头·徐州中秋》词。

安石在东海①,从事鬓惊秋②。中年亲友难别,丝竹缓离愁③。一旦功成名遂,准拟东还海道,扶病入西州④。雅志困轩冕⑤,遗恨寄沧洲⑥。

岁云暮⑦,须早计,要褐裘⑧。故乡归去千里,佳处辄迟留⑨。我醉歌时君和,醉倒须君扶我,惟酒可忘忧⑩。一任刘玄德,相对卧高楼⑪。

(选自薛瑞生笺证《东坡词编年笺证》,三秦出版社1998年版。)

作品讲授

《礼记》

《礼记》又名《小戴礼记》《小戴记》,共二十卷四十九篇,编者为西汉礼学家戴圣。《礼记》据传为孔子的七十二弟子及其学生们所作,主要记载了先秦有关"礼"的典章制度,其在哲学、教育、政治、美学等方面都具有明显的儒家思想特色。《礼记》中的多数篇章虽短小精悍,但章法谨严,有些篇章不仅前后呼应,还有曲折婉转之变化,结构上相当出色。另外,《礼记》的语言整饬而多变,使文章生动灵活,更易使读者窥得当时社会的真实面貌,因此,《礼记》也是研究先秦社会的重要资料之一。

《陌上桑》

《陌上桑》是汉乐府中的一首乐府诗,属《相和歌辞》,又名《艳歌罗敷行》《日出东南隅行》。本诗立意严肃、笔调诙谐,刻画了一个美丽坚贞、聪明灵秀的采桑女子形象。诗中对主人公秦罗敷的外貌描写最具特色,以对环境、器物及旁观者神态动作的描摹来衬

---

① 安石:谢安,字安石,阳夏(今河南太康)人。东晋名臣,以功封建昌县公,死后赠太傅。东海:谢安早年隐居会稽(今浙江绍兴),东面濒临大海,故称东海。

② "从事"句:意为谢安出仕时鬓发已开始变白。谢安少有重名,屡征不起,直到四十多岁才出仕从政。

③ "中年"两句:《晋书·王羲之传》:"谢安尝谓羲之曰:'中年以来,伤于哀乐,与亲友别,辄作数日恶。'羲之曰:'年在桑榆,自然至此。顷正赖丝竹陶写,恒恐儿辈觉,损其欢乐之趣。'"丝竹,泛指管弦乐器。

④ "一旦"三句:意思是说谢安成功名就之后,一定准备归隐会稽,不料后来抱病回京了。西州,代指东晋都城建康(今江苏南京市)。

⑤ 雅志:指退隐东山的高雅的志趣。轩冕(xuān miǎn):古代官员的车服。借指做官。

⑥ 沧洲:水滨,古代多用以指隐士的住处。

⑦ 岁云暮:即岁暮。云,语助词。

⑧ 要褐裘:指换上粗布袍,意为辞官归乡,作普通百姓。

⑨ 迟留:逗留,停留。

⑩ "惟酒"句:语本《晋书·顾荣传》:"恒纵酒酣畅,谓友人张翰曰:'惟酒可以忘忧,但无如作病何耳。'"

⑪ "一任"二句:意思是说,任凭有雄心大志的人瞧不起我们,也不去管它了。刘玄德,刘备。

托她的美貌,洋溢着"爱美之心人皆有之"的民间风情。诗中还运用喜剧性艺术手法来表现罗敷对使君的斥责和嘲讽,罗敷流利得体又调皮嘲弄的语言使诗歌情节更加逼真、形象,更加生动,也展现了罗敷抗恶拒诱,刚絜端正的优秀品格。本诗虽经过文人的修饰加工,仍具浓烈的民歌风味。

《赠孟浩然》

《赠孟浩然》是唐代大诗人李白为其所崇拜的诗人孟浩然创作的一首脍炙人口的五言律诗。本诗开篇便直抒胸臆,表达其对孟浩然风雅潇洒品格的敬慕和推崇,以自然率真的语句来抒发其朴素深切的情感,表现出李白诗歌意境浑成、格调高雅的特有风格。

《菩萨蛮·小山重叠金明灭》

《菩萨蛮·小山重叠金明灭》是晚唐文学家温庭筠的代表词作。此词本写闺怨之情,却并不说破。词作从女主人公起床前后的"懒""迟"等娇慵姿态入手,暗示了人物孤独的处境和寂寞的心绪;又通过女子妆成后的情态,及对服饰纹样的描写,以反衬手法含蓄地揭示了其渴望爱情的内心世界。此词充分体现了作者的词风和艺术成就,正如唐圭璋先生在《唐宋词简释》中所评:"此首写闺怨,章法极密,层次极清。"

《水调歌头·安石在东海》

《水调歌头·安石在东海》是北宋文学家苏轼的作品,在词序中即说明此词乃为和其弟苏辙词而作。这首词上阕叙写东晋谢安的经历,视角独特,不写其出众的才能,而写其身居官位的无奈,意在"以不早退为戒";下阕述怀,表现了作者隐退的意愿,设想早日与苏辙共享"退而相从之乐"。这首词既表现了作者不希望被世间的功名利禄所束缚、渴望隐居生活的心情,也表现了兄弟二人的手足情深。

知识延伸

下面对中国古代文学作品中经常出现的中国古代服饰制度相关概念略作解析。

(一)冕服的十二章纹及意义

十二章纹,又称十二章、十二文章,是中国帝制时代的服饰等级标志,帝王及高级官员礼服上绘绣的十二种纹饰,分别为日、月、星辰、山、龙、华虫、宗彝、藻、火、粉米、黼、黻。

据史料记载,十二章纹及意义分别为:

日、月、星辰:取其明。

山:取其人所仰。

龙:取其能变化。

华虫(花、雉):取其文理。

宗彝(虎、蜼):取其严猛、有智。

藻:亦取其有文。

火:亦取其明。

粉:取其絜(即"洁")。

米:取其养人。

黼:取断割。

黻:取臣民背恶向善,亦取君臣有和离之意、去就之理。

(二)深衣的制作及其象征意义

现据《礼记》将深衣的制作方法及象征意义稍作整理:

上衣下裳分裁,在腰部缝合,成为整长衣。

下裳左边的前后衽缝合,右后衽加钩边。

腰缝宽度为裳下缘的一半。

腋下衣袖宽可自由运转胳肘。

袖子从袖口反折正达肘处。

束带系于腰部无骨处。

制下裳用十二幅布,象征一年十二月。

衣袖为圆形,象征举手行揖让礼的容姿。

衣领如曲尺,象征义理公正。

衣背的中缝长到脚跟,象征政教不偏。

下裳下端齐整如权衡,象征志向安定、心地平和。

课后思考

1.从中国古代的"衣冠之治"谈谈服饰制度的社会价值。

2.中国古代文学作品中有许多对传统服饰的描写,试举一例说明服饰描写对表现作品主题所起的作用。

3.某些高档场所有"衣冠不整,恕不接待"的规定,你对这种现象如何看待?

拓展阅读

［1］沈从文,等.中国服装史［M］.西安:陕西师范大学出版社,2004.

［2］李立新.中国设计艺术史［M］.天津:天津人民出版社,2004.

［3］翟文明.话说中国·服饰［M］.北京:中国和平出版社,2006.

［4］冯天瑜,等.中华文化史［M］.上海:上海人民出版社,2006.

［5］沈从文.中国古代服饰研究［M］.上海:上海书店出版社,2007.

［6］孙机.华夏衣冠——中国古代服饰文化［M］.上海:上海古籍出版社,2016.

中华民族拥有悠久的历史、广博的文化,前面的内容我们已经从一些重要方面领略了中国文化的博大精深,这一讲我们主要来说传统节日。提到传统节日,我们首先想到的必定是舞龙舞狮、龙舟竞渡、张灯结彩等一些热闹场面,或者是嫦娥奔月的神话传说、屈原投江的历史记忆。而当我们一起来梳理节日的历史源流之时,我们会发现,其实从传统节日中,我们还可以看到先民们对天地万物的原始崇拜,对美好生活的理想追求。现在就让我们一起来揭开历史的面纱,走进这些对我们来说或许是最熟悉也可能很陌生的生活形态。

第六讲

中国古代传统节日

解　题

传统节日是由一个民族集体创造的文化成果,她有一个从逐渐形成,到慢慢完善,最后逐步渗入社会生活的过程。以下所列举的这些节日,无一不是从远古发展而来的,从那些流传至今的节日风俗里,我们能够非常清晰地看到当时人们社会生活的精彩画面。

一、春节

从广义上说,春节是指从腊月初八的腊祭或腊月二十三的祭灶到正月十五的元宵节这段时间,狭义上则指正月初一这一天。农历正月初一,古称元日、元辰、元正、元朔、元旦等。

远古时期,原始先民在年终冬末之时会举行大型祭祀仪式,感谢百神一年来的赐予,祈求来年风调雨顺、五谷丰登,同时伴随驱疫禳灾活动。《礼记·月令》有载:"是月也,大饮烝。天子乃祈来年于天宗,大割祠于公社及门闾。腊先祖五祀,劳农以休息之。"时当冬闲,忙碌了一年的人们终于可以休息调整。在《诗经·豳风·七月》中,"八月剥枣,十月获稻,为此春酒,以介眉寿……朋酒斯飨,曰杀羔羊。跻彼公堂,称彼兕觥,万寿无疆",我们还可以看到人们为年终相聚作的精心准备以及聚会时万民欢庆的盛大场面。

西汉王朝建立后,一直推行休养生息政策,着力发展农业生产。由汉文帝开始的"文景之治",标志着我国封建王朝进入了第一个太平盛世。这段时期,由于社会稳定,经济发展,人们对生活的乐趣高涨,对节日的需求更加强烈,因而逐渐凝结出一系列重要节日。汉武帝时,颁行《太初历》,稳定的历法从此深入人心,于是将一些日子定为举国欢庆的节日。正月初一被正式定为新年的开始,于是原先分散的祭祀、庆祝等活动逐渐集中统一到这一天进行。正月初一过新年,家家户户需要有仪式性的活动,燃爆竹、换桃符等习俗已经出现,并且随着历史的发展,人们庆祝的时间越来越长,节日习俗也越来越丰富。

刚开始时,以祭祀、庆祝为主的新年习俗,往往有着鲜明的禳除、祈福特征,充满神秘色彩。到了唐朝,社会政治、经济、文化、军事等各方面都得到了巨大发展,国际国内交流频繁,形成了开放、大度、繁荣的王朝气象,新年习俗开始带上更多的娱乐性、礼仪性、游艺性特征。庆祝新年因而更多地转向人们的生活娱乐,礼仪交往,集会游艺。明清时期,这种礼仪性、应酬性特征被继续强化固定,成为重要的春节习俗——春节期间,不论身份贵贱,相识的人们之间会互相拜会、互赠礼品。同时,春节的娱乐性、游艺性进一步发展,节日期间各种娱乐游艺活动精彩纷呈,人们通过舞龙、舞狮、庙会等活动欢乐集聚,共度佳节。

春节的习俗有除夕守岁,给压岁钱、燃放爆竹、贴门神、贴春联等。下面主要介绍除夕守岁。

宗懔《荆楚岁时记》云:"岁暮家家具肴蔌,谓宿岁之位,以迎新年,相聚酣饮。"周密《武林旧事》说:"至除夕。则比屋以五色纸钱酒果,以迎送六神于门。至夜贲烛糁盆,红映霄汉,爆竹鼓吹之声,喧阗彻夜,谓之聒厅。小儿女终夕博戏不寐,谓之守岁。"孟元老《东京梦华录》记载:"是夜禁中爆竹山呼,声闻于外。士庶之家,围炉团坐,达旦不寐,谓之守岁。"守岁时要喝屠苏酒,屋内要有炉火,而且是越旺越好,以示五谷丰登,人丁兴旺,称之为"旺火"。关于守岁,有这样一则传说:一种叫"年"的怪兽,每到除夕就出来害人。如果谁不幸撞上"年",则凶多吉少。家家户户的年夜饭都准备得异常丰盛,因为可能这就是最后的晚餐。家人聚在一块儿吃年夜饭,饭前祭祀祖先,祈求祖先的神灵保佑,饭后一起小心翼翼地熬年守岁。传说"年"害怕火光和响声,所以要燃放爆竹,将其吓退。正月初一早上,人们开门见了面,都作揖道喜,互贺没有被"年"吃掉。当然这只是传说,其实是因为除夕是除旧迎新的重要时间节点,守岁之俗有着对即将过去的旧岁的无限留恋之情,更有着对即将到来的新年的殷殷期望之意。守岁中包含珍惜时间、珍惜生命之意,因此一直流传下来。

二、清明节

清明是一个以节气兼节日的传统大节,时间在冬至后一百零七日、春分后十五日。《淮南子·天文训》说:"(春分后)加十五日指乙,则清明风至,音比仲吕。"在和煦的春风下,天地明净,空气清新,自然万物显出勃勃生机,"清明"节气由此得名。

清明刚开始时只是指示农事生产的自然节气,因为和寒食节在时间上的紧密相连(寒食在清明前两日或一日),所以随着历史的发展,两个不同的节日最终融合并只留"清明"之名。

清明习俗有祭祖扫墓,春游踏青,戴柳插柳,荡秋千,放风筝等。下面主要介绍祭祖扫墓和春游踏青。

墓祭本是寒食独特的景象,最终融入到清明的节俗之中。先秦时期已零星出现墓祭行为并逐渐形成风气。汉代独尊儒术,儒家思想成为社会主流。《论语》有云"慎终追远,民德归厚矣",可见对于祖先的追念是后世子孙必须慎重操持的大事。坟墓是现世祖先魂魄的承载,上墓祭扫因而显得尤其重要,墓祭之风更盛。唐玄宗曾下诏:"士庶之家,宜许上墓,编入五礼,永为常式。"朝廷的积极引导,继续扩大了墓祭风俗的影响,并以官方的形式将扫墓习俗固定下来。因为时间上的紧密相连,寒食的墓祭习俗延伸到清明。唐宋之后,清明更是逐渐置代了寒食,人们往往选择在清明这天祭祖扫墓。

扫墓主要包括两项内容:烧钱挂纸和修整坟墓。祭拜祖先必定伴随着焚烧纸钱等仪式,然而墓祭源于寒食,寒食期间禁火,后人扫墓便只能将纸钱插、挂在墓地或墓树之上,或是压在坟头以表其诚。后来墓祭改在清明进行,自然再无禁火要求,焚烧纸钱不再禁止,于是墓祭烧钱与挂纸习俗并存。扫墓时还要修整坟墓,清除杂草,培添新土。根据墓上有无杂草、新土可判断墓主有无后人的存在。人们一方面通过扫墓追忆感念祖先恩德,另一方面以坟墓的良好维护显示家族后代的兴旺。同时对逝去亲人的情感牵挂更令人们无论身在何方,心中都放不下故乡亲人那一方小小的墓地。

扫墓之后便是春游踏青。清明时节草长莺飞,风和日丽,在屋子里被闷了整整一个冬天的人们,正好可以走出户外,探春踏青,呼吸一点春的气息。《论语·先进》就有“暮春者,春服既成,冠者五六人,童子六七人,浴乎沂,风乎舞雩,咏而归”的春游情景。根据《东京梦华录》所描述的“四野如市,往往就芳树之下,或园囿之间,罗列杯盘,互相劝酬。都城之歌儿舞女,遍满园亭,抵暮而归。各携枣䭅、炊饼、黄胖、掉刀、名花异果、山亭戏具、鸭卵鸡雏,谓之门外土仪”的情景,我们可以想见当时热闹逍遥的场面。

三、端午节

端午作为五月五日的节名,始于魏晋时期。晋人周处在《风土记》中记述:“仲夏端午,烹鹜角黍。”端午本是仲夏月的第一个午日,即夏历的午月午日,后来人们用数字计时体制取代干支计时体制,以重五取代重午,但仍保持着端午之名。唐代以前“端五”“端午”混称;唐玄宗李隆基生于八月初五,为避讳,以后便正式将“端五”改为“端午”。

关于端午节的起源,说法很多。例如纪念屈原说,纪念伍子胥说,纪念曹娥说,吴越民族龙图腾祭说等。但千百年来,屈原的爱国精神和感人诗辞已广泛深入人心,故纪念屈原之说影响最广最深,占据了主流地位。

屈原怀有远大的政治理想,主张举贤授能,修明法度,联齐抗秦,统一六国。他的政治革新计划触犯了贵族保守势力的利益,因而遭到诬陷和排斥,先后被楚怀王、楚顷襄王疏远和放逐。当楚国郢都被秦兵攻破时,屈原满怀悲愤,自投汨罗江而死,以身殉国。信而见疑、忠而被谤的屈原自沉汨罗江,令楚国百姓非常悲伤,纷纷前往江边凭吊。渔夫们划着小船,竞赛似的在江上来回打捞屈原的尸体,这便是以后赛龙舟风俗的由来。同时人们用粽叶包裹米团投入江中,希望鱼虾吃饱后不会咬噬屈原的尸体,吃粽子的习俗因此出现。还有一位老人,向江中倒入一坛雄黄酒,想要迷晕蛟龙,不让蛟龙伤害屈原,饮雄黄酒之俗也由此而来。

端午起源于纪念屈原，最早的记载可见南朝时吴均的《续齐谐记》和宗懔的《荆楚岁时记》。《续齐谐记》载："屈原五月五日投汨罗而死，楚人哀之，每至此日，竹筒贮米投水祭之。汉建武中，长沙欧回，见人自称三闾大夫，谓回曰：'常见祭甚善，但常患蛟龙所窃。今若有惠，当以楝叶塞其上，以彩丝缠之。此二物，蛟龙所惮。'回依其言。今五月五日作粽，并带楝叶、五花丝，遗风也。"《荆楚岁时记》又载："五月五日竞渡，俗为屈原投汨罗日，伤其死所，并命舟楫以拯之，舸舟取其轻利，谓之飞凫。一自以为水车，一自以为水马。州将及士人悉临水而观之。"

端午习俗有龙舟竞渡（赛龙舟），沐浴兰草，佩香袋，缠五色丝，挂蒲剑，吃粽子，饮雄黄酒等。下面主要介绍龙舟竞渡。

赛龙舟起于越王勾践。春秋末期，勾践和吴国打仗时曾战败被俘。他在吴国忍辱负重三年，终于赢得吴王夫差的信任而归国。归国后，勾践卧薪尝胆，励精图治，最后终于一雪前耻，灭了吴国。在勾践灭吴的过程中，他于五月五日成立的水师起了重要作用，后来人们便在五月五日这天划船竞渡以示纪念。到东汉时，民间又有夏日水涨，驾舟竞渡以迎涛神的习俗。

唐代张建封《竞渡歌》"五月五日天晴明，杨花绕江啼晓莺。使君未出郡斋外，江上早闻齐和声。……两岸罗衣破晕香，银钗照日如霜刃。鼓声三下红旗开，两龙跃出浮水来。棹影斡波飞万剑，鼓声劈浪鸣千雷。鼓声渐急标将近，两龙望标目如瞬。坡上人呼霹雳惊，竿头彩挂虹蜺晕。前船抢水已得标，后船失势空挥桡……"，从中可以想见当时赛龙舟场面的热闹和氛围的紧张。

四、中秋节

农历八月为秋季的第二个月，称为"仲秋"。八月十五又在"仲秋"的中间，所以称"中秋"。

我国的中秋节，是在上古秋分和月神崇拜的基础上发展变化，最后固定在每年八月十五这天的。中秋节起源于古代的祭月典礼。古时农业生产依赖自然环境的风调雨顺，古人特别重视对土地神的祭祀，有春祈秋报的习俗，即每年春天播种前要拜土地神以祈祷丰年，到秋季八月中旬，正式收获的季节，又要拜谢神的护佑。同时，在先人的观念中，太阳和月亮是万物正常生长的保证，所以要感恩祭祀。帝王春天祭日、秋天祭月早在先秦时代就已成为一种礼制，祭日在早晨，祭月在夜晚。《周礼》载"王晋大圭，执镇圭，缫藉五采五就，以朝日"。汉郑玄注："天子常春分朝日，秋分夕月。"可见，早在先秦时代，就有帝王在春天祭日、秋天祭月的礼制。

祭月活动逐渐流传到民间，后来礼仪式的祭月渐渐变成了一种欢乐的民俗活动。赏月活动最早可以追溯到魏晋时期，但盛行于唐代，《开元天宝遗事》载："中秋夕，上与贵妃临太液池望月。"许多文人雅士都有关于赏月的诗句，并开始带有思乡的感情。这种赏月的习俗尤其在唐代风行，这一点通过唐诗中众多的赏月诗便能体现出来。

八月十五在北宋年间正式成为中秋节，并在各地兴盛起中秋民俗活动。孟元老《东京梦华录》记载："中秋夜，贵家结饰台榭，民前争占酒楼玩月。丝篁鼎沸，近内庭居民，夜深遥闻笙竽之声，宛若云外。闾里儿童，连宵嬉戏。夜市骈阗，至于通晓。"中秋之夜的东京汴梁，达官贵人在自家的歌榭楼台上饮酒赏月，民众则争相登上酒楼望月。音乐、夜市、娱乐活动通宵达旦，一派热闹景象。但并未提及吃月饼的习俗。直到明代，吃月饼才成为中秋节的重要活动。明清两朝，中秋节赏月活动的形式更加多样，明朝末年，伴随着嫦娥奔月、玉兔捣药的神话传说，人们开始祭拜玉兔，民间后来称玉兔像为"兔儿爷"。

中秋之夜，人们仰望皓月，往往会联想起一些有关月亮的神话传说，其中流传最广的是嫦娥奔月的故事。

相传远古时候，十日并出，烤得土地龟裂，河流干涸，后羿为拯救百姓，力射九日，立下奇功，深受人们爱戴。后来，后羿巧遇西王母，得到一包不死药，交与爱妻嫦娥保管。逢蒙是后羿的徒弟，心术不正。得知此事后，有一天，他趁后羿外出打猎，手持宝剑闯入后院，威逼嫦娥交出不死药。危急之时，嫦娥一口吞下了不死药。她的身子立时飘离地面，向天上飞去。由于牵挂丈夫，嫦娥飞落到离人间最近的月亮上成了仙。后羿归来，得知嫦娥被逼离去，悲痛欲绝，仰望夜空呼唤爱妻的名字。这时他惊奇地发现，今晚的月亮格外皎洁明亮，而且有个晃动的身影酷似嫦娥。后羿于是来到后花园里，摆上香案，放上她平时最爱吃的蜜食鲜果，遥祭在月宫里眷恋着自己的嫦娥。百姓们闻知嫦娥奔月成仙的消息后，纷纷在月下摆设香案，向善良的嫦娥祈求吉祥平安。从此，中秋节拜月的风俗便在民间传开了。

五、重阳节

农历九月九日为重阳节。《易经》以阳爻为九，以九为阳，两九相重即为重九，日月并阳，两阳相重，即为重阳。重阳节，除称为重九节之外，还称为登高节、茱萸节、菊花节等。这些叫法均由节日的活动内容或主题而得名。

重阳节的由来十分久远。在《西京杂记》中就有关于重九习俗的记载："九月九日，佩茱萸，食蓬饵，饮菊华酒，令人长寿。菊华舒时，并采茎叶，杂黍米酿之，至来年九月九日始熟,就饮焉,故谓之菊华酒。"赏菊是人与自然的交流。东晋陶渊明乐于"采菊东篱下,悠然见南山"的意境,唐代杜牧则有"尘世难逢开口笑,菊花须插满头归"的风雅。

相传重阳登高风俗始于东汉。唐人登高诗很多,大多数是写重阳节的习俗。登高所到之处,没有统一的规定,一般是登高山、登高塔。登高是一次富有诗意的远足,目的地是经过认真选择的。魏晋时豫章郡(今江西南昌)人登高的地方是高峻有陂、山呈龙形的龙沙。临海郡(今浙江临海)人登高的地方,则是山头平整、可坐三四百人的湖山。在远足中,人们尽情地观赏金色的秋景,呼吸大自然的清新气息。

重阳节在唐代被官方正式确立。节日活动的内容,沿袭了汉晋以来登高、饮酒、采茱萸等传统。人人耳熟能详的唐代诗人王维《九月九日忆山东兄弟》一诗,就充分反映了这一情况。宋代重阳节活动兴盛,《东京梦华录》载:"九月重阳,都下赏菊有数种:其黄白色蕊若莲房曰万龄菊,粉红色曰桃花菊,白而檀心曰木香菊,黄色而圆者曰金铃菊,纯白而大者曰喜容菊,无处无之。酒家皆以菊花缚成洞户。都人多出郊外登高,如仓王庙、四里桥、愁台、梁王城、砚台、毛驼冈、独乐冈等处宴聚。前一二日,各以粉面蒸糕遗送,上插剪彩小旗,掺钉果实,如石榴子、栗子黄、银杏、松子肉之类。又以粉作狮子、蛮王之状,置于糕上,谓之狮蛮。诸禅寺各有斋会,惟开宝寺、仁王寺有狮子会。诸僧皆坐狮子上,作法事讲说,游人最盛。"明代,皇帝每年重阳都要登万寿山、吃重阳糕等,民间百姓则登西郊香山,游报国寺,饮酒作乐。进入清代,重阳节的活动更是盛行不衰,大江南北,同庆佳节。

远古时期,登高最开始的目的在于躲避洪水,逃避灾害。重阳处于季节交替、冷暖变化突然的时节,秋风萧瑟,气温骤降,人们可能难以适应,容易感染时疾。因此,重阳时节在古人看来是一个凶险的时期。同时古人认为,世界由阴阳二气组成,重阳之意为阳数的极盛,所谓物极必反,盛极必衰,重阳就是一个不吉的日子。如何才能避开危险,古人选择了外出登高的方式,暂时离开现在这个可能会发生灾祸的时空。或许,在古人看来,暂时地逃离日常时空,奔向广阔的高地就可以化解生存的危机。也有这样一种可能,或许在原初先民的观念之中,相较于日常生活的平原地带,高山充满了神秘,那里是离天神最近的地方,拥有神奇的力量,登上高处,意味着接近了天神,更容易获得天神的福祐。

重阳登高的习俗萌芽于汉代,而接下来的魏晋南北朝又是一个特别的乱世,在社会大变动的时代,人们不得不深怀忧虑,并且更加重视日常生活的感性体验。因此,登高避祸、饮酒祈福的九月九成为社会上下共享的世俗大节。而且,人们有意识地强调重阳祈寿祈福的节俗意义。曹丕在《九日与钟繇书》中写道:"岁往月来,忽复九月九日。九为阳数,而日月并应,俗嘉其名,以为宜于长久,故以享宴高会。"以九九谐音"久久",反映了当时人们求吉的社会心态。

篇目选读

《闰元宵》张岱

崇祯庚辰闰正月①，与越中父老约重张五夜灯，余作张灯致语曰："两逢元正，岁成闰于摄提之辰②；再值孟陬③，天假人以闲暇之月。《春秋传》详记二百四十二年事④，春王正月，孔子未得重书；开封府更放十七十八两夜灯，乾德五年⑤，宋祖犹烦钦赐。兹闰正月者，三生奇遇，何幸今日而当场；百岁难逢，须效古人而秉烛⑥。况吾大越，蓬莱福地，宛委洞天。大江以东，民皆安堵；遵海而北，水不扬波。含哺嬉兮，共乐太平之世界；重译至者⑦，皆言中国有圣人。千百国来朝，白雉之陈无算⑧；十三年于兹，黄耇之说有征⑨。乐圣衔杯⑩，宜纵饮屠苏之酒⑪；较书分火，应暂辍太乙之藜⑫。前此元宵，竟因雪妒，天亦知点缀丰年；后来灯夕，欲与月期，人不可蹉跎胜事。六鳌

---

① 崇祯庚辰：崇祯十三年（1604）。
② 摄提：摄提格，古代曾用太岁在天宫的运转方向来纪年，太岁指向寅宫之年被称为摄提格。
③ 孟陬（zōu）：农历正月。
④ 《春秋传》：先秦时期的一部编年体史书，相传为孔子所作，主要记载鲁隐公元年到鲁哀公十四年二百四十二年间的历史。
⑤ 乾德五年：即967年。乾德，宋太祖赵匡胤年号，共五年，963至967年。
⑥ 秉烛：秉烛夜游，及时行乐的意思。
⑦ 重译至者：这里指外国人。重译，辗转翻译。
⑧ 白雉：白色的野鸡，较为少见，象征吉祥。
⑨ "十三年"两句：典出《史记·留侯世家》："良尝间从容步游下邳圯上，有一老父，衣褐，至良所，直堕其履圯下，顾谓良曰：'孺子，下取履！'良愕然，欲殴之，为其老，强忍，下取履。父曰：'履我！'良业为取履，因长跪履之。父以足受，笑而去。良殊大惊，随目之。父去里所，复还，曰：'孺子可教矣。后五日平明，与我会此。'良因怪之，跪曰：'诺。'五日平明，良往。父已先在，怒曰：'与老人期，后，何也？'去，曰：'后五日早会。'五日鸡鸣，良往。父又先在，复怒曰：'后，何也？'去，曰：'后五日复早来。'五日，良夜未半往。有顷，父亦来，喜曰：'当如是。'出一编书，曰：'读此则为王者师矣。后十年，兴。十三年，孺子见我，济北谷城山下黄石即我矣。'遂去，无他言，不复见。旦日，视其书，乃《太公兵法》也。良因异之，常习诵读之。"黄耇（gǒu），年老长寿。
⑩ 乐圣衔杯：典出唐李适之《罢相作》："避贤初罢相，乐圣且衔杯。为问门前客，今朝几个来？"
⑪ 屠苏：屠苏酒，酒名。古代民俗，每年的农历正月初一，全家人在一起饮屠苏酒。
⑫ "较书"两句：典出晋王嘉《拾遗记》卷六："刘向于成帝之末，校书天禄阁，专精覃思。夜有老人，著黄衣，植青藜杖，登阁而进，见向暗中独坐诵书，老人乃吹杖端，烟然。因以见向，说开辟已前。因向受五行洪范之文，恐辞说繁广忘之，乃裂帛及绅，以记其言，至曙而去。向请问姓名，云：'我是太乙之精。天帝闻卯金之子有博学者，下而观焉。'乃出怀中竹牒，有天文地图之书，曰：'余略授子焉。'至向子歆，从向授其术，向亦不悟此人焉。"

山立,只说飞来东武,使鸡犬不惊;百兽室悬,毋曰下守海澨①,唯鱼鳖是见。笙箫聒地,竹椽出自柯亭;花草盈街,禊帖携来兰渚。士女潮涌,撼动蠡城;车马雷殷,唤醒龙屿。况时逢丰穰,呼庚呼癸,一岁自兆重登;且科际辰年,为龙为光,两榜必征双首。莫轻此五夜之乐,眼望何时?试问那百年之人,躬逢几次?敢祈同志,勿负良宵。敬藉赫蹏②,喧传口号。"

（选自张岱撰,淮茗评注《陶庵梦忆》,中华书局 2008 年版。）

《七夕》孟元老

七月七夕③,潘楼街东宋门外瓦子④、州西梁门外瓦子、北门外、南朱雀门外街及马行街内,皆卖磨喝乐⑤,乃小塑土偶耳。悉以雕木彩装栏座⑥,或用红纱碧笼,或饰以金珠牙翠,有一对直数千者。禁中及贵家与士庶为时物追陪⑦。又以黄蜡铸为凫雁、鸳鸯、鸂鶒、龟鱼之类⑧,彩画金缕,谓之"水上浮",又以小板上傅土旋种粟令生苗⑨,置小茅屋花木,作田舍家小人物,皆村落之态,谓之"谷板"。又以瓜雕刻成花样,谓之"花瓜"。又以油面糖蜜造为笑靥儿⑩,谓之"果食",花样奇巧百端,如捺香方胜之类⑪。若买一斤,数内有一对被介胄者如门神之像⑫,盖自来风流⑬,不知其从⑭,谓之"果食将军"。又以菉豆、小豆、小麦于磁器内,以水浸之,生芽数寸,以红蓝彩缕束

---

① 海澨(shì):海边。
② 赫蹏(xì tí):古代用以写字的小幅绢帛,后亦以代指纸。
③ 七夕:农历七月初七之夕,传说,牛郎织女每年此夜在天河相会。旧俗妇女多进行乞巧活动,又称"七巧节""乞巧节"。
④ 瓦子:宋代城市中的民间娱乐场所的总称。
⑤ 磨喝乐:亦作"磨合罗",原为佛教八部众神之一的摩睺罗神。唐宋时借其名制作为一种土木偶人,于七夕供养。唐时也叫"化生",谓供养以祝祷生育男孩,因而成为送姻亲家的礼物。后成为儿童玩具。
⑥ 栏座:有围栏的底座。
⑦ 追陪:追随、伴随。
⑧ 蜡:同蜡。凫(fú)雁:鸭与鹅。鸂鶒(xī chì):亦作"鸂鶒",水鸟名。形大于鸳鸯,而多紫色,好并游。俗称紫鸳鸯。
⑨ 傅:同"敷"。铺布,散布。
⑩ 笑靥儿:一种食品名,亦省作"笑靥"。从上下文看,此食品似为人形。
⑪ 捺(nà):用手指往下按。方胜:形状像由两个菱形部分重叠相连而成的一种首饰。后借指这种形状。
⑫ 被:通"披"。介胄:铠甲和头盔。门神:护门之神。旧俗在门上贴其画像,用来驱逐鬼神。
⑬ 自来:由来,历来。风流:风行;流传。
⑭ 从:根据。

之,谓之"种生"。皆于街心彩幔帐设,出络货卖①。七夕前三五日,车马盈市,罗绮满街,旋折未开荷花,都人善假做双头莲②,取玩一时,提携而归,路人往往嗟爱③。又小儿须买新荷叶执之,盖效颦磨喝乐④。儿童辈特地新妆⑤,竞夸鲜丽。至初六日七日晚,贵家多结彩楼于庭,谓之"乞巧楼"。铺陈磨喝乐、花瓜、酒炙、笔砚、针线⑥,或儿童裁诗⑦,女郎呈巧⑧,焚香列拜⑨,谓之乞巧。妇女望月穿针,或以小蜘蛛安合子内⑩,次日看之,若网圆正⑪,谓之"得巧"。里巷与妓馆,往往列之门首,争以侈靡相尚⑫。

（选自孟元老撰,伊永文笺注《东京梦华录笺注》,中华书局 2007 年版。）

《小至》杜甫

天时人事日相催⑬,冬至阳生春又来。
刺绣五纹添弱线⑭,吹葭六琯动飞灰⑮。
岸容待腊将舒柳,山意冲寒欲放梅。

---

① 设:安排。出:除去。络:指上文的"红蓝彩缕"。货卖:出售。
② 假做:做成并非真的。双头莲:两朵莲花并排地长在同一茎上。
③ 嗟爱:赞叹喜爱。
④ 效颦:即效颦。本指"不善摹仿,弄巧成拙"的典故,此为"学样"之意。
⑤ 新妆:新装,新的衣裳。
⑥ 酒炙:酒和肉,亦泛指菜肴。
⑦ 裁诗:作诗。
⑧ 呈巧:呈献精巧的物件,多指女青年制作的针线活。
⑨ 列拜:依次叩拜。
⑩ 合子:盒子。
⑪ 圆正:圆匀端正。
⑫ 侈靡:奢华。相尚:相对,面对面。
⑬ 《晋书·杜预传》:"天时人事,不得如常。"
⑭ 《史记》:"刺绣纹,不如倚市门。"线有五色,故云五纹。《唐杂录》:"唐宫中以女工揆日之长短,冬至后,日晷渐长,比常日增一线之功。"
⑮ 《汉书》:"以葭莩灰实律管,候至则灰飞管通。冬至之律,为黄钟也。葭,芦也。琯以玉为之,凡十有二。六琯,举律以该吕也。"《后汉·律历志》:"候气之法,为室三重,布缇缦、木为案、内庳外高,加律其上,以葭莩灰抑其内端,按律候之,气至者灰去。"

云物不殊乡国异①，教儿且覆掌中杯②。

（选自杜甫著，仇兆鳌注《杜诗详注》，中华书局 2015 年版。）

作品讲授

《闰元宵》

　　《闰元宵》，出自《陶庵梦忆》，是明清时期小品文的经典之作，内容涵盖生活的方方面面，为我们生动地展现了一幅明代江南百姓的生活画卷。作者张岱是明末清初文学家，字宗子，后改字石公，号陶庵、蝶庵，晚年号六休居士。祖籍四川绵竹，故又自称"蜀人""古剑"。浙江山阴（今属绍兴）人，寓居杭州。张岱出身于官宦世家、书香门第，家中三世藏书，父祖皆是饱学之儒。张岱自幼生活在优越富足的环境中，受到了良好的文化教育和艺术熏陶，追求精致不流俗的生活品质，也具有文人雅士的审美情操。张岱的小品文叙述自由流畅，语言清丽雅致，最突出的特点是于不经意间抒发自己的情感，且直击心灵，引发读者共鸣。《陶庵梦忆》侧重于回忆晚明时期的生活，充斥着游山玩水的世俗娱乐，但是字里行间都透露出作者阅尽繁华的淡泊沧桑之感。作者见识广博，有高深的文学素养，所以其对所见所闻的描写记述，使晚明时期江南地区百姓生活的方方面面仿佛历历在目，对明清研究有着重要的史料价值并提供了审美参照。作者在《闰元宵》中，呈现了幸遇一年之中佳节两度的欢乐和元宵观灯的热闹场面：今年恰遇两个正月，这是上天赐予人们的闲暇时光，这样一个百年难遇的闰正月十五夜，更要效法古人秉烛夜游。人们相约在月下游玩，家家户户悬挂上各式各样的彩灯，美妙的笙箫不断，街上布满了花草，男女像潮水般涌动，车马如春雷般轰鸣。元宵是元旦之后又一重大节日。东汉时期，

---

① 杨慎曰：《左传》：分至启闭，必书云物。旧注引此。考《春秋感精符》：冬至有云迎送日者，来岁美。宋忠注：云迎日出，云送日没也。冬至用书云，当指此。《吴越春秋》之中越王曰："风景不殊，举目有山川之异。"《随笔》云：今人以冬至日为书云，至用之表启中，虽前辈亦不细考。按《左氏传》：僖公五年，正月辛亥朔，日南至，公既视朔，遂登观台以望。而书，礼也。凡分至启闭，必书云物，为备故也。杜预注云：周正月，今十一月。分，春秋分也。至，冬夏至也。启者，立春立夏。闭者，立秋立冬。云物者，气色灾变也。盖四时凡八节，其礼并同。汉明帝永平二年春正月辛未，宗祀光武毕，登灵台，观云物。尤为可证。世但读《左传》前两三句，故遂颟以指冬至云。今太史局官，每至此八日，则为一状，若立春则曰风从艮位上来，春分则曰风从震位上来。他皆仿此。盖古书云之意也。

② 覆杯，有二义。邓粲《晋书》：晋元帝好酒，王导深谏。帝令左右进觞，饮而覆之，自是遂不复饮。此覆杯，是不饮也。鲍照《三日》诗"临流竞覆杯"，此覆杯是快饮也。公《坠马》诗云"喧呼且覆杯中绿"，知此诗乃尽饮之义。

佛教的传入促进了元宵节赏灯习俗的形成。相传汉明帝笃信佛教,听闻佛教每逢正月十五要举行点灯敬佛的仪式,为了弘扬佛法,汉明帝便下令在正月十五日于夜晚燃灯敬佛,同时家家户户都要挂灯。此后逐渐形成了赏灯的习俗。

《七夕》

《七夕》,出自《东京梦华录》,孟元老撰。孟元老,号幽兰居士,开封市人。生卒年待考,宋代文学家。金灭北宋,孟元老南渡,常忆东京之繁华,《东京梦华录》于南宋绍兴十七年撰成。《东京梦华录》所记大多是宋徽宗崇宁到宣和年间北宋都城东京开封的情况,大致包括这几方面的内容:京城的外城、内城及河道桥梁、皇宫内外官署衙门的分布及位置、城内的街巷坊市、店铺酒楼、朝廷朝会、郊祭大典、东京的民风习俗、时令节日、当时的饮食起居、歌舞百戏等。与同时代画家张择端所作的《清明上河图》一样,《东京梦华录》为我们描绘了这一历史时期居住在东京的上至王公贵族、下及庶民百姓的日常生活情景,是研究北宋都市社会生活、经济文化的一部极其重要的历史文献。七夕,农历七月初七,又名乞巧节,最早源于古人对自然天象的崇拜,并给牛郎织女赋予了美好的爱情传说。汉代时开始出现女性乞巧的活动。南北朝时,又增加了朝天祭拜、对月穿针等仪式。唐代宫中更设有"乞巧楼"供宫女们乞巧。宋元时期,七夕乞巧非常隆重,甚至在京城中已经出现专卖乞巧物品的乞巧市。孟元老在《七夕》中还原了这一节日里人们对精巧手工艺品的喜爱和对自己能够心灵手巧的美好希冀。磨喝乐、水上浮、谷板、花瓜、果食、种生等,一系列精巧的手工艺品炫目纷呈、令人向往。并且当时民众生活的趣味和精彩也如在眼前:街市里巷人家将各种物品陈列在门口,相映生辉;小孩子们穿上新装,竞相炫耀鲜艳亮丽;富贵之家在庭院中扎起彩楼,陈列磨喝乐、花瓜、酒菜、笔砚、针线等物,燃香叩拜乞巧。

《小至》

《小至》,杜甫作。杜甫,字子美,巩县(今河南巩义)人。因其十三世祖杜预乃京兆杜陵(今陕西长安东北)人,故杜甫自称"杜陵布衣"。杜甫曾居长安城南少陵附近,故又自称"少陵野老",世称"杜少陵"。杜诗全面而深刻地反映了当时的社会面貌,故后人称为诗史。杜甫在艺术上勤于探索,各体皆精,刻意求工,律法精严,风格"沉郁顿挫"。前人谓杜诗集前代之大成,开后世之先路。其集有宋人王洙编《杜工部集》二十卷,为今存之最早版本。注本有钱谦益《钱注杜诗》、仇兆鳌《杜诗详注》、杨伦《杜诗镜铨》、浦起龙《读杜心解》等。杜甫的《小至》为我们描述的是冬至时节的情景。冬至是二十四节气之一,是最早制定出的重要节气,对于时间计算和指导农事具有特殊意义。古人认为,冬至之时,世间阴气最盛,凡物盛极必衰,意味着阳气重新开始凝聚,冬至阳气回升,因而是吉日。阳为天,所以冬至当日,帝王要举行仪式祭天,在某种意义上讲,古人将冬至看得与元日一样重大。杜甫写作《小至》时,旅居夔州,于时生活还算安定,又逢佳节,诗作氛围整体来讲是愉悦舒畅的:沿岸的柳树准备伸展腰枝,山中的梅花也将冲破寒意傲然开放。然而,时逢佳节漂泊异乡,当然也不免勾起诗人的点点乡愁,还好有亲人在身边,于是教儿共饮,聊慰平生。

课后思考

1.谈谈传统节日在当下的意义。

2.比较一下中国春节与西方圣诞节的差异。

3.假设你现在生活在清朝,一年之中你最期盼的节日会是哪一个? 为什么?

拓展阅读

[1] 郑玄,注,贾公彦,疏.周礼注疏[M].北京:北京大学出版社,1999.

[2] 郑玄,注,孔颖达,疏.礼记正义[M].北京:北京大学出版社,1999.

[3] 宗懔,撰,宋金龙,校注.荆楚岁时记[M].太原:山西人民出版社,1987.

[4] 孟元老,撰,伊永文,笺注.东京梦华录笺注[M].北京:中华书局,2007.

[5] 周密,著,李小龙,赵锐,评注.武林旧事[M].北京:中华书局,2007.

[6] 张岱,撰,淮茗,评注.陶庵梦忆[M].北京:中华书局,2008.

[7] 杜甫,著,仇兆鳌,注.杜诗详注[M].北京:中华书局,1979.

[8] 李安辉,主编.中国民俗史——传统节日天下庆[M].郑州:河南大学出版社,2001.

[9] 赵东玉,著.中华传统节庆文化研究[M].北京:人民出版社,2002.

中国古代饮食文化源远流长。周秦时期是中国古代饮食文化的成形时期,当时人们以谷物蔬菜为主食。汉代为中国古代饮食文化的丰富时期,石榴、芝麻、葡萄、胡桃等今天司空见惯的食物开始被引入中原。唐宋时期的饮食文化与前代相比讲究多,要求高。明清时期是唐宋食俗的延续,同时又混入满族、蒙古族的特点,饮食结构发生较大变化。饮食文化与我们的生活密切相关,本讲主要从饮食文化的演变等方面,介绍中国古代饮食文化。

第七讲

中国古代饮食文化

解　题

　　《淮南子·主术训》中说："食者,民之本也。"食物是我们赖以生存和繁衍的最基本条件之一。中国疆域辽阔、地广物博,有着优美的环境和多变的气候,不同的地理条件造就了人们千姿百态的饮食方式。但总的说来,中国的饮食文化包含饮和食两个方面,饮主要是指酒和茶,食是指我国民众长期以来形成的以五谷为主食,肉类和蔬菜为副食的传统餐食结构。

　　有趣的是,中国饮食文化不单是关于食物的文化,还与作为其外延的饮食文化艺术、饮食与人生境界的关系共同构成了中国独特的饮食文化体系。吃吃喝喝,不能简单视之,它实际上是人与人之间交流的媒介,是一种别开生面的社交活动,在这个过程中,人们不仅仅是在分享美食,同时也是在进行情感和信息的交流。实际上,从夏、商、周开始,贵族统治阶层的食礼,美食心态固然是一方面,但主要动机在于促进贵族集团内部人际和人伦关系的和谐,进行感情联络和协调上下秩序,具有明显的功用色彩。从"序食以礼""食以体政"的思想可以看出,饮食是当时显贵统治者从事政治活动的基础。这种方式历代延续,比如后代的皇帝赐宴,包括赐宴嫔妃近臣、赐宴功臣、节日赐宴等,其目的也是赐恩臣下,形成君臣和同治理国家的局面。

　　《尚书·说命》载:"若作和羹,尔惟盐梅。"和羹是礼书中说的三羹之一。所谓三羹,即大羹、和羹、羹,是中国古代北方食馔风味的代表之一。其中,不加入调料的肉汤称为"大羹",多用来祀神祭祖,以示其质朴自然之性;和羹要加入盐、梅,主要的食材是肉类和鱼类;羹则是指加入调料的菜汤。和羹与羹是人们日常生活中常见的肴馔。盐、梅、酒、饴糖和花椒是先秦时代就使用的五大烹饪调味品。古人主要利用梅的果酸作调料,通常与盐一并使用,属于复合性佐料。饴糖不是我们今天意义上的糖,而是指麦芽糖,中国的甘蔗种植和糖的提炼方法都是后来由印度传入的。

　　汉代为中国古代饮食文化的丰富时期,有赖于中西(西域)交流,石榴、芝麻、葡萄、胡桃(即核桃)等今天司空见惯的食物被引入中原,同时,一些烹调方法,如炸油饼、胡饼的制作方法等也传入我国。豆腐的制作在汉代已经出现并且在唐代得到了普及。唐宋时期的饮食文化比前代更加丰富多彩,讲究多、要求高,最具代表性的是烧尾宴。所谓烧尾宴,是指因新官上任或官员升迁而筹办的宴会,以此招待前来恭贺的亲朋同僚。从唐人韦巨源所作的《烧尾宴食单》中我们可以发现,烧尾宴的菜肴"滋味品数多有不知名者",就连面食也要做成"素蒸声音部,辋川图小样",也就是说将面食做成如蓬莱仙子般的歌女舞女的样子或者王维的辋川别墅周围诸种景致之状,其讲究可见一斑。而从宋人林洪的《山家清供》来看,宋人煮、蒸、炒、煎、炸、脍、炙等的烹饪方式已大体与今人相似。

明清时期是唐宋食俗的延续,同时又混入了满族、蒙古族的特点,饮食结构有了很大变化。在主食的选择上,菰米已被淘汰,麻子退出主食行列改用以榨油,豆料也不再作主食而成为菜肴,北方黄河流域小麦的种植比例大幅度增加,面成为宋代以后北方的主食。明代又一次大规模引进马铃薯、甘薯等外来物种,蔬菜的种植达到较高水准,人工畜养的畜禽成为肉食的主要来源。

清代初期,鲁、川、扬、粤是影响最大的四大菜系,清末在此基础上又发展为鲁、川、扬、粤、湘、闽、徽、浙八大菜系。清代六部九卿中,设光禄寺卿,专司大内筵席和国家大典的宴会事宜。据《大清会典》和《光禄寺则例》记,康熙以后,光禄寺承办的满席根据人的等级和宴会主题的重要性分六等;而光禄寺承办的汉席,则分一、二、三等及上席、中席五类,入席时按照职位高低来食用不同的餐席。清代的饮食礼仪,呈现出较为明显的等级性特征,不同身份的人在社会交往中的饮食礼仪方面有着严格的规定,不能有逾越行为。满汉全席最早见于乾隆年间李斗的《扬州画舫录》,它其实并非源于宫廷,而是江南的官场菜。清代饮食菜系林立、风味多样,烹饪技艺精巧,食礼食仪庄重,饮食文化和饮食思想著述甚丰,这些著述为中国饮食美学的发展作出了独特的贡献。

古人很早就知道酿酒。殷人好酒,殷商的青铜器中有相当多的酒器,可以说明当时饮酒风气之盛。西汉时期已有关于葡萄酒的记载,这个时期的葡萄虽然在中原引种成功但数量很少,所以葡萄酒多作为贡品传入中原。魏晋时期,酒是最流行的饮料,其消费数量远大于秦汉时期,这与当时的社会风尚是联系在一起的。在这段战乱频繁的时期里,人们深切地感受到生命的短暂,因而放纵自己,尽情享乐,"何以解忧,唯有杜康"成为这一时期大部分文人雅士的共识。魏晋时期的"竹林七贤"更是将饮酒的风气推向高潮,当然,在他们放达酣饮的背后,也反映出他们对当时政局的态度。唐宋时期,酒的品种主要有黄酒、果酒、配制酒和白酒四大类。到唐代,酒仍有清浊之分,大多带有酒糟,临饮时要进行压榨或过滤,所以李白有诗曰:"风吹柳花满店香,吴姬压酒劝客尝。"这"压酒劝客"就是将酒糟压榨掉,再请客人喝的意思。高度蒸馏酒的出现是在宋代,这是中国制酒史上的一大革命,但是高度蒸馏酒还没有在这一时期普及。

茶是我国主要的特产之一,原产于西南地区,在汉代以前已被发现可供人饮用,到汉代已在西南地区广为流传,并为中原地区的人们所知。不过人们最初注重的是茶的药用性,汉代司马相如《凡将篇》中就将茶与其他二十多种药物列在一起,这种把茶作为药物的用法今天在我国某些少数民族地区仍然存在。魏晋时期,茶的流传范围进一步扩大,同时逐渐转变成为人们的日常饮料,并被认为有醒酒、提神的功效。

茶的饮用在唐玄宗开元以后逐渐普及到北方,在这个基础上,唐德宗时期出现了世界上第一部关于茶的专著——陆羽的《茶经》。陆羽在这本书中对唐代的饮茶方式作了概括,也就是"煎茶法"。其具体方法是将茶饼碾成粉末,筛后在沸水中煮成糊状,并加入盐、姜、橘皮等物。宋人苏轼说,"唐人煎茶用姜","又有用盐者矣。近世有用此二物者,辄大笑之"。可见,唐人在茶中加姜、盐等物的习惯逐渐被宋人抛弃。宋人的饮茶方式多用"点茶法",具体方法是先用少许水将茶末调成膏状,然后用沸水冲泡,注水点的位置和注水速度会影响茶汤质量的优劣。至于现在通行的用沸水冲泡散条形茶的方法,则是从元明时期逐渐兴起的。需要注意的是,唐代已出现了"茶道"一词,唐代的茶道向后世流传,在经历了元明时期以后完全在中国湮灭,反倒是在日本茶道中保留了一部分唐代茶道的内容。

物质化的饮食在历史的演进中,逐渐泛化为一种精神人格。比如鲈鱼和莼菜,既是江浙美食的代表,更成为处世态度的象征。辛弃疾词里说"休说鲈鱼堪脍,尽西风,季鹰归未",这个典故出自《世说新语·识鉴》:"张季鹰辟齐王东曹掾,在洛见秋风起,因思吴中菰菜羹、鲈鱼脍,曰:'人生贵得适意尔,何能羁宦数千里以要名爵!'遂命驾便归。"吴郡人张季鹰辞官固然与当时的政治背景有关,但亦可想见菰菜、莼羹和鲈鱼的鲜美及其吸引力。

"莼鲈之思"让江南地区的莼菜和鲈鱼名闻华夏,后世作品中写到"莼鲈之思"的例子比比皆是。不少诗人因欣赏张季鹰"莼鲈之思"的风雅而借题发挥,抒发自己的思乡之情。尽管这莼菜和鲈鱼的产地并非他们的家乡,但也仍然显得非常自然。欧阳修为张季鹰写过很有感情的诗:"清词不逊江东名,怆楚归隐言难明。思乡忽从秋风起,白蚬莼菜脍鲈羹。"苏东坡也有妙句:"季鹰真得水中仙,直为鲈鱼也自贤。"

再比如"东坡肉"。南宋诗人周紫芝的《竹坡诗话》中记载:

苏轼性喜嗜猪,在黄冈时,尝戏作《食猪肉诗》云:"黄州好猪肉,价贱等粪土。富者不肯吃,贫者不解煮。慢着火,少着水,火候足时他自美。每日起来打一碗,饱得自家君莫管。"

宋代视羊肉为美味,对猪肉不甚重视。苏轼写这首诗时,正是在乌台诗案之后被贬到湖北黄冈任团练副使的期间,因生活困顿而开辟城外东坡荒地用以种地。所以,这是苏轼旷达知命的最好诠释。

饮食像一面镜子,既记载着文人雅士对美好生活的向往与追求,也反映着"肉食者"们的奢华与讲究,同时还蕴含着中华民族几千年来劳苦大众的辛酸与怨愤。《诗经·伐檀》中说:"不稼不穑,胡取禾三百廛兮? 不狩不猎,胡瞻尔庭有县貆兮? 彼君子兮,不素餐兮!"便是从饮食角度反映社会分配的不公。《周礼》中详细记载了公卿王侯的饮食生活,所谓"钟鸣鼎食,侍妾满前",汉武帝也曾经摆出"肉林酒池"的盛大野宴。但与这些上等阶层相反的是,奴隶和下层百姓则"数米而炊",吃"犬猪之食"。这种贫富差距从未改变,不管是杜甫的"朱门酒肉臭,路有冻死骨",杜牧的"一骑红尘妃子笑,无人知是荔枝来",还是王安石的《河北民》中展露出来的惨况:"悲愁天地白日昏,路旁过者无颜色。"诗人们笔下描写的群体对面总晃动着另外一群需要我们通过联想去了解的对象。

在历史发展中,先民们也给我们留下了关于饮食的众多典籍。中国最早的饮食文献《礼记·内则》,详细记录了商周时期特别是周代的饮食发展状况和饮食思想。中国迄今为止最古老的中医文献《黄帝内经》,其《素问》中系统阐述了一套食补食疗理论,为中医的营养医疗学奠定了基础。元代著名营养学家忽思慧的《饮膳正要》,是中国现存最早的饮食卫生与营养学著作,对中国营养饮食思想的传播起到了重要的推动作用。元代贾铭的《饮食须知》,则是一部专门论述饮食禁忌的著作,书中详细阐述了食物间的相配禁忌,以及多食某种食物所产生的副作用和解救方法,时至今日都有很高的参考价值。清代袁枚的《随园食单》,用文人特有的感性与博学,系统论述了烹饪技术和南北菜点,对后世影响深远。

篇目选读

《诗经·鹿鸣》

呦呦鹿鸣①,食野之苹②。我有嘉宾,鼓瑟吹笙。吹笙鼓簧③,承筐是将④。人之好我,示我周行⑤。

呦呦鹿鸣,食野之蒿⑥。我有嘉宾,德音孔昭⑦。视民不恌⑧,君子是则是效⑨。我

① 呦呦:鹿的叫声。朱熹《诗集传》:"呦呦,声之和也。"
② 苹:藾蒿。陆玑《毛诗草木鸟兽虫鱼疏》:"藾蒿,叶青色,茎似箸而轻脆,始生香,可生食。"
③ 簧:笙上的簧片。笙是用几根有簧片的竹管、一根吹气管装在斗子上做成的。
④ 承筐:奉上礼品。承,双手捧着。《毛传》:"筐,筥属,所以行币帛也。"将:送,献。
⑤ 周行(háng):大道,引申为大道理。
⑥ 蒿:又叫青蒿、香蒿,菊科植物。
⑦ 德音:美好的品德声誉。孔:很。昭:明。
⑧ 视:同"示"。恌(tiāo):同"佻",轻薄,轻浮。
⑨ 则:法则,楷模,此作动词。

有旨酒①,嘉宾式燕以敖②。

呦呦鹿鸣,食野之芩③。我有嘉宾,鼓瑟鼓琴。鼓瑟鼓琴,和乐且湛④。我有旨酒,以燕乐嘉宾之心。

(选自程俊英、蒋见元著《诗经注析》,中华书局1991年版。)

《饮中八仙歌》杜甫

知章骑马似乘船⑤,眼花落井水底眠⑥。

汝阳三斗始朝天⑦,道逢曲车口流涎⑧,

恨不移封向酒泉⑨。左相日兴费万钱⑩,

饮如长鲸吸百川⑪,衔杯乐圣称避贤⑫。

宗之萧洒美少年⑬,举觞白眼望青天⑭,

皎如玉树临风前⑮。苏晋长斋绣佛前⑯,

醉中往往爱逃禅⑰。李白一斗诗百篇,

长安市上酒家眠。天子呼来不上船,

---

① 旨:甘美。

② 式:语助词。燕:同"宴"。敖:同"遨",嬉游。

③ 芩(qín):草名,蒿类植物。

④ 湛(dān):深厚。《毛传》:"湛,乐之久。"

⑤ 知章:即贺知章,越州永兴人,官至秘书监。贺知章嗜酒,性格旷放纵诞,自号"四明狂客",又称"秘书外监"。似乘船:形容贺知章骑马,在马上的醉态,摇摇晃晃,像乘船一样。

⑥ 眼花:醉眼昏花。

⑦ 汝阳:汝阳王李琎,唐玄宗的侄子。朝天:朝见天子。此谓李琎痛饮后才入朝。

⑧ 曲车:酒车。涎:口水。

⑨ 移封:改换封地。酒泉:郡名,在今甘肃酒泉。传说郡城下有泉,味如酒。故名酒泉。

⑩ 左相:指左丞相李适之。李适之天宝元年八月为左丞相,天宝五载四月,为李林甫排挤罢相。

⑪ 长鲸:鲸鱼。古人以为鲸鱼能吸百川之水,故用来形容李适之的酒量之大。

⑫ 衔杯:贪酒。圣:酒的代称。此化用李适之诗句,说他虽罢相,但仍豪饮如常。

⑬ 宗之:崔宗之,吏部尚书崔日用之子,袭父封为齐国公,官至侍御史,与李白交情深厚。萧洒:即"潇洒",洒脱无拘束。

⑭ 觞(shāng):大酒杯。白眼:晋阮籍能作青白眼,青眼看朋友,白眼视俗人。

⑮ 玉树临风:形容醉后摇曳之态。崔宗之风姿秀美,故以玉树为喻。

⑯ 苏晋:开元进士,曾为户部和吏部侍郎。长斋:长期斋戒。绣佛:画的佛像。

⑰ 逃禅:这里指逃出禅戒,即不守佛门戒律。佛教戒饮酒,苏晋长斋信佛,却嗜酒,故曰"逃禅"。

自称臣是酒中仙。张旭三杯草圣传①，

脱帽露顶王公前②，挥毫落纸如云烟。

焦遂五斗方卓然③，高谈雄辩惊四筵。

（选自杜甫著，仇兆鳌注《杜诗详注》，中华书局2015年版。）

《红楼梦》节选

黛玉一一的都答应着。忽见一个丫鬟来说："老太太那里传晚饭了。"王夫人忙携了黛玉，出后房门，由后廊往西。出了角门，是一条南北甬路，南边是倒座三间小小抱厦厅，北边立着一个粉油大影壁，后有一个半大门，小小一所房屋。王夫人笑指向黛玉道："这是你凤姐姐的屋子。回来你好往这里找他去，少什么东西，只管和他说就是了。"这院门上也有几个才总角的小厮，都垂手侍立。王夫人遂携黛玉穿过一个东西穿堂，便是贾母的后院了。于是，进入后房门，已有许多人在此伺候，见王夫人来，方安设桌椅。贾珠之妻李氏捧杯，熙凤安箸，王夫人进羹。贾母正面榻上独坐，两旁四张空椅。熙凤忙拉黛玉在左边第一张椅上坐下，黛玉十分推让。贾母笑道："你舅母和嫂子们是不在这里吃饭的，你是客，原该这么坐。"黛玉方告了坐，就坐了。贾母命王夫人也坐了。迎春姊妹三个告了坐，方上来，迎春坐右手第一，探春左第二，惜春右第二。旁边丫鬟执着拂尘、漱盂、巾帕，李纨、凤姐立于案边布让，外间伺候的媳妇丫鬟虽多，却连一声咳嗽不闻。

饭毕，各各有丫鬟用小茶盘捧上茶来。当日林家教女，以惜福养身，每饭后必过片时方吃茶，不伤脾胃。今黛玉见了这里许多规矩，不似家中，也只得随和些，接了茶。又有人捧过漱盂来，黛玉也漱了口，又盥手毕。然后，又捧上茶来，这方是吃的茶。

（第三回　托内兄如海荐西宾　接外孙贾母惜孤女）

鸳鸯无法，只得命人满斟了一大杯，刘老老两手捧着喝。贾母、薛姨妈都道："慢些，别呛了。"薛姨妈又命凤姐儿布个菜儿。凤姐笑道："老老要吃什么，说出名儿来，我夹了喂你。"刘老老道："我知道什么名儿，样样都是好的。"贾母笑道："把茄鲞夹些喂他。"凤姐儿听说，依言夹些茄鲞送入刘老老口中，因笑道："你们天天吃茄子，也尝

① 张旭：吴人，唐代著名书法家，善草书，时人称为"草圣"。
② 脱帽露顶：写张旭狂放不羁的醉态。据说张旭每当大醉，常呼叫奔走，索笔挥洒，甚至以头濡墨而书。醒后自视手迹，以为神异，不可复得。世称"张颠"。
③ 焦遂：布衣之士，平民，以嗜酒闻名，事迹不详。袁郊在《甘泽谣》中称焦遂为布衣。卓然：神采焕发的样子。

尝我们这茄子,弄的可口不可口。"刘老老笑道:"别哄我了,茄子跑出这个味儿来了,我们也不用种粮食,只种茄子了。"众人笑道:"真是茄子,我们再不哄你。"刘老老诧异道:"真是茄子?我白吃了半日。姑奶奶再喂我些,这一口细嚼嚼。"凤姐儿果又夹了些放入他口内。刘老老细嚼了半日,笑道:"虽有一点茄子香,只是还不像是茄子。告诉我是个什么法子弄的,我也弄着吃去。"

凤姐儿笑道:"这也不难。你把才下来的茄子把皮刨了,只要净肉,切成碎钉子,用鸡油炸了。再用鸡肉脯子合香菌、新笋、蘑菇、五香豆腐干子、各色干果子,都切成钉儿,拿鸡汤喂干了,拿香油一收,外加糟油一拌,盛在磁罐子里封严了。要吃的时候儿,拿出来,用炒的鸡瓜子一拌,就是了。"刘老老听了,摇头吐舌说:"我的佛祖!倒得多少只鸡配他,怪道这个味儿。"

(第四十一回　贾宝玉品茶栊翠庵　刘老老醉卧怡红院)

(选自曹雪芹原著,程伟元、高鹗整理,张俊、沈治钧评批《新批校注红楼梦》,商务印书馆2013年版。)

作品讲授

《诗经·鹿鸣》

《诗经·鹿鸣》是《诗经·小雅》中的第一篇,这是一首宴飨诗,也就是古人在宴会上所唱的歌。东汉末年曹操作《短歌行》,引用了此诗首章前四句,表示渴求贤才的愿望,说明此诗影响之大。获得诺贝尔奖的中国科学家屠呦呦,其名字即取自《鹿鸣》的"呦呦鹿鸣",而其研究的青蒿素,即是从《鹿鸣》"食野之蒿"的"蒿"中提取。《鹿鸣》一诗的诗旨,重在君臣相处之道,体现了古人对周代礼乐文明制度下圣人之治的向往与追求。

《毛诗序》曰:"鹿鸣,燕群臣嘉宾也。既饮食之,又实币帛筐筐,以将其厚意,然后忠臣嘉宾得尽其心矣。"这首诗本为天子宴群臣的诗,后来逐渐推广到民间。诗共三章,每章八句,开头皆以鹿鸣起兴。在空旷的原野上,一群麋鹿悠闲地吃着野草,不时发出呦呦的鸣声,此起彼应,十分和谐悦耳。诗以此起兴,营造了一个热烈而又和谐的氛围。

《诗集传》云:"盖君臣之分,以严为主;朝廷之礼,以敬为主。然一于严敬,则情或不通,而无以尽其忠告之益,故先王因其饮食聚会,而制为燕飨之礼,以通上下之情;而其乐歌,又以鹿鸣起兴。"通过宴会,可以沟通感情,使君王能够听到群臣的意见。

《饮中八仙歌》

《饮中八仙歌》，杜甫作。李白与贺知章、李适之、李琎、崔宗之、苏晋、张旭、焦遂八人俱善饮，称为"酒中八仙"，他们都在长安生活过，在嗜酒、豪放、旷达这些方面彼此相似。杜甫此诗是为这八人写"肖像"。《饮中八仙歌》是一首别具一格、富有特色的"肖像诗"。

八仙中首先出现的是贺知章，他是八仙中资格最老、年事最高的一个。其次出现的人物是汝阳王李琎，他是唐玄宗的侄子，宠极一时，所谓"主恩视遇频""倍比骨肉亲"，因此他敢于饮酒三斗才上朝拜见天子。第三为崔宗之，这是一个倜傥洒脱、少年英俊的风流人物。他豪饮时，高举酒杯，用白眼仰望青天，睥睨一切，旁若无人。第四为苏晋，其一面耽禅，长期斋戒，一面又嗜饮，经常醉酒，处于"斋"与"醉"的矛盾中，但结果往往是"酒"战胜"佛"，所以他就只好"醉中爱逃禅"了。短短两句诗，幽默地表现了苏晋嗜酒而得意忘形、放纵而无所顾忌的性格特点。第五为李适之，本为左丞相的李适之，后因被李林甫排挤而罢相，罢相之后仍豪饮如常。第六为李白，将李白塑造成一个桀骜不驯、豪放纵逸、傲视封建王侯的艺术形象。第七为张旭，他狂放不羁、傲世独立，醉酒后豪情奔放，挥笔写就绝妙的草书。第八为焦遂，焦遂喝酒五斗后方有醉意，醉后高谈阔论、滔滔不绝，惊动了席间在座的人。诗里集中渲染了他的卓越见识和论辩口才，用笔精确、谨严。

《红楼梦》

《红楼梦》，曹雪芹著。第三回中提到饮茶，中国人饮茶的习俗在汉代以前就有了，只是在唐代以前写作"荼"字，至唐代中期以后才被确定为现在的"茶"字。清代贵族饮膳礼仪内容丰富并且呈现出较为明显的等级性特征，贾府既是"钟鸣鼎食之家，翰墨诗书之族"，又是皇亲国戚，饮宴礼仪既遵循传统有严格规定，同时又形成相对独立的子系统，与其特权相辅相成。黛玉初到贾府，步步留心、时时在意，在贾母房中吃饭，贾母于正面榻上独坐，两边四张空椅，当王熙凤拉黛玉入座时，黛玉十分推让，直到贾母作了解释后方才坐下，这是因为贾府饮膳礼仪是有讲究的。黛玉这种谨慎态度既是她寄人篱下处境的反映，也是她细心多虑性格的表现。

贾府的食物原料有其独立的供给系统，由佃户自产供应，颇为丰富，山珍野味、家禽、果品、米粮等应有尽有、丰富实用，同时对各种饮馔食品，既讲究品种的多样化，又考究烹制及其美味佳肴的营养和滋补性。第四十二回提到的茄鲞，是用茄子做主料配以各种干果，营养丰富。成菜味道咸鲜，有浓郁的糟香，略带回甜，色泽光亮鲜艳，不仅烹饪技巧精湛考究，而且色、香、味、形、名别具特色。

课后思考

1.酒在抒情文学中多被肯定,而到了叙事文学作品中却毁誉参半,为什么? 请结合文学作品,试作分析。

2.酒与茶分别代表了两种人生态度,结合自身实际进行思考。

拓展阅读

[1] 袁枚.随园食单 [M].北京:中华书局,2010.

[2] 王学泰.中国饮食文化简史 [M].北京:中华书局,2010.

[3] 谢定源.中国饮食文化 [M].杭州:浙江大学出版社,2008.

[4] 白玮.中国美食哲学 [M].北京:商务印书馆,2018.

[5] 赵荣光.中华酒文化 [M].北京:中华书局,2012.

[6] 邹剑川.人间烟火 [M].北京:北京工业大学出版社,2015.

戏曲的诞生并不是一蹴而就的,经历了萌芽、发展、形成、繁荣、转折等各种阶段。戏曲究竟起源于何时,人们莫衷一是。但周秦的乐舞、汉魏六朝的散乐、隋唐歌舞与俳优等艺术形式中都蕴藏着丰富的戏曲元素。中国古代戏曲的真正形成,应该是在宋代。宋金杂剧和院本在体制和演唱方式等方面都为后世的戏曲发展奠定了坚实的基础。宋元南戏可谓是明清传奇的早期形态。元代是中国古代戏曲的成熟期,诞生了包括关汉卿、马致远在内的一大批著名戏剧家,并出现了《西厢记》等一批优秀杂剧作品。明代是中国古代戏曲的繁荣期,佳作迭出,戏曲理论也得到发展。清代是戏曲的集成时期和转折时期。本讲主要讲述中国古代戏曲的发展历史和著名作家作品。

第八讲

中国古代戏曲文化

解　题

戏曲起源于什么,其说法不一,有人认为来源于祭祀,有人则认为与生产劳动密切相关。先秦时期,在中国南方的楚地,因为信鬼好巫,载歌载舞的祭祀活动十分兴盛。我们所熟悉的屈原的《九歌》,便是在民间祭祀神灵的巫歌基础上创作出来的,其中的东皇太一、大司命、少司命都是被祭祀的神灵。在祭祀活动中已经有了简单的角色装扮和象征性的表演,并且有了故事的萌芽。

《吕氏春秋·古乐》中记载:"昔葛天氏之乐,三人操牛尾,投足以歌八阙:一曰《载民》,二曰《玄鸟》,三曰《遂草木》,四曰《奋五谷》,五曰《敬天常》,六曰《达帝功》,七曰《依地德》,八曰《总万物之极》。"这是一个载歌载舞的祭祀活动,意思是说在葛天氏部落里,三个人手执牛尾——这是一个象征着耕作的动作,一边投足起舞,一边唱着八段曲子,曲子的内容是祝愿人丁兴旺,希望草木茂盛,祈求五谷丰登,祭祖先,颂天地,敬鬼神,最后祝愿牛羊满圈。这种通过祭祀祈求庄稼丰收、牲畜繁殖的行为,和中国的农业文化背景分不开,也可以看出戏曲的起源与祭祀活动和生产劳动都存在一定的关系。

中国戏曲中的歌舞侧重表现情感意趣,而其中的表演则侧重故事的讲述。先秦的俳优是最早进行表演的人,他们从专门掌管祭祀活动的巫觋中分化出来,巫觋本来的作用是既娱神也娱人,而俳优的表演则由娱神转向了娱人。春秋时期的楚相孙叔敖帮助楚庄王治理国事,颇有政绩,可在他年老去世后,楚庄王忘却他的功劳而没有照拂他后代的生活,孙叔敖的儿子只得靠打柴勉强度日。当时有个宫廷艺人优孟,对此深表同情,便模仿孙叔敖生前的衣帽服饰和样子神态为其儿子说情,楚庄王因而厚待了孙叔敖之子。俳优能言善辩、善于模仿,既能供君侯娱乐,也可讲时事、进讽谏。

一、汉代至隋代的百戏散乐

汉武帝在元鼎五年设置乐府,其人员达 800 多人,这个庞大的官署机构的职能一是谱曲新声曲辞、训练乐工、教习歌舞,二是采集和整理民歌,这样的举措推动了乐舞的发展。宫廷舞蹈名目繁多且具有一定的故事性和戏剧性,民间娱乐活动更是蓬勃兴起,争奇斗艳。《唐会要》卷三十三《散乐》云:"散乐历代有之,其名不一,非部伍之声,俳优歌舞杂奏,总谓之百戏。"只要是能供人愉悦的歌舞、器乐、角抵、武术、杂技、幻术、滑稽表演等,统统称为百戏散乐,这是一种包含各种表演艺术门类的总称,其中包含戏剧因素较多的是角抵戏。角抵戏是由蚩尤戏发展而来的,也叫角斗或者竞技,原因是传说与黄帝相战的蚩尤头上有角并且以角抵人,于是有人创造出蚩尤戏,戏中多以角力竞技为主要内容。

魏晋南北朝时期虽然社会处于剧烈的动荡中,但是百戏散乐却不绝如缕。曹魏时期出现了借题发挥、诙谐逗趣的《说肥瘦》及男扮女装、嬉亵过度的《辽东妖妇》,蜀国则产生了《许胡克伐》。到了南北朝时期,百戏散乐更是内容丰富,形式新颖、种类繁多,计有100余种。

尽管隋朝的开国之君不喜欢百戏散乐,但其后继者隋炀帝追求声色享乐,十分重视百戏,建迷楼、观歌舞,讲求排场。每年正月万国来朝的时候,皇帝便调集四方散乐齐聚洛阳,锣鼓声中上万衣着华美的乐人载歌载舞,还有角斗的、耍杂技的、吐火的穿插其中,戏场长达数里、表演千变万化,规模庞大,通宵达旦。所以到了隋代,百戏散乐无论是在种类还是技艺方面都比以前有所发展。

百戏散乐不一定都是戏剧,但它因为技艺高超、娱乐性强,始终深受各阶层喜爱,并且为中国戏曲的诞生提供了条件和环境,戏曲和其他艺术如歌唱、舞蹈、武术、杂技等结下不解之缘,并广泛吸收营养,形成自身独特的表现方式,这也是有人把百戏散乐称作中国戏曲的摇篮的原因。

二、唐代的歌舞参军戏

唐朝设梨园、置教坊,音乐歌舞盛极一时。唐代大曲载歌载舞,传说由杨贵妃编的《霓裳羽衣舞》,身着孔雀翠衣、腰系绯红长裙的舞者飘然若仙。《七德舞》发扬蹈厉,威武雄壮。由《公莫舞》发展而来的《樊哙排君难》,动作性强,人物形象鲜明。而由北齐流传下来的《踏摇娘》,已由原来的两个角色发展为三个角色,增加了当铺伙计,类似于后代小生、小旦、小丑的"三小戏",他们当场调侃,戏剧效果强烈。

唐代出现的参军戏属于歌舞戏,这是百戏散乐的一个种类。参军是一种官职,之所以演变成为一个剧种的名字,据说是因为后赵时一个名叫周延的参军以权谋私贪污黄绢数百匹,虽然皇帝当时没有治他的罪,但后来每逢宴会便命俳优扮演他来供人戏谑,以示后人。参军戏情节一般较为简单,只有两个角色,一个是参军,另一个叫苍鹘,参军愚笨痴呆,苍鹘灵活机敏,二人表演以科白为主,一个逗哏一个捧哏,看起来有点像今天的相声。后来参军戏吸收了歌舞的成分,并且情节逐渐变得丰富。

参军戏是唐代主要的戏剧样式,也是宫廷宴饮的助兴节目之一。赵璘的《因话录》中记载,政和公主下嫁柳潭,"肃宗宴于宫中,女优有弄假官戏,其绿衣秉简者,谓之参军桩"。薛能《吴姬十首》诗云:"此日杨花初似雪,女儿弦管弄参军",李商隐《骄儿诗》中写道:"忽复学参军,按声换苍鹘",这是唐代妇女、儿童学演参军戏的情景,说明此戏在民间也颇为流行,也可以看出后期的参军戏加进了弦管鼓乐伴奏,有歌唱,并且有女性演员参与演出。

三、宋杂剧和金院本

宋代经济发达,城市繁荣,市民阶层兴起,为众多民间技艺的发展提供了有利条件。瓦舍勾栏的出现是商品经济繁荣、城市规模扩大,以工商业者为主的坊郭户发展壮大的结果。

瓦舍是城市商业性的游艺区,也叫做"瓦肆"或者"瓦子";勾栏原意是指用花纹图案互相勾连起来的栏杆,在宋元时期专指在瓦舍这个商业游艺区里面设置的演出场所,各种民间技艺都可以在里面演出。当时的都城汴梁瓦舍勾栏遍布,比如东角楼街有大小勾栏50余座,其中最大的可容纳数千人。瓦舍勾栏中的演出常年都有,形成了稳定的观众群,还吸引了一批没能进入官场的民间文人,文人和艺人的共同创造让宋杂剧脱颖而出。南宋吴自牧《梦粱录》云:"散乐传学教坊十三部,唯以杂剧为正色。"

杂剧是宋代戏剧的精粹,出现于北宋前期,杂剧情节较复杂,通常有五个角色,即末泥、引戏、副净、副末、装孤。末泥相当于后代的班主,引戏负责指挥调度、执行末泥的主张,副净多扮演装傻充愣的角色,副末插科打诨以逗趣,装孤是扮演官员的人。宋杂剧样式一般有三个部分:艳段、正杂剧和杂扮,其中艳段又叫焰段,有如火焰一样易燃易灭,意思是相当简短,是正杂剧演出以前的开场,主要的作用在于烘托气氛和吸引观众。正杂剧是主体,通常有两段,所以宋杂剧实际上有四个段落。杂扮则是正杂剧演出之后的玩笑段子,用以送客,可以根据情况取舍。南宋周密《武林旧事》列出杂剧名目280种,它们中有相当多的是以滑稽、讽刺、戏谑为要旨的诙谐短剧,比较大胆恣肆,内容或抨击当政者倒行逆施,或针砭嘲讽丑恶世态。按照当时汴梁的习俗,每年从七月七日起上演杂剧《目连救母》,一直演到十五,"观者增倍",可见当时杂剧爱好者颇多。

靖康一役后,宋高宗赵构在临安建立南宋,形成了以淮河为界和金国对峙的局面,而宋杂剧在北方发展为一种供行院演出的院本,也就是金院本。金军伐宋,俘获大量杂剧艺人,这些艺人为金代杂剧的发展作出了贡献。1959年在山西侯马金代董氏墓中出土的戏台模型,不仅戏台设备完善,而且演员角色齐全、神态逼真,可见金代杂剧艺术已相当成熟。金院本和宋杂剧一样形制短小且以滑稽调笑为主,但后来由于受到北方少数民族音乐和习俗的影响有一些演变和发展。

四、宋元南戏

南戏的代表作是《荆钗记》《刘知远》《拜月亭记》《杀狗记》《琵琶记》五大本。南戏又称戏文，一般都认为它是两宋之际在温州一带兴起的，因此又叫"温州杂剧"或者"永嘉杂剧"，后人为了有别于北曲杂剧，简称为南戏。徐渭《南词叙录》是最早记载南戏的典籍，里面提到"永嘉杂剧兴，则又即村坊小曲而为之"，可见南戏起初是以村坊小曲演唱的。

早期的南戏结构简单，形式活泼自由，不太讲究格律和宫调，曲调清柔婉转，主要在温州一带民间活动中表演，后来太学生黄可道将南戏引入临安，以致"戏文盛行于都下"。南戏进入城市后，受到宋杂剧的影响，又从各种音乐歌舞、说唱艺术中汲取营养而逐渐完善，其演出体制与杂剧大体相同，并且和杂剧并驾齐驱，标志着中国戏曲走向成熟。

南戏萌芽于北宋末年，盛行于南宋，至元代广泛流传开来，并和元杂剧竞秀。元代中叶以后，一些著名的杂剧作家也纷纷加入南戏创作队伍，如马致远、萧德祥、汪元亨等。元末明初，北杂剧趋于衰落，南戏却得到长足发展，很多文人创作南戏，在艺术形式和表现技巧上有了不少革新和创造。

五、元杂剧

戏曲的编排和演出，在元代文化活动中占有重要的地位。元代戏曲分为杂剧、南戏和流行各地的传统小戏三种体裁，其中元代杂剧是在前代宋杂剧和金院本的基础上发展起来的一种戏剧样式。元杂剧作家约有两百人，创作剧目六百余种，现存一百五六十种。关汉卿、王实甫、马致远、白朴、郑光祖等，创作了《窦娥冤》《西厢记》《汉宫秋》《梧桐雨》《倩女离魂》等一大批传世名作。

元杂剧，也叫北曲杂剧，使用的曲调全为北曲，从总的音乐风格来说，北曲比南曲高亢激越。元杂剧作为一种完整的戏剧形式，有其自身的特点和严格的体制，形成了歌唱、说白、舞蹈等有机结合的戏曲艺术形式，并且产生了韵文和散文结合的、结构完整的文学剧本。元杂剧角色分为末、旦、净、杂四大类，其中正末为男主角，正旦为女主角，这些角色的命名受元代时期欧洲文化的影响。例如男扮女装的旦就和印欧语系中的"dame"读音近似，"dame"在法语中的意思即是女士、夫人，由于唐宋以降，女性被禁止在公开场合抛头露面，所以在元杂剧中便出现了具有中国特色的"旦"这一重要角色。

六、明清传奇

明清传奇在形式上承继南戏体制,且更加完备。和南戏相比,明清传奇一出戏中不再限于一个宫调,曲牌的多少也取决于剧情的需要,所有登场的角色都可以演唱。从明初到嘉靖、隆庆年间,海盐腔、余姚腔、弋阳腔、昆山腔在民间兴起并发展成熟,传奇在南戏的基础上开始确立创作体制。从万历年间到明末,弋阳腔逐渐发展成弋阳腔系统,和改革后进入兴盛期的昆山腔形成争胜局面从而带来传奇创作的极大繁荣,出现了汤显祖等杰出的剧作家和"临川四梦"等优秀的作品。明末清初昆山腔和传奇创作进入调整、总结阶段。康熙末年到乾隆末年昆曲由盛而衰,却仍然矗立起"南洪北孔"两块丰碑。

七、清代花雅之争

清人李斗在《扬州画舫录》中记载:"两淮盐务例蓄花、雅两部,以备大戏。雅部即昆山腔,花部为京腔、秦腔、弋阳腔、梆子腔、罗罗腔、二簧调,统谓之'乱弹'。"雅部就是昆曲,因为有雄厚的文学基础,曲牌丰富,唱腔又委婉动人,在清代受到上自帝王将相、下至平民百姓的普遍喜爱,流传广泛;花部诸种都是地方戏,受喜爱的程度不及昆曲。清廷竭力推崇雅部,禁演花部,因此昆曲长期居于主导地位,而花部未能形成气候。

从清代中叶开始,昆曲进入了衰落时期,花部地方戏便如雨后春笋般层出不穷,似群芳野卉般热烈绽放,形成继元杂剧、明清传奇之后的第三个高潮,揭开中国戏曲史上极为灿烂的篇章。乾隆年间,北京、扬州成为两大戏曲中心,特别是北京,乾隆皇帝是个戏迷,不断举行大规模的庆寿活动,使得各地名伶荟萃京师,北京剧坛无腔不备,无戏不有。

篇目选读

《耍孩儿·庄家不识构阑》杜仁杰①

风调雨顺民安乐,都不似俺庄家快活。桑蚕五谷十分收,官司无甚差科。当村许下还心愿,来到城中买些纸火。正打街头过,见吊个花碌碌纸榜,不似那答儿闹穰穰人多。

〔六煞〕见一个人手撑着椽做的门,高声的叫"请请",道"迟来的满了无处停坐"。

---

① 耍孩儿·庄家不识构阑:套曲名,元杜仁杰作。

说道"前截儿院本《调风月》，背后幺末敷演《刘耍和》"。高声叫"赶散易得，难得的妆哈"。

〔五煞〕要了二百钱放过咱，入得门上个木坡。见层层叠叠团圞坐。抬头觑是个钟楼模样，往下觑却是人旋窝。见几个妇女向台儿上坐。又不是迎神赛社，不住的擂鼓筛锣。

〔四煞〕一个女孩儿转了几遭，不多时引出一伙。中间里一个央人货。裹着枚皂头巾顶门上插一管笔，满脸石灰更着些黑道儿抹。知他待是如何过？浑身上下，则穿领花布直裰。

〔三煞〕念了会诗共词，说了会赋与歌。无差错。唇天口地无高下，巧语花言记许多。临绝末，道了低头撮脚，爨罢将幺拨①。

〔二煞〕一个妆做张太公，他改做小二哥。行行行说向城中过。见个年少的妇女向帘儿下立，那老子用意铺谋待取做老婆。教小二哥相说合，但要的豆谷米麦，问甚布绢纱罗。

〔一煞〕教太公往前挪不敢往后挪，抬左脚不敢抬右脚，翻来覆去由他一个。太公心下实焦躁，把一个皮棒槌则一下打做两半个。我则道脑袋天灵破，则道兴词告状，划地大笑呵呵。

〔尾〕则被一胞尿爆的我没奈何，刚捱刚忍更待看些儿个，枉被这驴颓笑杀我。

（选自蒋星煜编著《元曲鉴赏辞典》，上海辞书出版社1990年版。）

《西厢记·长亭送别》王实甫②

（夫人长老上云）今日送张生赴京，十里长亭，安排下筵席；我和长老先行，不见张生小姐来到。（旦、末、红同上）（旦云）今日送张生上朝取应，早是离人伤感，况值那暮秋天气，好烦恼人也呵！"悲欢聚散一杯酒，南北东西万里程。"

【正宫】【端正好】碧云天，黄花地，西风紧，北雁南飞③。晓来谁染霜林醉？总是离人泪。

---

① 爨（cuàn）：戏曲名词。宋杂剧、金院本中某些简短表演的名称。旧时亦以爨或爨弄指演剧。

② 王实甫：名德信，大都（今北京市）人，元代著名戏曲作家。

③ 碧云天，黄花地：范仲淹《苏幕遮》词："碧云天，黄叶地，秋色连波，波上寒烟翠。"黄花，指菊花，菊花秋天开放。

【滚绣球】恨相见得迟，怨归去得疾。柳丝长玉骢难系①，恨不倩疏林挂住斜晖②。马儿迟迟的行，车儿快快的随，却告了相思回避，破题儿又早别离。听得道一声去也，松了金钏③；遥望见十里长亭，减了玉肌：此恨谁知？

（红云）姐姐今日怎么不打扮？（旦云）你那知我的心里呵？

【叨叨令】见安排着车儿、马儿，不由人熬熬煎煎的气；有甚么心情花儿、靥儿④，打扮得娇娇滴滴的媚；准备着被儿、枕儿，只索昏昏沈沈的睡；从今后衫儿、袖儿，都揾做重重叠叠的泪。兀的不闷杀人也么哥？兀的不闷杀人也么哥？久已后书儿、信儿，索与我凄凄惶惶的寄。

（做到）（见夫人科）（夫人云）张生和长老坐，小姐这壁坐，红娘将酒来。张生，你向前来，是自家亲眷，不要回避。俺今日将莺莺与你，到京师休辱末了俺孩儿，挣揣一个状元回来者。（末云）小生托夫人余荫，凭着胸中之才，视官如拾芥耳。（洁云）夫人主见不差，张生不是落后的人。（把酒了，坐）（旦长吁科）

【脱布衫】下西风黄叶纷飞，染寒烟衰草萋迷。酒席上斜签着坐的，蹙愁眉死临侵地。

【小梁州】我见他阁泪汪汪不敢垂，恐怕人知；猛然见了把头低，长吁气，推整素罗衣。

【幺篇】虽然久后成佳配，奈时间怎不悲啼。意似痴，心如醉⑤，昨宵今日，清减了小腰围。

（夫人云）小姐把盏者！（红递酒，旦把盏长吁科云）请吃酒！

【上小楼】合欢未已，离愁相继。想着俺前暮私情，昨夜成亲，今日别离。我谂知这几日相思滋味⑥，却原来比别离情更增十倍。

【幺篇】年少呵轻远别，情薄呵易弃掷⑦。全不想腿儿相挨，脸儿相偎，手儿相携。你与俺崔相国做女婿，妻荣夫贵，但得一个并头莲，煞强如状元及第。

（夫人云）红娘把盏者！（红把酒科）（旦唱）

---

① 玉骢（cōng）：马名，一种青白色的骏马。此指张生赴试所乘之马。

② 倩（qìng）：请人代己做事。

③ 钏：古代称臂环为钏，今指手镯。

④ 花儿、靥儿：即花钿。

⑤ 意似痴，心如醉：《乐府新声》无名氏《骂玉郎带感皇恩采茶歌》："心似烧，意似痴，情如醉。"

⑥ 谂：知道。

⑦ 弃掷：抛弃。

【满庭芳】供食太急,须臾对面,顷刻别离。若不是酒席间子母们当回避,有心待与他举案齐眉。虽然是厮守得一时半刻,也合着俺夫妻们共桌而食。眼底空留意,寻思起就里,险化做望夫石。

(红云)姐姐不曾吃早饭,饮一口儿汤水。(旦云)红娘,甚么汤水咽得下!

【快活三】将来的酒共食,尝着似土和泥。假若便是土和泥,也有些土气息,泥滋味。

【朝天子】暖溶溶玉醅①,白泠泠似水,多半是相思泪。眼面前茶饭怕不待要吃,恨塞满愁肠胃。"蜗角虚名②,蝇头微利③",拆鸳鸯在两下里。一个这壁,一个那壁,一递一声长吁气。

(夫人云)辆起车儿,俺先回去,小姐随后和红娘来。(下)(末辞洁科)(洁云)此一行别无话儿,贫僧准备买登科录看,做亲的茶饭少不得贫僧的。先生在意,鞍马上保重者!"从今经忏无心礼,专听春雷第一声。"(下)(旦唱)

【四边静】霎时间杯盘狼籍,车儿投东,马儿向西,两意徘徊,落日山横翠。知他今宵宿在那里?有梦也难寻觅。

张生,此一行得官不得官,疾便回来。(末云)小生这一去白夺一个状元,正是"青霄有路终须到,金榜无名誓不归"。(旦云)君行别无所赠,口占一绝,为君送行。"弃掷今何在,当时且自亲。还将旧来意,怜取眼前人。"(末云)小姐之意差矣,张珙更敢怜谁?谨赓一绝④,以剖寸心。"人生长远别,孰与最关亲?不遇知音者,谁怜长叹人?"(旦唱)

【耍孩儿】淋漓襟袖啼红泪,比司马青衫更湿。伯劳东去燕西飞,未登程先问归期。虽然眼底人千里,且尽生前酒一杯。未饮心先醉,眼中流血,心内成灰。

【五煞】到京师服水土,趁程途节饮食⑤,顺时自保揣身体。荒村雨露宜眠早,野店风霜要起迟!鞍马秋风里,最难调护,最要扶持。

【四煞】这忧愁诉与谁?相思只自知,老天不管人憔悴。泪添九曲黄河溢,恨压三峰华岳低。到晚来闷把西楼倚,见了些夕阳古道,衰柳长堤。

---

① 玉醅(pēi):美酒。

② 蜗角虚名:蜗角极细极微,喻微小之浮名。

③ 蝇头微利:比喻因小利而忘危难。

④ 赓(gēng):续作。

⑤ 趁程途节饮食:意谓路途中要节制饮食。

【三煞】笑吟吟一处来，哭啼啼独自归。归家若到罗帏里，昨宵个绣衾香暖留春住，今夜个翠被生寒有梦知。留恋你别无意，见据鞍上马①，阁不住泪眼愁眉。

（末云）有甚言语嘱付小生咱？（旦唱）

【二煞】你休忧"文齐福不齐"，我只怕你"停妻再娶妻"。休要"一春鱼雁无消息"！我这里"青鸾有信频须寄"，你却休"金榜无名誓不归"。此一节君须记，若见了那异乡花草，再休似此处棲迟②。

（末云）再谁似小姐？小生又生此念。（旦唱）

【一煞】青山隔送行，疏林不做美，淡烟暮霭相遮蔽。夕阳古道无人语，禾黍秋风听马嘶。我为甚么懒上车儿内，来时甚急，去后何迟？

（红云）夫人去好一会，姐姐，咱家去！（旦唱）

【收尾】四围山色中，一鞭残照里。遍人间烦恼填胸臆，量这些大小车儿如何载得起？

（旦、红下）（末云）仆童赶早行一程儿，早寻个宿处。泪随流水急，愁逐野云飞。（下）

（选自王实甫著，王季思校注《西厢记》，上海古籍出版社1978年版。）

《牡丹亭·惊梦》汤显祖

【绕池游】（旦上）梦回莺啭，乱煞年光遍。人立小庭深院。（贴）炷尽沉烟，抛残绣线，恁今春关情似去年③？

【乌夜啼】（旦）晓来望断梅关，宿妆残④。（贴）你侧着宜春髻子恰凭阑⑤。（旦）剪不断，理还乱，闷无端。（贴）已分付催花莺燕借春看。（旦）春香，可曾叫人扫除花径？（贴）分付了。（旦）取镜台衣服来。（贴取镜台衣服上）云髻罢梳还对镜，罗衣欲换更添香。镜台衣服在此。

【步步娇】（旦）袅晴丝吹来闲庭院⑥，摇漾春如线。停半晌、整花钿。没揣菱花，

---

① 据鞍：跨鞍。

② 棲迟：流连，逗留。

③ 沉烟：沉水香，薰香用的香料。恁：那么。

④ 梅关：即大庾岭，又称"梅岭"，因遍植梅树得名，在广东、江西交界处。宿妆：隔夜的残妆。

⑤ 宜春髻子：古代立春习俗，女子剪彩色丝绸成燕子形，戴在髻上，彩绸上贴"宜春"二字，称"宜春髻"。

⑥ 晴丝：晴朗的春天飘游在空中的游丝，也即后文所说的烟丝，虫类所吐的丝缕。

偷人半面,迤逗的彩云偏①。(行介)步香闺怎便把全身现!

(贴)今日穿插的好。

【醉扶归】(旦)你道翠生生出落的裙衫儿茜,艳晶晶花簪八宝填②,可知我常一生儿爱好是天然③。恰三春好处无人见④。不堤防沉鱼落雁鸟惊喧,则怕的羞花闭月花愁颤。

(贴)早茶时了,请行。(行介)你看:画廊金粉半零星⑤,池馆苍苔一片青。踏草怕泥新绣袜,惜花疼煞小金铃⑥。(旦)不到园林,怎知春色如许!

【皂罗袍】原来姹紫嫣红开遍,似这般都付与断井颓垣。良辰美景奈何天,赏心乐事谁家院!恁般景致,我老爷和奶奶再不提起。(合)朝飞暮卷,云霞翠轩;雨丝风片,烟波画船——锦屏人忒看的这韶光贱⑦!

(贴)是花都放了,那牡丹还早。

【好姐姐】(旦)遍青山啼红了杜鹃,荼蘼外烟丝醉软⑧。春香呵,牡丹虽好,他春归怎占的先!(贴)成对儿莺燕呵。(合)闲凝眄,生生燕语明如剪⑨,呖呖莺歌溜的圆。

(旦)去罢。(贴)这园子委是观之不足也。(旦)提他怎的!(行介)

【隔尾】观之不足由他缱,便赏遍了十二亭台是枉然。到不如兴尽回家闲过遣。

(作到介)(贴)开我西阁门,展我东阁床。瓶插映山紫,炉添沉水香。小姐,你歇息片时,俺瞧老夫人去也。(下)

(旦叹介)默地游春转,小试宜春面。春啊,得和你两留连,春去如何遣?咳,恁般天气,好困人也。春香那里?(左右瞧介)(又低首沉吟介)天呵,春色恼人,信有之乎!常观诗词乐府,古之女子,因春感情,遇秋成恨,诚不谬矣。吾今年已二八,未逢

---

① 没揣:没想到,蓦地。菱花:镜子。迤(tuó)逗:牵惹,引诱。彩云:美丽的发式。
② 翠生生:颜色鲜艳。出落的:衬托出。茜:绛红色。花簪八宝填:镶嵌着多种宝石的簪子。
③ 爱好:喜爱美丽。天然:天性。
④ 三春:孟春、仲春、季春,泛指春天,比喻青春。
⑤ 零星:零落,衰颓败落。
⑥ 金铃:花名。
⑦ 锦屏人:深闺中人。韶光:春光。
⑧ 荼蘼(mí):花名,晚春时开放。
⑨ 生生:形容有活力。明如剪:像锋利的剪刀一样明快清脆。

折桂之夫;忽慕春情,怎得蟾宫之客?昔日韩夫人得遇于郎①,张生偶逢崔氏②,曾有
《题红记》《崔徽传》二书。此佳人才子,前以密约偷期③,后皆得成秦晋。(长叹介)
吾生于宦族,长在名门。年已及笄④,不得早成佳配,诚为虚度青春,光阴如过隙耳。
(泪介)可惜妾身颜色如花,岂料命如一叶乎!

【山坡羊】没乱里春情难遣,蓦地里怀人幽怨。则为俺生小婵娟,拣名门一例、一
例里神仙眷⑤。甚良缘,把青春抛的远!俺的睡情谁见?则索因循腼腆⑥。想幽梦谁
边,和春光暗流转⑦?迁延⑧,这衷怀那处言!淹煎,泼残生⑨,除问天!身子困乏了,
且自隐几而眠⑩。(睡介)(梦生介)

(生持柳枝上)莺逢日暖歌声滑,人遇风情笑口开。一径落花随水入,今朝阮肇到
天台⑪。小生顺路儿跟着杜小姐回来,怎生不见?(回看介)呀!小姐,小姐!(旦作
惊起,相见介)(生)小生那一处不寻访小姐来,却在这里!(旦作斜视不语介)(生)恰
好花园内折取垂柳半枝,姐姐,你既淹通书史⑫,可作诗以赏此柳枝乎?(旦作惊喜,
欲言又止介)(背云)这生素昧平生,何因到此?(生笑介)小姐,咱爱杀你哩!

【山桃红】则为你如花美眷,似水流年,是答儿闲寻遍⑬。在幽闺自怜。小姐,和
你那答儿讲话去。(旦作含笑不行)(生作牵衣介)(旦低问介)那边去?(生)转过这
芍药栏前,紧靠着湖山石边。(旦低问)秀才,去怎的?(生低答)和你把领扣松,衣带
宽,袖梢儿揾着牙儿苫也⑭,则待你忍耐温存一晌眠。(旦作羞)(生前抱)(旦推介)

---

① 韩夫人得遇于郎:唐僖宗时,宫女韩氏以红叶题诗,从御沟中流出宫外,被书生于佑拾获。于佑也以红叶题
　诗,投入御沟,流入宫中,巧为韩氏拾得。后来两人结为夫妇。明代王骥德有戏曲《题红记》。
② 张生偶逢崔氏:《西厢记》张生和崔莺莺的爱情故事。下文《崔徽传》写妓女崔徽和裴敬中的恋爱故事,疑
　是《莺莺传》的笔误。
③ 偷期:幽会。
④ 及笄(jī):十五岁。古代女子十五岁以笄束发表示成年,可以婚嫁。笄,发簪。
⑤ 生小婵娟:从小美丽。一例:一样。
⑥ 则索:只得。因循:沿袭。
⑦ 流转:运行变迁。
⑧ 迁延:徘徊,停留不前。
⑨ 泼残生:苦命儿。
⑩ 隐几:靠着几案。
⑪ 阮肇到天台:见到爱人。此为刘晨和阮肇在天台山桃源洞遇见仙女的故事。汉代刘晨、阮肇共入天台山采
　药,遇两位丽质仙女,被其邀至家中,并招为婿。
⑫ 淹通:精通。
⑬ 是答儿:到处。
⑭ 揾(wèn):用手指按。苫(shàn):遮盖。

（合）是那处曾相见，相看俨然①，早难道这好处相逢无一言？（生强抱旦下）

（末扮花神束发冠，红衣插花上）催花御史惜花天②，检点春工又一年③。蘸客伤心红雨下④，勾人悬梦彩云边。吾乃掌管南安府后花园花神是也。因杜知府小姐丽娘，与柳梦梅秀才，后日有姻缘之分。杜小姐游春感伤，致使柳秀才入梦。咱花神专掌惜玉怜香，竟来保护他，要他云雨十分欢幸也。

【鲍老催】单则是混阳蒸变，看他似虫儿般蠢动把风情扇。一般儿娇凝翠绽魂儿颤⑤。这是景上缘，想内成，因中见⑥。呀！淫邪展污了花台殿⑦。咱待拈片落花儿惊醒他。（向鬼门丢花介⑧）他梦酣春透了怎留连？拈花闪碎的红如片。秀才，才到的半梦儿，梦毕之时，好送杜小姐仍归香阁。吾神去也。（下）

【山桃红】（生、旦携手上）（生）这一霎天留人便，草藉花眠。小姐可好？（旦低头介）（生）则把云鬟点，红松翠偏。小姐，休忘了呵，见了你紧相偎，慢厮连，恨不得肉儿般团成片也，逗的个日下胭脂雨上鲜。（旦）秀才，你可去呵？（合前）

（生）姐姐，你身子乏了，将息，将息。（送旦依前作睡介）（轻拍旦介）姐姐，俺去了。（作回顾介）姐姐，你可十分将息，我再来瞧你那。行来春色三分雨，睡去巫山一片云。（下）（旦作惊醒低叫介）秀才，秀才，你去了也？（又作痴睡介）

（老上）夫婿坐黄堂⑨，娇娃立绣窗。怪他裙衩上，花鸟绣双双。孩儿，孩儿，你为甚瞌睡在此？（旦作醒，叫秀才介）咳也！（老）孩儿怎的来？（旦作惊起介）奶奶到此！（老）我儿何不做些针指，或观玩书史，舒展情怀？因何昼寝于此？（旦）儿适花园中闲玩，忽值春暄恼人，故此回房。无可消遣，不觉困倦少息。有失迎接，望母亲恕儿之罪。（老）孩儿，这后花园中冷静，少去闲行。（旦）领母亲严命。（老）孩儿，学堂看书去。（旦）先生不在，且自消停。（老叹介）女孩家长成，自有许多情态，且自由他。正是：宛转随儿女，辛勤做老娘。（下）（旦长叹介）（看老旦下介）哎也天那！今

---

① 俨然：熟悉的样子。
② 催花御史：唐穆宗时宫中置惜花御史，料理盛开的鲜花。
③ 检点：查点。春工：春季造化万物之工。
④ 蘸客：落花如红雨沾在人的身上。
⑤ 混阳蒸变：混沌元阳蒸腾变幻，这里指和煦春光。
⑥ 景：影。因：佛教谓使事物生起、变化和坏灭的主要条件。见：现。
⑦ 展污：沾污，弄脏。
⑧ 鬼门：戏台上演员的上下场门。
⑨ 黄堂：古代太守衙中的正堂。

日杜丽娘有些偻幸也。偶到后花园中,百花开遍,睹景伤情,没兴而回。昼眠香阁,忽见一生,年可弱冠,丰姿俊妍。于园中折得柳丝一枝,笑对奴家说:"姐姐既淹通书史,何不将柳枝题赏一篇?"那时待要应他一声,心中自忖,素昧平生,不知名姓,何得轻与交言。正如此想间,只见那生向前说了几句伤心话儿,将奴搂抱去牡丹亭畔,芍药阑边,共成云雨之欢。两情和合,真个是千般爱惜,万种温存。欢毕之时,又送我睡眠,几声"将息"。正待自送那生出门,忽值母亲来到,唤醒将来。我一身冷汗,乃是南柯一梦。忙身参礼母亲,又被母亲絮了许多闲话。奴家口虽无言答应,心内思想梦中之事,何曾放怀。行坐不宁,自觉如有所失。娘呵,你教我学堂看书去,知他看那一种书消闷也!(作掩泪介)

【绵搭絮】雨香云片,才到梦儿边。无奈高堂,唤醒纱窗睡不便。泼新鲜冷汗黏煎,闪的俺心悠步𪩘①,意软鬏偏。不争多费尽神情②,坐起谁忺、则待去眠③。

(贴上)晚妆销粉印,春润费香篝④。小姐,薰了被窝睡罢。

【尾声】(旦)困春心游赏倦,也不索香薰绣被眠。天呵,有心情那梦儿还去不远。

春望逍遥出画堂, 张说

间梅遮柳不胜芳。罗隐

可知刘阮逢人处? 许浑

回首东风一断肠。韦庄

(选自汤显祖著,蔺文锐评注《牡丹亭》,中华书局 2016 年版。)

作品讲授

《耍孩儿·庄家不识勾阑》

元代是中国戏曲的黄金时代,作家和演员人才济济,戏剧本身走向成熟。《耍孩儿·庄家不识勾阑》以轻松幽默的笔调,描写一个庄稼汉秋收后进城,到勾栏看戏的种种经历。借这个庄稼汉的口吻,真实地再现了元代勾栏演戏时剧场、戏台、道具、乐队乃至化妆、角色等情况,写得形象生动、条理清楚、情趣盎然,不但具有文学价值,更重要的是还

---

① 闪的俺:弄得我,害得我。心悠步𪩘(duǒ):心里发虚,脚步偏斜。𪩘,偏斜。

② 不争多:差不多,几乎。

③ 坐起谁忺(xiān):无论起坐,都不适意。忺,安适,惬意。

④ 香篝(gōu):即薰笼,薰香用。

有着珍贵的史料价值。

全剧紧扣庄稼人"不识"二字,从他的生活阅历和欣赏角度出发,把他初次看戏的新奇和少见多怪的心态,以及对戏剧的独特理解都写了出来,比如舞台的样子像钟楼,座位像木坡,看台里观众非常多,这里的观众显然就是当时的市民阶层,所以读者也可以一窥当时的市民文化。因为庄稼人正好和读者一样什么都不懂,所以他的眼光代表了读者的眼光,他的感受代表了读者的感受,读起来颇为有趣。

《西厢记·长亭送别》

《西厢记》是我国古典戏剧中的不朽之作,通过对相国小姐崔莺莺和书生张生的爱情故事的描写,热情歌颂他们反抗礼教、追求幸福的行为,并发出了"愿天下有情的都成了眷属"这样的强烈呼声,全剧共五本二十一折,本折是第四本《草桥店梦莺莺》中的第三折。

前情为张生与崔莺莺在普救寺一见钟情,历经周折在红娘帮助下私合,老夫人发现后一定要张生赴京应试,有了功名才准正式成亲。本折讲述崔莺莺在长亭送张生进京赶考的别离场景,利用元杂剧中每折由一人一唱到底的规则,为崔莺莺安排了十九支曲文,通过优美的唱词描写她复杂的内心活动,也突出了崔莺莺的叛逆性格。她对待爱情真挚专一,大胆追求爱情自由,鄙视功名利禄,认为不过是些眼前小利,所以叮嘱张生得官不得官都须早日回来。她一反传统妻凭夫贵的观念,认为张生"与俺崔相国做女婿,妻荣夫贵,但得一个并头莲,煞强如状元及第"。

本文感情色彩浓烈,将一对恋人的离别放在暮秋时节来讲述,寓情于景、情景交融,读来缠绵悱恻,凄婉悲凉。

《牡丹亭·惊梦》

汤显祖是明代传奇戏剧的大师,所著的《紫钗记》《牡丹亭》《南柯记》《邯郸记》合称"临川四梦"或"玉茗堂四种",其中《牡丹亭》影响最大。《牡丹亭》主要是写南宋时南安太守杜宝的女儿杜丽娘私自游园,因大好春光而情思萌动,在梦中与秀才柳梦梅幽会。杜丽娘从此愁闷消瘦,一病不起,抑郁而死。其父升任淮阳安抚使,将杜丽娘的葬地后花园改为梅花观,柳梦梅赴京应试路上借宿梅花观,拾得杜丽娘画像并与她的游魂相会。后来柳梦梅起墓开棺,杜丽娘死而复生,继而柳梦梅考中状元,合家团圆。这样的一个奇幻故事,充分体现了汤显祖的爱情观:"情不知所起,一往而深。生者可以死,死可以生。生而不可与死,死而不可复生者,皆非情之至也。"

《惊梦》是全剧中最动人的片段之一,主要写杜丽娘因青春萌动而在梦中与柳梦梅相会,内容可分为两个部分,第一个部分为游园,第二个部分为惊梦。杜丽娘生活在一个封闭压抑的环境里,性情似乎是矜持顺从的,实际上却充满了对爱和美的向往,于是在春香的鼓动下走出闺房,来到后花园,她在这里看到了一个美丽、生气勃勃的新天地,随即引发自身的觉醒,因此对现实的不满、对青春和自然的热爱、对时光的感伤等情思全都涌上心头。在后来与柳梦梅的梦中私会中,文字在深浅雅俗之间恰好得当,人物既惊喜又嗔怒的复杂情绪和动人的春景相映和,缠绵优美。

课后思考

1.如何看待白先勇改编的青春版《牡丹亭》?

2.如何在生活中更好地推广中国古代戏曲知识?

拓展阅读

[1] 王国维.宋元戏曲史 [M].北京:中华书局,2016.

[2] 周贻白,中国戏剧史长编 [M].上海:上海书店出版社,2007.

[3] 田仲一成.中国戏剧史 [M].北京:北京大学出版社,2011.

[4] 王实甫.西厢记 [M].张燕瑾,校.北京:人民文学出版社,2005.

[5] 汤显祖.牡丹亭 [M].徐朔方,校.北京:人民文学出版社,2005.

中国古代建筑,是世界原生的六大古老建筑体系之一,与之并列的还有古代埃及建筑、古代印度建筑、古代爱琴海建筑、古代西亚建筑、古代美洲建筑。中国古代建筑具有悠久的历史传统和辉煌的成就,同时,特色鲜明,生活美学和艺术美学的底蕴十分丰厚。但要了解和鉴赏建筑艺术,就要更多地从时代变迁、建筑特点、建筑艺术等方面入手。建筑,是凝固的诗;诗,又反映建筑之美。建筑与诗在中国文学中很好地融合了起来。本讲通过对中国古代文学史中能够反映古代建筑之风貌及文化的经典作品进行介绍,领略古代建筑文化精神。

第九讲

中国古代建筑文化

解　题

本讲主要从中国古代建筑的发展阶段、建筑特色等角度来了解中国古代建筑文化。

一、中国古代建筑主要发展阶段

原始人类最早是以"构木为巢"或"遇穴而处"的,这就构成了巢居和穴居两种主要的构筑方式,从而形成了后来中国基本的建筑体系发展的渊源,即土木结合。比如余姚河姆渡遗址、西安半坡遗址等,都能体现出原始先民利用土木结构组织空间的能力。其中,西安半坡聚落属新石器时代仰韶文化遗址,分居住、陶窑、墓葬三区。居住区遗址柱洞有比较明显的大小差别,说明当时已经分化出承重大柱和木骨排柱。许多迹象表明,半坡地面建筑已是木构架建筑基本形态的滥觞。

夏商周三代,都有已发现的城址和宫殿遗址,如可能属于晚夏的偃师二里头宫殿遗址,还有河南安阳殷代遗迹、西周的凤雏宫殿遗址等,其中,位于陕西的凤雏西周建筑遗址,是迄今发现的最早的四合院,有着"前堂后室"的格局,还最早使用了瓦,同时使用了"屏"(即后来的照壁)。遗址出土文物表明,此时,中国古代建筑的用材传统已基本奠定,即以土、木、石、瓦等为材料。但考古同时发现,奴隶仍然是以穴居为主。同时,本时期也是中国木构架建筑体系的奠定期,夯土技术已经成熟,木构架榫卯、斗拱已出现,庭院布局已形成组群式空间。

西周以后,出现很多以宫室为中心来进行规划的城市,已出现南北轴线的考虑和以宫室为中心的布局方法,城壁用夯土建造,更出现大量建造在夯土台之上的宫室、高台等,这是将阶梯形土台与木构架建筑结合起来的方式,这也是受春秋、战国时期"高台榭、美宫室"的建筑流行风尚的影响,如河北易县燕下都遗址、秦咸阳宫殿遗址等,都是这方面的代表。后来,随着技术的进步,以夯土为基础的台榭建筑逐渐被淘汰。

秦建立了中国历史上第一个统一的王朝,秦帝国虽短暂,但在宫殿、陵墓、长城、驰道、水利等工程的建造上,投入了空前的人力、物力,从遗留至今的阿房宫遗址、秦始皇陵等可见一斑。如今的阿房宫只留下了长方形的夯筑土台,东西长约 1 公里,南北长约 0.5 公里,后部残高竟有 7 至 8 米,台上还残留了一些秦瓦。汉代的城市建设非常突出,西汉首都长安、东汉末年的曹魏邺城,都开创了都市规划的崭新格局。长安是商、周以来规模最大的城市,面积达 36 平方公里,城内有"八街""九陌""九市""一百六十闾里",有长乐、未央诸宫,城外有上林苑,南郊有明堂、辟雍、九庙等规模庞大的礼制建筑组群,是公元前世界上罕见的大城市。曹魏邺城建于东汉末年,轮廓规整、分区明确,具有南北轴线,这种模式对以后中国古代都城规划的影响十分深远。同时,到了东汉,以夯土层为基础的高台建筑已经很少见了,原因是木构架建筑已基本形成体系,斗拱的使用多种多样,大型、多层、独立的木构楼阁逐步增多,砖石建筑也发展起来。

魏晋南北朝的建筑有很多新的发展,洛阳、建康等城市继承东汉洛阳和汉末邺城的城市规划发展,宫阙壮丽,列树成行,对后来的都城建设有很大的影响。此时,佛寺、佛塔、石窟的大量出现,带来了精美的雕塑和壁画,如北魏洛阳永宁寺塔、嵩岳寺塔、云冈石窟、莫高窟、麦积山石窟、龙门石窟等。《洛阳伽蓝记》记载了永宁寺塔的来历,北魏灵太后于熙平元年所建,塔高约147米,可能是中国古代最高的木建筑,遗址现已发掘。同时,皇家园林与私家园林并立。砖结构在汉朝多用于修建墓室,北魏时已用于地上建筑,建筑构件更为多样化,风格也更加柔和精致。

隋唐五代时期是中国古代建筑发展成熟的时期,出现了建造规模宏大、规划整齐的唐长安城,号称世界古代史上最大的城市。长安城在方正对称的原则下,沿着南北轴线,把宫城与皇城放置在城市的主要位置,并用纵横交错的棋盘形道路,把城市的其余部分划分为108个里坊,街道齐整,功能分区明确,充分展示了中国古代鼎盛期的都城风貌。当时的渤海上京龙泉府、日本平城京、平安京都极力吸取隋唐文化,效仿长安、洛阳的城市布局特点。长安和洛阳,都建有宫殿群以及众多的官署和寺观。遗留下来的唐代城市宫殿遗址、殿堂、石窟、塔、桥等,布局和造型都具有较高的水准,如大明宫遗址、南禅寺大殿、佛光寺大殿、兴教寺玄奘塔、慈恩寺大雁塔、赵县安济桥等,雕塑、壁画尤其精美,木构技术进入成熟阶段。大明宫遗址大部分已经过发掘,探得亭殿遗址三十多处,含元殿、麟德殿、玄武门、重玄门等均已被发掘并有专家做过复原研究,可以看出大明宫组群所反映的恢宏气势和风貌。此期私家园林尤其是文人园林兴建极盛。

北宋的都城汴京,因为手工业、商业、娱乐业的发展,打破了汉以来历代都城采用的封闭里坊的制度,变成沿街设店,这一点在《清明上河图》中可以看到;最为繁华的商业地段集中在城的东北、东南和西部主要街道的附近。宫殿寺庙等建筑群风格比起唐代的雄浑、豪健,更趋向柔和绚丽。建筑规模比唐朝小,建筑布局趋向多进院格局,建筑技术取得长足进步,室内装修、家具、小木作等趋向成熟,基本定型。《营造法式》的问世,标志着对已成熟的木构架建筑体系进行了系统、规范的总结。文人园林在此期,达到了空前的发展。北宋形成了中国古代建筑发展的一个新的高潮,开启了又一个新的发展阶段,对后世的建筑起到了非常重要的作用,如山西晋祠圣母殿、河北正定隆兴寺、山西大同华严寺、山西应县佛宫寺释迦塔、江苏苏州报恩寺塔等,都是杰出的代表。山西太原的晋祠圣母庙,是一组带有园林设计风味的祠庙建筑。其中,圣母殿重建于北宋天圣年间,是晋祠的主体建筑,东向,面阔七间,进深六间,重檐歇山顶,四周围绕深一间的回廊,是《营造法式》所说的"副阶周匝"形式,是宋代建筑的代表作。元代建筑承袭宋、金传统,并由于对喇嘛教和伊斯兰教的尊崇,促进了汉族与其他民族的建筑交流。

明清北京城集古代城市规划、城市设计与建筑设计之大成。明清两朝的官式建筑已经定型化和标准化,且建筑留存非常丰富,北京紫禁城、天坛、十三陵等,都是组群布局与形象具有丰富变化的典范。北京紫禁城是明清两朝的宫城,现通称北京故宫。位于北京内城中心,以高度程式化的建筑单体为主,规划布局匠心独运,满足了皇家帝王至尊、门禁戒卫、礼制规范、等级制度、风水八卦等多个层面的要求,形成了富丽堂皇、巍峨壮观的建筑形象和组群空间。民间建筑的类型增多、数量提高。"三山五园"和承德避暑山庄,是皇家园林发展的顶峰杰作。南北方的寺庙园林、私家园林、书院、会馆等也留下了许多优秀的作品。此时出现了重要的园林著作——计成的《园冶》。中国木构架建筑体系在明清达到了高度成熟的阶段。

二、中国古代建筑特色

中国古代建筑采用的是木结构体系。这个体系的特点是使用木料做成房屋的构架,由此创造了与这种结构相适应的各种平面和外观,这个体系的优点之一是能防御地震。山西应县佛宫寺内的释迦塔高达67.3米,距今已有900多年的历史,除底层的砖墙与屋面的瓦以外,全部由木材构成,建于辽清宁二年,曾受过多次地震的袭击,但依旧巍然屹立,充分显示了木结构建筑抗震的能力。缺点是不易保存,特别不适于应对火灾,因此今天我们能看到的明清之前的古建筑已属凤毛麟角了。

中国古代建筑,由于等级制度,抬梁式木构架的组合和用料产生了很多差别,其中最显著的就是只有宫殿、寺庙及其他高级建筑才允许在柱上和内外檐的枋上安装斗拱。所谓斗拱是在方形坐斗上用若干方形小坐斗与若干弓形的拱层叠装配而成的结构。斗拱的组织方式和比例大小历代不同,可以从对斗拱的辨析,来鉴定建筑物的年代。

中国建筑的外部轮廓特色鲜明,主要有屋顶展翼、阶基崇厚、木质屋身、院落深进、施用彩色、对称与自由相结合等。但在学习的时候,除了对其外在特征有所把握,还要进一步去了解建筑文化、精神及美学,例如建筑所体现出的与礼制、自然环境等的关系,建筑文化的材料模式与结构"语汇"等,还有师法自然、充满诗情画意的中国式园林,以及传统建筑形式、装饰、色彩等与绘画、文字、雕刻和诗词等的联系,通过探讨这些问题,可以更加深刻地理解和研究中国古代建筑文化的特征。正如梁思成先生所说:"建筑之规模、形体、工程、艺术之嬗递演变，乃其民族特殊文化兴衰潮汐之映影；一国一族之建筑，适反鉴其物质、精神、继往开来之面貌……中国建筑之个性乃即我民族之性格，即我艺术及思想特殊之一部，非但在其结构本身之材质方法而已。"（梁思成《中国建筑史》）

篇目选读

《诗经·小雅·斯干》

秩秩斯干①，幽幽南山②。

如竹苞矣③，如松茂矣。

兄及弟矣，式相好矣④，无相犹矣⑤。

似续妣祖⑥，筑室百堵⑦，西南其户⑧。

爰居爰处⑨，爰笑爰语。

约之阁阁⑩，椓之橐橐⑪。

风雨攸除⑫，鸟鼠攸去，君子攸芋⑬。

如跂斯翼⑭，如矢斯棘⑮，如鸟斯革⑯，

---

① 秩秩：水清而流动的样子。斯：此，这。干：通"涧"，两山夹水。
② 幽幽：深远的样子。南山：即"终南山"，主峰在今陕西西安市南。
③ 如：含"有"的意思。苞：植物丛生的样子。
④ 式：发语词。
⑤ 犹：通"猷"，欺诈。
⑥ 似续：通"嗣续"，继承。妣(bǐ)祖：对女性祖和男性祖的通称。妣，古时对亡母的称呼。
⑦ 百堵：形容宫室大而多。堵，一面墙为一堵。
⑧ 西南：向西向南开门，又"以西概东"，指朝东西南三面开门，北为阴面，一般不设门。户：门。
⑨ 爰：于是。
⑩ 约之：以绳索捆束筑墙板，即古代的"版筑法"。阁阁：象声词，用绳索扎紧筑墙板时发出的声音。
⑪ 椓(zhuó)：用石杵夯土。橐橐(tuó tuó)：夯土声。
⑫ 攸：语助词。除：去。
⑬ 芋："宇"的借字，居住。
⑭ 跂(qǐ)：通"企"，踮起脚尖。斯：语助词。翼：端正的样子。
⑮ 棘：通"急"。发箭急矢出如直线，这里用以比喻房屋的正直整齐。
⑯ 革：翅膀。像鸟儿展开翅膀那样向两侧对称排开。

如翚斯飞①。君子攸跻②。

殖殖其庭③,有觉其楹④。哙哙其正⑤,

哕哕其冥⑥。君子攸宁。

下莞上簟⑦,乃安斯寝。

乃寝乃兴⑧,乃占我梦⑨。

吉梦维何? 维熊维罴⑩,维虺维蛇⑪。

大人占之⑫:"维熊维罴,男子之祥⑬。

维虺维蛇,女子之祥⑭。"

乃生男子,载寝之床⑮,载衣之裳⑯,载弄之璋⑰。

其泣喤喤⑱,朱芾斯皇⑲,室家君王⑳。

---

① 翚(huī):雉,野鸡。用"翚飞"形容宫室壮丽。

② 跻(jī):登上。

③ 殖殖:方正而平坦,多指庭宇。

④ 觉(jué):高大而直的样子。楹:厅堂前部的柱子。

⑤ 哙哙(kuài kuài):宽敞明亮的样子。正:白昼。

⑥ 冥:黑夜。

⑦ 莞(guān):用莞草编的席子。簟(diàn):竹席。古人席地而坐,宫室落成之后,即下铺莞,上铺簟。

⑧ 兴:起来。

⑨ 占:占卜。

⑩ 维:是。罴(pí):熊类。

⑪ 虺(huī):毒蛇。

⑫ 大(tài)人:古代称"太卜"一类掌管占卜的官。

⑬ 男子之祥:古人认为熊罴凶猛有力,属阳,看作生男孩的吉兆。

⑭ 女子之祥:古人认为虺蛇柔弱隐伏,属阴,看作生女孩的吉兆。

⑮ 载:则,就。床:类似现在的长方形小矮桌。《郑笺》:"男子生而卧于床,尊之也。"

⑯ 衣(yì):穿。裳:裙,古人下身的衣服。

⑰ 弄:玩。璋:玉制的长条板状礼器。

⑱ 喤喤:形容婴儿啼声洪亮。

⑲ 朱芾(fú):红色的蔽膝,天子诸侯的服饰,代指礼服。皇:通"煌煌",辉煌。

⑳ 室:王室。家:国家。君王:周王生的儿子,将来不是当诸侯的君,就是当天下的王。

乃生女子，载寝之地①，载衣之裼②，载弄之瓦③。

无非无仪④，唯酒食是议⑤，无父母诒罹⑥。

（选自程俊英、蒋见元著《诗经注析》，中华书局1991年版。）

《论语·公冶长·第五》节选

子曰："臧文仲⑦居蔡⑧，山节藻棁⑨，何如其知⑩也？"

（节选自杨伯峻译注《论语译注》（简体字本），中华书局2006年版。）

《与夏十二登岳阳楼》李白⑪

楼观岳阳尽⑫，川迥洞庭开⑬。

雁引愁心去⑭，山衔好月来⑮。

云间逢下榻⑯，天上接行杯⑰。

---

① 地：《郑笺》："卧于地，卑之也。"

② 裼（tì）：婴儿的包被。

③ 瓦：古代纺线用的陶制纺锤。

④ 无非：不违背。无仪：不要议论是非，说长道短。仪，同"议"。

⑤ 酒食：饮食等家务事。议：考虑。

⑥ 诒（yí）：通"贻"，留给。罹（lí）：忧。

⑦ 臧文仲：春秋时鲁国大夫臧孙辰，"文"是他的谥号。

⑧ 居蔡：居，作动词用，藏的意思。蔡，大龟。《淮南子·说山训》："大蔡神龟，出于沟壑。"高诱注："大蔡，元龟之所出地名，因其龟为大蔡，臧文仲所居蔡是也。"古人常用龟占卜，认为越大越灵。臧文仲宝藏着大龟，让它住在讲究的地方。

⑨ 山节藻棁：节，柱上的斗拱。棁（zhuō），房梁上的短柱。山节藻棁是说把斗拱雕成山形，在棁上绘上水草花纹，古时是装饰天子宗庙的做法。

⑩ 知：同"智"。孔子认为臧文仲让大龟住在山节藻棁的房子里，为僭越行为，不智。

⑪ 夏十二：李白的朋友，排行十二，名字不详。岳阳楼：坐落在岳州郡治西南，今湖南省岳阳市西门城楼。西临洞庭，左顾君山，为湖南名胜。

⑫ 岳阳：即岳州，以在天岳山之南，故名。治所在巴陵，即今湖南省岳阳市。

⑬ 迥：渺远之貌。一作"向"。

⑭ "雁引"句：一作"雁别秋江去"。

⑮ "山衔"句：指月亮从山后缓缓升起，如被山衔出。

⑯ 逢下榻：为宾客设榻留住，相与而并坐。逢，一作"连"。《后汉书》卷八三《徐稚传》："徐稚，字孺子，豫章南昌人也……屡辟公府，不起。时陈蕃为太守，以礼请署功曹，稚不免之，既谒而退。蕃在郡不接宾客，唯稚来，特设一榻，去则悬之。"王勃《秋日登洪府滕王阁饯别序》："徐孺下陈蕃之榻。"

⑰ 行杯：谓传杯而饮。

醉后凉风起,吹人舞袖回①。

(选自詹锳主编《李白全集校注汇释集评》,百花文艺出版社 1996 年版。)

《登观音台望城》白居易②

百千家似围棋局③,十二街如种菜畦④。

遥认微微入朝火⑤,一条星宿五门西⑥。

(选自谢思炜撰《白居易诗集校注》,中华书局 2006 年版。)

《蝶恋花·庭院深深深几许》欧阳修⑦

庭院深深深几许⑧,杨柳堆烟⑨,帘幕无重数。玉勒雕鞍游冶处⑩。楼高不见章台路⑪。　雨横风狂三月暮⑫,门掩黄昏,无计留春住。泪眼问花花不语,乱红飞过秋千去。

(选自欧阳修著,黄畬笺注《欧阳修词笺注》,中华书局 1986 年版。)

作品讲授

《诗经·小雅·斯干》

《毛诗序》:"《斯干》,宣王考室也。"郑玄笺注:"考,成也……宣王于是筑宫室群寝,

---

① 回:摆动。
② 观音台:唐长安乐游原上观音寺(后改名青龙寺)内的高台。另说,五台山五峰之一,此处五台山是指在今陕西省西安市南郊太乙宫附近的终南山中段的一座高峰。
③ 局:棋盘。
④ 十二街:《长安志》卷七:"(皇)城中南北七街,东西五街。"菜畦:菜田中划分的方形小区。
⑤ 入朝火:官员早朝时所执之灯火。
⑥ 一条星宿:形容百官所执灯火,宛如天空一道星宿。五门:大明宫南面五门。《唐六典》卷七"大明宫":"南面五门,正南曰丹凤门,东曰望仙门,次曰延政门,西曰建福门,次曰兴安门。"或指长安大明宫正门丹凤门。
⑦ 蝶恋花:原为唐教坊曲,后用为词牌,又名"鹊踏枝""凤栖梧"。《乐章集》《张子野词》并入"小石调",《清真集》入"商调"。赵令畤有《商调蝶恋花》,联章作《鼓子词》,咏《会真记》事。双调,六十字,上下片各四仄韵。参见龙榆生《唐宋词格律》。
⑧ 几许:多少。
⑨ 堆烟:形容杨柳浓绿,如烟似雾。
⑩ 玉勒雕鞍:极言车马的豪华。玉勒,玉制的马衔。雕鞍,雕刻精美的马鞍。
⑪ 章台:原是汉长安西南隅的街名,这里代指歌妓聚居之地。
⑫ 雨横:急雨、骤雨。

既成而衅之,歌《斯干》之诗以落之。此之谓成室。"朱熹《诗集传》又说:"此筑室既成,而燕饮以落之,因歌其事。"宫室是否是周宣王时所建,此诗是否是歌颂周宣王,历来的解诗家有不同的意见,但总的来说,这是一首庆祝宫室落成典礼时所奏的歌曲的歌辞。全诗可分两大部分。一至五章,生动、细致地描绘了营筑过程、宫室的外观环境、庭堂建筑,重点是对宫室建筑加以描绘和赞美;六至九章,则主要是对宫室主人的祝愿和歌颂,希望主人居住新宫后,子嗣、事业俱兴旺。全诗把叙事、写景、抒情交织在一起,层次清晰,句式错落,以描述宫室建筑为中心,延及环境、家事、国事、礼制及先民的生活仪式,是雅颂中颇具价值和特色的篇章。

诗中对宫室园林建筑之美虽是粗线条的勾勒,但可看到当时的建筑水平已经相当之高,奠定了中国建筑艺术史上"飞檐"的民族形式,对后世的建筑影响很大。作家刘心武曾在《美丽的巴黎屋顶》写道:"古今中外,建筑物的'收顶',是一桩决定建筑物功能性与审美性能否和谐体现的大事。""如鸟斯革,如翚斯飞"的形象描绘,非常自然地把建筑造型与飞禽联系在一起。飞檐,是中国传统建筑的檐部形式之一,就是屋角的屋檐向上翘起,常被称为飞檐翘角。飞檐翘角不仅有建筑上的形式美,还有利于采光、排水。这首诗形象地展现了较早的屋檐形象,从建筑角度来说,也是非常珍贵的文献。

《论语·公冶长第五》

臧文仲,春秋时鲁卿,世袭司寇,历事鲁庄公、闵公、僖公、文公四君,显示了过人的军事、外交才能。曾废除关卡,以利经商,博学广知、不拘常礼,思想较为开明进步,对鲁国的发展起过积极的作用。臧文仲在当时被人们称为"智者",但孔子评价他时提出,臧文仲负责管理收藏大龟的房间装饰使用天子宗庙的式样是违反礼制的。朱熹在《论语集注》中注释道:"当时以文仲为知,孔子言其不务民义,而谄渎鬼神如此,安得为知?"孔子通过对臧文仲的评价,一方面教育学生们做事要谨言慎行,另一方面要"敬鬼神而远之",国将兴,听于民,将亡,听于神,应该努力尽人事。

该则《论语》涉及建筑和礼制的关系。山节,就是指在柱头刻上斗拱的形状,其形如山,故曰山节。"棁"是大梁之上承托二梁的短柱,"藻棁"是指装饰着藻文的梁上短柱,也就是雕梁的意思。"山节藻棁"是天子之庙饰,因此孔子认为臧文仲这种做法就是违制媚神,不符合周礼,同时不重人事,更重占卜,这怎么能算是智慧?孔子认为舞乐、建筑等细节都需要遵守周礼,"礼崩乐坏"、犯上作乱的苗头就从这些细节中显示出来,因此,"孔子谓季氏,'八佾舞于庭,是可忍也,孰不可忍也。'"(《论语·八佾》)季平子用八佾舞于庭院,是典型的僭越行为。古时一佾八人,八佾是六十四人,六佾是四十八人,四佾是三十二人。据《周礼》规定，只有周天子才可以使用八佾，诸侯为六佾，卿大夫为四佾，士用二佾。季氏是正卿，只能用四佾。季平子却在家里享用只有周天子才可以享用的八佾。奏乐舞蹈、建筑上的斗拱与雕梁，看起来是小事情，但是已经是僭越行为，孔子见微知著，对这类行为深恶痛绝。

《与夏十二登岳阳楼》

《与夏十二登岳阳楼》，这首诗作于乾元二年，李白流放夜郎遇赦归来后，还至岳阳时所作。岳阳楼，即今岳阳市西城门楼。《方舆胜览》："岳阳楼，在郡治西南，西面洞庭，左顾君山，不知创始为谁。唐开元四年，中书令张说出守是邦日，与才士登临赋咏，自而名著。"

诗人心情轻快，眼前景物也显得有情有意，分享着欢乐和喜悦："雁引愁心去，山衔好月来。""岳阳尽""川迥""洞庭开"，尽显渺远辽阔的景色，形象地表明诗人立足点之高。这是一种旁敲侧击的衬托手法，不正面写楼高而楼之高已见。整首诗运用陪衬、烘托和夸张的手法，句句从俯视、纵观岳阳楼周围景物的渺远、开阔、高耸等情状落笔，不露斧凿痕迹，自然浑成，巧夺天工。明代朱谏评曰："李白《与夏十二登岳阳楼》，言登楼一望，岳阳之景尽在目中。川水周迥而渺茫，洞庭之湖，又见其开阔也。客愁虽多，登楼见雁引之而去，愁心亦为之而顿减矣。月出山头，有若山衔好月而来者，使其清光之近人也。宾朋下榻，相连而坐，如在云间；饮酒传杯，以次相接，若出天上。楼之高也，有如此夫。既醉之后，凉风四起，吹迥舞袖，楼高风清，而人意适也。"（《李诗选注》）

以"楼"为观察视角，正是中国古代建筑美学的体现，"小巧楼台眼界宽。朝卷帘看。暮卷帘看。"（蒋捷《一剪梅》），也是古代文人观察世界的重要出发点，"仰观宇宙之大，俯察品类之盛，所以游目骋怀，足以极视听之娱，信可乐也。"（王羲之《兰亭集序》）古人的登临之意，正是如此。所谓"江山留胜迹，我辈复登临"（孟浩然《与诸子登岘山》），无论是游览名山大川，抑或是登临亭台楼阁，一方面是为了观赏自然风光，另一方面也是为了凭吊前贤，领会其中所积淀的浓厚的人文精神，释放自我，达到与波澜壮阔的自然物同样的高度，"不仅要在表面上感觉，而且要在内心攀登解释的高峰"（［日］今道友信《关于美》）。三维度的空间景象，在这里具有了幽远深邃的时间意味，我们在此不仅可以视通万里，而且可以思接千载。楼阁，滋生了古代文学"望""登临""卷帘""凭栏"等重要的主题，是建筑与文学的精彩交汇。杜甫的《登岳阳楼》、范仲淹的《岳阳楼记》、黄庭坚的《雨中登岳阳楼望君山》，还有李白的这首《与夏十二登岳阳楼》，甚至还有马致远的杂剧《岳阳楼》，都使岳阳楼不仅作为一个历史建筑存在，又有其作为文化坐标的意义；楼中所望到的风景,也因此带有了更深邃的意味。

《登观音台望城》

《登观音台望城》,这首诗作于大和元年,写登高所见长安城的景象。前二句用"围棋局""菜畦"作喻,描画长安城整饬、匀称的布局,笔直、宽敞的街道,后两句转向唐都政治活动的中心即大明宫,写百官早朝情景。表现了唐都长安壮丽、隆盛的景象,宏伟、庄严的气氛,言简而意丰。

唐代长安城总体上是中轴对称的格局,设计时参考了邺城和建康城的布局。东西长超过9公里,南北7公里多,川渠、池塘流布郭城、宫苑。城内布局匀称,城坊整齐,除去城北皇宫和东西二市,共有一百多个正方形或长方形的"坊",坊与坊之间街道宽敞平直,棋布栉比,街衢绳直,不仅"自古帝京未之比也"(宋敏求《长安志》),也是当时世界上规模最大、最为整齐的城市,是都城建设的典范,历代有许多文人学士对其进行过考证和研究。盛唐时期韦述的《两京新记》、宋代宋敏求的《长安志》、程大昌的《雍录》、赵彦卫的《云麓漫钞》、元代李好文的《长安志图》、清代徐松的《唐两京城坊考》等著述,都对唐长安城进行过系统的研究和阐述。

唐代诗人喜从乐游原或终南山登高观赏长安城整体风貌,此类作品层出不穷。白居易诗中用"棋盘"比喻规划整饬的长安城,杜甫的名作《秋兴八首》中也有"闻道长安似弈棋,百年世事不胜悲。王侯第宅皆新主,文武衣冠异昔时"的句子。杜甫笔下的"弈棋"比白居易的"棋盘"的比喻多了许多沧桑之感,长安城的政局就像一盘乱纷纷的棋局,开元年间的盛世已成旧梦。

《蝶恋花·庭院深深深几许》

《蝶恋花·庭院深深深几许》,欧阳修作。此首又作冯延巳词,见《阳春集》。李清照有词序:"欧阳公作《蝶恋花》,有'庭院深深深几许'之句,予酷爱之,用其语作'庭院深深'数阕……"当可信为欧作,同时也可看出李清照的称赏之意。这首词写深闺女子在深深庭院的境况,"深几许"的问法含有怨艾之情,"庭院"深深,"帘幕"重重,更兼"杨柳堆烟",极写闺阁之幽深封闭,暗示了女主人公的孤身独处,心事深沉、怨恨莫诉,展现了古代女性的精神生活与特定空间的联系。梁思成先生说过,中国园林就是一幅立体的中国山水画,这就是中国园林最基本的特点。这首词所描绘的庭院景象,就是经典的中国古典园林形象,并呈现得如此鲜活、立体。

这首词虽题材陈旧,沿袭了五代以来花间闺怨词的既定模式,但造境精工,尤其写出中国式庭院的幽邃与景深,反衬出其间女子的性情与命运,言情曲折,尤其句尾一句,清代毛先舒评价得好:"永叔词云'泪眼问花花不语,乱红飞过秋千去',此可谓层深而浑成。何也?因花而有泪,此一层意也;因泪而问花,此一层意也;花竟不语,此一层意也;不但不语,且又乱落,飞过秋千,此一层意也。人愈伤心,花愈恼人,语愈浅而意愈入,又绝无刻画费力之迹,谓非层深而浑成耶?"(王又华《古今词论》)因此,本篇可以称得上景深、情深更兼意境深远。

欧阳修的词前人评价为"疏隽开子瞻,深婉开少游"(冯煦《宋六十家词选例言》),在词史上有着承前启后的地位,他有"人生自是有情痴,此恨不关风与月"(《玉楼春》)的深情,又有"行乐直须年少,尊前看取衰翁"(《朝中措》)的狂放,同时,他的道德文章也对北宋一代学人有深远的影响。

课后思考

1.结合中国古代建筑史的研读,试着总结某一个中国古代建筑元素的发展演变,如"屋脊""栏杆""门""窗""帘"等。

2.画一张中国古代建筑图谱,可以临摹,同时标上各个部位的名称。

3.结合古代文学作品,说明中国古代园林的某一个方面的美学特征。

拓展阅读

[1] 刘敦桢.中国古代建筑史[M].2版.北京:中国建筑工业出版社,2017.

[2] 侯幼彬,李婉贞.中国古代建筑历史图说[M].北京:中国建筑工业出版社,2017.

[3] 梁思成.梁思成全集[M].北京:中国建筑工业出版社,2001.

[4] 楼庆西.中国古建筑二十讲[M].北京:生活·读书·新知三联书店,2004.

[5] 陈从周.梓翁说园[M].北京:北京出版社,2004.

[6] 周维权.中国古典园林史[M].北京:清华大学出版社,1990.

[7] 王毅.中国园林文化史[M].上海:上海人民出版社,2004.

对物的关注，是一种生活方式，也是一种文化追求。中国古代的花鸟虫鱼，简而言之，就是包括动植物在内的"物"的层面，但同时又是形而上的精神层面的文化活动，是"器"与"道"的完美结合。结合中国古代社会生活史和文化史的背景，对"花鸟虫鱼"等物的推源溯流，可以抉发"物"中折射出来的文化精神和审美境界，从文史结合的角度，去"复活"古人曾经有过的世界。本讲主要从花鸟虫鱼的"物"的层面入手，希望探求其中蕴藏的艺术、文化等特质。

第十讲

中国古代花鸟虫鱼

解　题

孔子说:"《诗》可以兴,可以观,可以群,可以怨。迩之事父,远之事君,多识于鸟兽草木之名。"从先秦开始,中国古代的"花鸟虫鱼"就是爱重自然的古人生活斯须不可或缺的一部分,也是中国古代文学喜爱和擅长表现的对象。

一、中国文学着重表现花鸟虫鱼的自然生机

中国古代哲学重"生","天地"是"生生"的源头。《论语·阳货》中说:"天何言哉?四时行焉,百物生焉。"《诗经·大雅·烝民》里面讲:"天生烝民,有物有则。"《易传》说:"生生之谓易""天地之大德曰生"。因此古人非常看重人与自然的和谐相处,重视了解自然的变化规律。

《月令》是讲述四季物候变化的历书,是《礼记》中的一篇。《月令》篇就是古人的自然法。太阳的运转造就了四时,每时分为三个月。四时各有物候特征,每个月也各有各的征候。"孟春之月,东风解冻""蛰虫始振,鱼上冰,獭祭鱼,鸿雁来"。古人对时令、物候的描绘自然、优美,对一年四季甚至每个月应该如何保护生物都提出了明确的要求。如孟春即正月,是动物生育的季节,孟春"牺牲毋用牝;禁止伐木;毋覆巢;毋杀孩虫、胎、夭、飞鸟;毋麛;毋卵",不许猎取怀胎的母兽以及幼兽,不能用母牛、母羊之类来祭祀山林川泽,不许打刚会飞的小鸟,不许掏取鸟卵。仲春二月则要注意保护生长中的植物幼苗,保护幼小的动物,不能使江河里的水干涸,不能焚烧山林。季春三月,捕杀鸟兽的各种器具和毒药一律不许携带出门,禁止任何人砍伐树木和枝条。从天子到万民的各个社会阶层,从政令、民事、农事到刑狱等不同事务,无不受到太阳、星宿、帝神、礼制、五行、四时等条件的制约,无不体现着尊重自然、保护自然、顺应自然的观念和原则。

农事是所有社会活动的基础。一年的开端以天子"祈谷"与"亲耕"开始,以"出五种"和"具田器"结束。日出而作,日落而息。春种秋收,夏蕴冬藏。四季的轮回里,自然与人生生不息。"仲春之月……鹰化为鸠。""季春之月……田鼠化为鴽。""季夏之月……腐草为萤。""季秋之月……雀入大水为蛤。"随着物候的变化,老鹰变形为布谷鸟,田鼠变作鹌鹑,腐坏的草变成萤火虫,鸟雀变成蛤蜊。古人在观察自然的时候,有许多建立在对自然规律和物种变化了解还不透彻的基础上的奇思妙想。《礼记·曲礼》中说:"敖不可长,欲不可从,志不可满,乐不可极。"即,傲慢之心不可滋长,欲望不可放纵,志得意满、享乐无度都是需要警惕的坏苗头。每个时令穿衣、饮食、活动等皆有规定,表达了

对天地的敬畏之心,遵循的是一种与自然相呼应、相和谐、朴素却蕴含深意的法则与美的规律。

思想家和文人也常常视天地万物为一体,从而求得其中蕴藏的"道"。庄子说:"天地与我并生,万物与我为一。"(《庄子·齐物论》)孟子提出:"万物皆备于我矣,反身而诚,乐莫大矣。"(《孟子·尽心上》)宋张载说:"民吾同胞,物吾与也。"(张载《西铭》)王阳明说:"夫人者,天地之心。天地万物,本吾一体者也。"(王阳明《传习录》)清代画家郑板桥平生最不喜笼中养鸟,认为是"屈物之性以适吾性"(郑燮《潍县署中与舍弟墨第二书》),真正爱鸟的人,应该使"物"和"我""各适其天"。万物同体、物我两忘、与物合一是仁者、智者观照世界的方式和追求的最高境界。与物和谐相处,各适其性,观物之生意、生趣是中国古人观照自然的一种主要方式。宋周敦颐读书的时候,窗外庭院里的杂草疯长,他并不除去,认为窗前绿草与自己意思一般,从中可"观天地生物气象"。程颢有诗:"万物静观皆自得,四时佳兴与人同。"(程颢《秋日》)他还置盆池畜小鱼数尾,时时观之,有人问其故,曰:"欲观万物自得意。"他们体验到生生不息的大自然的盎然生机,也将它植入自己的生命之中,并与之合而为一,体验到内心的快乐,并借此除去遮盖在物与心灵之上的蒙蔽,使之澄明坦然。中国传统文化的生生之道不仅有人类对动物、植物等自然之物的爱护、珍惜,也特别强调人类在实现天人和谐过程中的责任和情怀。所谓仁者之"乐",大致如此。

因此,"中国画家画的花鸟虫鱼,是活泼泼的,生意盎然的。中国画家的花鸟虫鱼的意象世界,是人与天地万物一体的生命世界,体现了中国人的生态意识。"(叶朗、朱良志《中国文化读本》)中国作家笔下的花鸟虫鱼也是同样的。古人的诗歌世界里,芳草长满天涯,子规啼到春归,鸟鸣山幽、虫声嘤嘤、鱼儿唼喋、采兰为佩、折柳相赠,充满自然的芳香与意趣。清人徐增这样说道:"花开草长,鸟语虫声,皆天地间真诗。"(《而庵诗话》)中国古代诗人,正是这样展现着自然与人的和谐:"山鸟山花吾友于"(杜甫《岳麓山道林二寺行》),"一松一竹真朋友"(辛弃疾《鹧鸪天·博山寺作》)。

二、中国文学中的"花鸟虫鱼"是文学创作的源泉、对象和重要题材,是"比兴""寄托"手法的重要载体

张戒《岁寒堂诗话》明确提出"世间一切皆诗"的命题,认为"一切物,一切事,一切意,无非诗者"。而魏源《〈诗比兴笺〉序》也说:"鱼跃鸢飞,天地间形形色色,莫非诗也。"以上的说法,重在说明自然物对诗人的感发。"关关雎鸠,在河之洲","扈江离与辟芷兮,纫秋兰以为佩","留得残荷听雨声","古道西风瘦马"。或因其声形,或感其色香,或取

其听觉的流美,或由其形象的感伤。植物花色、叶色的变化,花型、叶状的各异,四时有景;动物在自然界中生机勃勃、千姿百态,以它们自然的形态激发人的诗情,并成为文学创作的源泉、对象和重要内容。咏物诗词曲赋的大量出现就受到"花鸟虫鱼"等物象的直接激发。

中国古代文学尤其是诗歌的思维特性主要是以"观物取象"为主的诗性思维,具体体现在比兴、寄托、象征等表现手法甚至整体构思上面,因此,以"花鸟虫鱼"为主的自然意象不仅激发了这一切,也参与了这一切。钱钟书说:"诗也者,有象之言,依象以成言;舍象忘言,是无诗矣,变象易言,是别为一诗甚且非诗矣。"(《管锥编》)中国文学中的植物意象:松的苍劲、竹的潇洒、海棠的娇艳、杨柳的多姿、蜡梅的傲雪、芍药的尊贵、牡丹的富华、莲荷的如意、兰草的典雅等;中国文学中的动物意象:杜鹃啼血、鸳鸯俦侣、鱼雁传书、蟋蟀鸣秋等,其寄托、比兴、象征之意,都是这种诗性思维的体现。

比兴是诗经的主要表现手法,也成为后世经典的文学技法。"比者,以彼物比此物也"(朱熹《诗集传》)就是打比方,如《诗经·周南·桃夭》中将新嫁娘姣好美丽的容貌比之为灼灼烂漫的桃花,《卫风·氓》以桑叶从鲜嫩到枯黄的过程比喻人之色衰爱弛;"兴者,先言他物以引起所咏之词也"(朱熹《诗集传》),"兴"是一种很特别的手法,类似于见景生情、触物感发,如《周南·关雎》以雎鸠双栖寄兴,以咏追慕佳人。比兴,拓展了诗歌的表现空间,"写气图貌,既随物以婉转;属采附声,亦与心而徘徊"(刘勰《文心雕龙·物色》),而这一传统诗艺不仅停留在修辞表象,它充盈着物我贯一的情怀,与古人生活密切相关的"花鸟虫鱼"于是成为比兴手法的重要载体。

《诗经》中已经出现整篇的咏物诗,如《螽斯》《鸱鸮》等,都是全篇咏物,兼用比兴。《螽斯》围绕"螽斯"落笔,以螽斯的多子来比后妃子嗣众多。《鸱鸮》通过一只小鸟对自己遭到猫头鹰攻击迫害的不幸经历和生涯的辛苦自述,来比拟人间遭受欺凌的弱者,是后世"寓言体"咏物诗的滥觞。屈原除了创造了"香草美人"的咏物比兴传统外,还写出了《橘颂》这样的咏物诗,借颂橘表达自己"受命不迁"的品质。《诗经》和《离骚》中运用了比兴手法的咏物诗对后世产生了深远的影响,正如梅尧臣所说:"愤世嫉邪意,寄在草木虫。"(《答韩三子华韩五持国韩六玉汝见赠述诗》)可以说,先秦以"花鸟虫鱼"类为基本题材、兼具比兴特色的诗篇奠定了中国古代咏物诗的基本体式范型。此后,刘邦的《鸿鹄歌》、汉乐府中的《乌生八九子》《蜨蝶行》《枯鱼过河泣》、蔡邕的《翠鸟》《咏庭前石榴》、刘桢的《赠从弟》三首(分别咏萍藻、松树、凤凰三物)、曹植的《野田黄雀行》、阮籍的《咏怀》(林中有奇鸟)、陆机的《园葵诗》、陶渊明的《归鸟》、鲍照的《梅花落》、齐梁咏物诗、汉魏六朝咏物赋、陈子昂的《修竹篇》《感遇》(兰若生春夏)、东方虬的《孤桐篇》、骆宾王的《在狱咏蝉》、张九龄的《感遇》、杜甫的《房兵曹胡马》《画鹰》《萤火》、李商隐的《古柏行》《流莺》《蝉》、陆龟蒙的《白莲》、欧阳修的《画眉鸟》、王安石的《北陂杏花》、周邦彦的《兰陵王·柳》、苏轼的《水龙吟·咏杨花》、姜夔的《暗香》《疏影》、王沂孙的《齐天乐·蝉》、顾炎武的《精卫》、龚自珍的《己亥杂诗》等，略加盘点就可以发现，以"花鸟虫鱼"为题材的咏物作品已汇聚成一条悠长的河流，虽然其间的发展脉络和演进逻辑随时代不同，但追本溯源，不脱《诗》《骚》传统，不离比兴、寄托、象征之要义。

三、中国文学中的"花鸟虫鱼"有着比德的作用和人格映射的象征意义

"比德"，就是从自然物固有的属性，如触感、质地、颜色、味觉等来类比人格、品质或道德等，也就是在"物"之上既有感性的体会，又加上了理性的、道德的解释，将自然物拟人化，同时道德化。车尔尼雪夫斯基说："构成自然界的美的是使我们想起人来（或是预示人格）的东西。自然界的美的事物，只有作为人的一种暗示才有美的意义。"（[俄]车尔尼雪夫斯基《生活与美学》）"比兴"与"比德"均是借助于自然物象进行抒情言志，但"比德"是对"比兴"中牵涉人伦道德这一类类比的浓缩和凝练。

先秦时期，器物的花纹就已有了"比德"的趋势。殷周时期，青铜器上的各种花纹也有其象征意义："龙凤代表善，是美的，作为歌颂之物；夔、饕餮代表恶，是丑的，作为谴责之物。青铜器经常出现羊的形象，是吉祥的象征，不再是原始社会驯牧的野兽了。故宫博物院收藏的春秋时期的莲鹤壶……我以为是借鹤的长寿寄寓人的生命愿望。"（朱光潜等《美学讲演集》）孔子也以自然山水来比拟君子之德："知者乐水，仁者乐山；知者动，仁者静；知者乐，仁者寿。"（《论语·雍也》）还描绘了人格化、道德化的松柏："岁寒，然后知松柏之后凋也。"（《论语·子罕》）后世的许多文学作品中同样有各种"比德"的例子，花鸟虫鱼是其中重要的载体。

中国文学宛似一个百花盛开、万木欣欣的园囿，梅花、海棠、竹、菊等竞相斗奇，既有"出淤泥而不染、濯清涟而不妖"的清高的荷花，又有"零落成泥碾作尘，只有香如故"的傲雪的红梅，东篱的菊花记忆着陶渊明酒后的诗情，石畔的竹子承载着郑板桥坚韧的傲骨。"杜鹃啼血猿哀鸣"，"感时花溅泪，恨别鸟惊心"……中国文学中的动物也仿佛具有灵性，能感知人生多艰、国家多难。正如李泽厚所说："汉民族在对自然美的欣赏上，几千年经常把自然的美和人的精神道德情操相联系，着重于把握自然美所具有的人的、精神的意义。"[李泽厚、刘纲纪《中国美学史》（先秦两汉编）]

篇目选读

《诗经·陈风·衡门》

衡门之下①,可以栖迟②。泌之洋洋③,可以乐饥④。

岂其食鱼,必河之鲂⑤? 岂其取妻⑥,必齐之姜⑦?

岂其食鱼,必河之鲤? 岂其取妻,必宋之子⑧?

（选自程俊英、蒋见元著《诗经注析》,中华书局1991年版。）

《房兵曹胡马》杜甫⑨

胡马大宛名⑩,锋棱瘦骨成⑪。

竹批双耳峻⑫,风入四蹄轻⑬。

所向无空阔⑭,真堪托死生⑮。

骁腾有如此⑯,万里可横行⑰。

① 衡门:横木做成的门,指简陋的居所。一说城门名。衡,通"横"。王引之《经义述闻》:"门之为象,纵而不衡……窃疑衡门、墓门亦是城门之名。"闻一多从王说,认为衡门是陈国城门名。

② 栖迟:居住休歇。

③ 泌(bì):本义是泉水流得很快的样子,后来作为陈国泌邱地方的泉水名。洋洋:水流不息的样子。

④ 乐:"乐"和"疗"古通用,读音同"疗",疗救、治疗。《韩诗》作"可以疗饥"。

⑤ 鲂:鱼名。亦名平胸鳊、三角鳊。它和鲤鱼等,是当时人们认为最好的鱼。

⑥ 取:通"娶"。

⑦ 姜:齐国贵族的姓。齐姜,齐国姓姜的贵族女子。

⑧ 子:宋国贵族的姓。宋子,宋国姓子的贵族女子。

⑨ 兵曹:即兵曹参军,唐代官名,辅佐州府的长官管理军事的小官。房兵曹不知是何人。

⑩ 胡:古代泛称北方边地与西域的民族为胡。大宛(yuān):汉西域国名,其地在今乌兹别克斯坦,以产良马著称。"大宛名",是指著名的大宛马。

⑪ 锋棱(léng):骨头棱起,好似刀锋。形容骏马劲挺健悍之状。

⑫ "竹批"句:是说马的双耳像斜削的竹筒一样竖立着。古人认为这是良马的特征之一。《齐民要术》:"(马)耳欲小而锐如削筒。"批,割,削。

⑬ "风入"句:是说马奔驰时,四蹄轻快有似御风而行。

⑭ 所向:马所奔向之处。无空阔,形容马之善走,无论多远的距离,顷刻即到,任何地方都能奔腾而过。空阔,距离很远。

⑮ 堪:可以,能够。托死生:马能与人同生共死,使人临危脱险。

⑯ 骁(xiāo)腾:健步奔驰的意思。

⑰ 横行:有长驱直入之意,这两句既是赞马,又是称美房兵曹,期望他能建立功功。

（选自仇兆鳌注《杜诗详注》，中华书局1979年版。）

《赏牡丹》刘禹锡①

庭前芍药妖无格②，池上芙蕖净少情③。

唯有牡丹真国色④，花开时节动京城⑤。

（选自刘禹锡著，瞿蜕园笺证《刘禹锡集笺证》，上海古籍出版社1989年版。）

《齐天乐》姜夔⑥

丙辰岁⑦，与张功父会饮张达可之堂⑧，闻屋壁间蟋蟀有声，功父约予同赋，以授歌者；功父先成，辞甚美；予徘徊茉莉花间，仰见秋月，顿起幽思，寻亦得此。蟋蟀，中都呼为促织⑨，善斗，好事者或以三、二十万钱致一枚，镂象齿为楼观以贮之。

庾郎先自吟愁赋⑩，凄凄更闻私语。露湿铜铺⑪，苔侵石井，都是曾听伊处。哀音似诉，正思妇无眠，起寻机杼。曲曲屏山⑫，夜凉独自甚情绪。　　　西窗又吹暗雨。为

---

① 牡丹：唐时著名的观赏花卉。段成式《酉阳杂俎》："牡丹，前史中无说处，惟《谢康乐集》中，言竹间水际多牡丹。"一般认为，至唐，牡丹才正式进入文学作品中。

② 芍药：多年生草本植物，属毛茛科，初夏开花，形状与牡丹相似。妖无格：妖娆美丽，但缺乏标格。妖，艳丽、妩媚。无格：指格调不高。牡丹别名"木芍药"，芍药为草本，又称"没骨牡丹"，故作者称其"无格"。或有讽喻义，以妖艳且无格的芍药喻朝中的宦官等小人。

③ 芙蕖：荷花的别名。《尔雅·释草》："荷，芙渠。其茎茄，其叶蕸，其本蔤，其华菡萏，其实莲，其根藕，其中的，的中薏。"或以"净少情"喻朝中对国事冷漠旁观之人。

④ 国色：倾国倾城之美色。以国色来比喻牡丹富贵美艳、仪态万千，不同凡卉，实为花中之王。李濬《松窗杂录》："上颇好诗，因问修己曰：'今京邑传唱牡丹花诗，谁为首出？'修己对曰：'臣尝闻公卿间多吟赏中书舍人李正封诗曰，天香夜染衣，国色朝酣酒。'上闻之，嗟赏移时。"或有讽喻义，喻指革新人士。

⑤ "花开"句：说明唐代观赏牡丹风气极盛。李肇《唐国史补》："京城贵游尚牡丹，三十余年矣。每春暮，车马若狂，以不耽玩为耻。执金吾铺官围外寺观种以求利，一本有直数万者。元和末，韩令始至长安，居第有之，遽命劚去曰：'吾岂效儿女子耶！'"举城若狂，可见一斑。京城，一般认为是指长安。

⑥ 齐天乐：词牌名，又名《台城路》《五福降中天》《如此江山》等。《清真集》《白石道人歌曲》《梦窗词集》均入"正宫"。

⑦ 丙辰岁：宋宁宗庆元二年。

⑧ 张功父：名镃，号约斋，张俊孙，有《南湖集》。张达可：张镃旧字时可，时可与达可连名，疑是兄弟。

⑨ 中都：都中，指南宋都城临安（今浙江杭州）。

⑩ 庾郎：指庾信，有《哀江南赋》等，曾作《愁赋》，今唯存残句。

⑪ 铜铺：安装在门上以衔环的铜制铺首。

⑫ 屏山：屏风上画有山水，故称屏山。

谁频断续,相和砧杵①。候馆迎秋②,离宫吊月③,别有伤心无数。豳诗漫与④,笑篱落呼灯,世间儿女。写入琴丝⑤,一声声更苦。

(选自夏承焘校,吴无闻注释《姜白石词校注》,广东人民出版社 1983 年版。)

《新竹》郑燮⑥

新竹高于旧竹枝,全凭老干为扶持。

明年再有新生者,十丈龙孙绕凤池⑦。

(选自卞孝萱编《郑板桥全集》,齐鲁书社 1985 年版。)

作品讲授

《诗经·陈风·衡门》

在古典诗词里,最常用来比喻男女爱情的动物是鸳鸯。而在先秦时代,在《诗经》中,最喜欢用来比拟爱情的动物却是鱼。《诗经》中记载了十余种鱼,这些和鱼有关的比喻普遍都用于情诗。《诗经》把这种比喻用得娴熟自然,可见先秦时这类比喻在民间非常流行,人尽皆知。主要包括捕鱼(喻指追求伴侣),吃鱼(喻指与伴侣相伴),挑剔鱼的种类(喻指挑选伴侣)等。《诗经·陈风·衡门》就是这样一首写“挑鱼”“吃鱼”的诗,用吃鱼比喻娶妻,用鲂鱼、鲤鱼这些在当时比较名贵的鱼比喻贵族美女。这样的比喻也在后世有所延续,托名卓文君的《白头吟》中有:“竹竿何袅袅,鱼尾何簁簁。”也是用晃动的钓鱼竿和水中摇曳的鱼的角逐,比喻男女相悦。

闻一多先生从民俗学、文化人类学的角度,在《神话与诗》中指出:“正如鱼是匹配的隐语,打鱼、钓鱼等行为是求偶的隐语。”他进一步解释道:“为什么用鱼来象征配偶呢?

---

① 砧杵(zhēn chǔ):捣衣石和捣衣棒。

② 候馆:客馆。

③ 离宫:行宫,古时帝王出巡时住的宫殿。

④ 豳(bīn)诗:指《诗经·豳风·七月》,其中有“七月在野,八月在宇,九月在户,十月蟋蟀入我床下”句。漫与:即景抒情,写成诗歌。杜甫:“老去诗篇浑漫与。”

⑤ 琴丝:琴弦。姜夔自注:“宣政间,有士大夫制《蟋蟀吟》。”

⑥ 郑燮:清代书画家、文学家,字克柔,号理庵,又号板桥,人称板桥先生。郑板桥一生只画兰、竹、石,为“扬州八怪”重要代表人物。自称“四时不谢之兰,百节长青之竹,万古不败之石,千秋不变之人”。其诗书画,世称“三绝”,是清代较有代表性的文人画家。

⑦ 龙孙:竹笋。凤池:凤凰池,禁苑中池沼,这里指竹子附近的池塘。

这除了它的繁殖功能,似乎没有更好的解释……种族的繁殖既如此被重视,而鱼是繁殖力最强的一种生物,所以在古代,把一个人比作鱼,在某种意义上,差不多就等于恭维他是最好的人,而在青年男女间,若称其对方为鱼,那就等于说:'你是我最理想的配偶!'现在浙东婚俗,新妇出轿门时,以铜钱撒地,谓之'鲤鱼撒子',便是这观念最好的说明。"孙作云的《诗经恋歌发微》也认为:"因为古代男女在春天聚会、在水边祓禊唱歌,即景生情,因物见志,所以在诗中往往用钓鱼、食鱼来象征恋爱,寻致成为一种专门性的隐语。"《诗经》中的虫鱼鸟兽们还有许多,它们都各自有着不可替代的独特象征意义,值得我们深入探究。

《房兵曹胡马》

《房兵曹胡马》这首诗大约作于唐玄宗开元二十九年,是杜甫早期的作品,此时诗人正当年少,富于理想,善于骑马,也很爱马,写了不少的咏马诗。这首诗前四句赋物,后四句寄怀,借马寓志,写骏马劲挺健悍的骨相、所向空阔的神态、值得人们以生命相托的品格,正是作者自喻其抱负,前人评价说"为自己写照"(浦起龙《读杜心解》)。同时,也期望房兵曹能够建功立业,照应了诗题。整首诗的风格矫健豪放、沉雄隽永。盛唐时国力强盛,开疆扩土,激发了民众的豪情,书生寒士都渴望建功立业,封侯万里,此诗也洋溢出自信刚健的胸襟,而安史之乱后,杜甫再度写马,则是通过对病马的悲悯来表现忧国之情,其中有"尘中老尽力,岁晚病伤心"的句子,可与本首对读。

杜甫此诗将状物、抒情、言志融合得自然无间,一方面赋予马以人的鲜活劲健的灵魂;另一方面写人有马的品格、精神,人的情志得以形象地表现出来,做到了既咏物本身,又能跳脱物之外,咏物而不滞于物,达到了咏物诗的最高境界。全诗看似写马、赞马,表达的却是作者自己的胸襟和抱负。前人的评语可以参看:

"咏物诗最雄浑者。"(《汇编唐诗十集》)

"以雄骏之语发雄骏之思,子昂《画马》恐不能如此之工到。"(《唐诗选脉会通评林》)

"此与《画鹰》诗,自是年少气盛时作,都为自己写照……字字凌厉。其炼局之奇峭,一气飞舞而下,所谓啮蚀不断者也。"(浦起龙《读杜心解》)

"黄生曰:上半写马之状,下半赞马之才,结归房君,此作者诗法。张耒曰:马以神气清劲为佳,不在多肉,故云'锋棱瘦骨成'。无空阔,能越洞注坡。托死生,可临危脱险。下句蒙上,是走马对法。张綖曰:此四十字中,其种其相,其才其德,无所不备,而从容痛快,凡笔望一字不可得。"(仇兆鳌《杜诗详注》)

"一题必尽题中之义,沉着至十分者,如《房兵曹胡马》,既言'竹批双耳''风入四蹄'

矣,下又云:'所向无空阔,真堪托死生。'……此皆题中应有之义,他人说不到,而少陵独到者也。"(赵翼《瓯北诗话》)

"咏物,小小体也,而老杜《咏房兵曹胡马》则云'所向无空阔,真堪托死生',德性之调良,俱为传出。"(沈德潜《说诗晬语》)

《赏牡丹》

牡丹是我国特有的名贵花卉,花大色艳、雍容华贵、富丽端庄、芳香浓郁,而且品种繁多,周敦颐的《爱莲说》就有"牡丹,花之富贵者也"的说法。虽然牡丹在唐代以前的药书中已经出现,但大量的文学作品开始描绘牡丹并形成举国若狂的观赏风气是从唐代开始的。据记载,一株名品牡丹竟抵得上百十石粮食的价格。唐李浚《松窗杂录》:"开元中,禁中初重木芍药,即今牡丹也。"南宋郑樵《通志》:"牡丹……其花可爱如芍药,宿枝如木,故得木芍药之名……牡丹初无名,故依芍药以为名。牡丹晚出,唐始有闻。"北宋欧阳修《洛阳牡丹记》也说:"牡丹初不载文字,唯以药载《本草》。"《赏牡丹》是唐代文学家刘禹锡的一首托物咏怀诗。此诗描绘了唐朝惯有的观赏牡丹的习俗和唐人赏牡丹的盛况。白居易《买花》也写了这样的情景:"帝城春欲暮,喧喧车马度。共道牡丹时,相随买花去。贵贱无常价,酬直看花数。灼灼百朵红,戋戋五束素。上张幄幕庇,旁织巴篱护。水洒复泥封,移来色如故。家家习为俗,人人迷不悟……"

牡丹是皇家之花,亦是世俗之花,端庄肃穆,雍容富贵,是最能统摄唐朝盛世风范的花。此诗乃赞颂牡丹之名作。首两句先以名花芍药、荷花和牡丹作比,芍药与芙蕖本是为人所喜爱的花卉,然而诗人用"芍药妖无格"和"芙蕖净少情"来衬托牡丹之高标格和情韵美。芍药本来也极美,但据说到了唐代武则天以后,"牡丹始盛而芍药之艳衰"(王禹偁《芍药诗序》)。芙蕖是具有君子之风的花卉,诗人却发现它至清而寡情的特点,芍药美而无骨,芙蕖清而无情,全诗用拟人、对比和抑彼扬此的艺术手法,肯定了牡丹"真国色"的花王地位,真实地表现了当年牡丹花盛开引起京城轰动效应的情景,同时借物喻人,在牡丹的形象中也寄托了诗人的理想人格。

《齐天乐》

《齐天乐》是姜夔的一首著名的咏物词,其经典之处在于寄托遥深。宋宋翔凤《乐府余论》说:"其流落江湖,不忘君国,皆借托比兴,于长短句寄之。如《齐天乐》,伤二帝北狩也。《扬州慢》,惜无意恢复也。《暗香》《疏影》,恨偏安也。盖意愈切,则辞愈微,屈宋之心,谁能见之?"虽不免过于胶柱鼓瑟,但却揭示了姜夔的清空高远,确实蕴藏深意。姜夔所处的时代令无数有志之士灰心失望,宋金议和、南宋偏安,于是词人有"徘徊望神州,沉叹英雄寡"(《昔游诗》)的感慨,并且创作了成名作——饱含"黍离之悲"的《扬州慢》。词人自己,也过着浪迹江湖、寄人篱下的生活,因此,无论是时代折光,抑或是个人身世,都投射在蟋蟀的鸣叫声中,勾起词人无限的心事。

而"蟋蟀"的文化意象内涵更是带有特定的指向。"悲秋"是中国古典文学的一个典型主题,而蟋蟀,正是秋意的象征,蟋蟀鸣而天下知秋。宋玉《九辩》:"悲哉,秋之为气也!萧瑟兮,草木摇落而变衰。"《诗经》中随着秋意的加深,逐渐由户外转移到内室的蟋蟀,见证了劳作的人民的辛酸;《古诗十九首·东城高且长》中也咏叹蟋蟀:"晨风怀苦心,蟋蟀伤局促。"唐人雍裕之有《秋蛩》:"鸣蛩谁不怨,况是正离怀。"杜甫也有:"促织甚微细,哀音何动人。"(《促织》)借咏蟋蟀的哀音来抒写久客在外的愁思。姜夔的词中,吟赋悲声与悲戚虫声交织在一起,寄寓了词人深沉的身世之叹和家国之痛,这只蟋蟀,从《诗经》那里,经过姜夔的《齐天乐》,一直鸣到现代台湾诗人洛夫《蟋蟀之歌》、流沙河《就是那一只蟋蟀》的诗里。

整首词遗貌取神,从虚处着笔,咏蟋蟀,却不局限于蟋蟀,其妙处正如张炎所说:"野云孤飞,去留无迹。"(张炎《词源》)论者评得好:"词中以蟋蟀的鸣声为线索,把诗人、思妇、客子、帝王、儿童等不同的人事巧妙地组织到一篇中来。其中,不仅有词人自伤身世的喟叹,而且还曲折地揭示出北宋王朝的灭亡与南宋王朝苟且偷安,醉心于暂时安乐的可悲现实……这首词看似咏物,实则抒情,通过写听蟋蟀鸣声,寄托家国之恨。这首词的妙处在于分辟蹊径,别开生面,用空间的不断转换和人事的广泛触发,层层夹写,步步烘托,达到一种凄迷深远的艺术造境。"

《新竹》

郑燮的这首诗《新竹》,采用比喻、象征等手法,从老竹的枝干对新生的竹子的扶持,喻青出于蓝而胜于蓝,说明新生力量需要前辈的栽培,同时揭示了大自然及人类社会生生不息、新旧交替的规律。在他众多的写竹诗里,虽不能说超拔绝尘,但也清新别致,显示出作者独特的眼光和胸襟。语言虽浅白,含义却隽永浑厚。

苏轼说:"可使食无肉,不可居无竹。无肉令人瘦,无竹令人俗。"(苏轼《于潜僧绿筠轩》)道出了文人对竹喜爱的真实原因。郑板桥是画竹和写竹的名家圣手,除了此篇,他关于竹的名篇佳句可谓不胜枚举:"些小吾曹州县吏,一枝一叶总关情。"(《潍县署中画竹呈年伯包大中丞括》)"写取一枝清瘦竹,秋风江上作渔竿。"(《予告归里画竹别潍县绅士民》)"衙斋卧听萧萧竹,疑是民间疾苦声。"(《潍县署中画竹呈年伯包大中丞括》)"千磨万击还坚劲,任尔东西南北风。"(《竹石》)"惟有竹枝浑不怕,挺然相斗一千场。"(《题画竹》)"举世爱栽花,老夫只栽竹。"(《竹》)他写竹画竹,正如他在《乱兰乱竹乱石与汪希林》中说:"掀天揭地之文,震电惊雷之字,呵神骂鬼之谈,无古无今之画,原不在寻常眼孔中也。"在对竹的写照中,郑板桥关注现实,针砭时弊,借竹的高风亮节、坚贞正直、高雅豪迈抒发自己洒脱、豁达的胸臆和勇敢面对现实、绝不屈服的人品。他笔下的竹有着人格化的气韵、气节和气概。

郑板桥画竹,"神似坡公,多不乱,少不疏,脱尽时习,秀劲绝伦"(《清代学者象传》)。据说他一生大部分时间都在为竹传神写影:"四十年来画竹枝,日间挥写夜间思。冗繁削尽留清瘦,画到生时是熟时。"(《题画竹》)"凡吾画竹,无所师承,多得于纸窗粉壁日光月影中耳。"(《画竹》)"胸中之竹,并不是眼中之竹也;手中之竹,又不是胸中之竹也。"(《题画竹》)因此他能够手眼相随、意在笔先、胸有成竹地写出竹之精神,其画与诗,都成为文人诗画的妙品。

课后思考

1.将《诗经》中的有关昆虫的诗句都找出来,并说说它们的特点。

2.分析辛弃疾《贺新郎·别茂嘉十二弟》中几种鸟叫的内涵。

3.探讨《红楼梦》中植物在作品里的运用。

拓展阅读

[1] 青木正儿.中华名物考 [M].北京:中华书局,2005.

[2] 潘富俊.诗经植物图鉴 [M].上海:上海书店出版社,2003.

[3] 潘富俊.楚辞植物图鉴 [M].北京:九州出版社,2018.

[4] 细井徇绘.诗经名物图解 [M].程俊英,译注.上海:上海古籍出版社,2017.

[5] 汪曾祺.人间草木 [M].天津:天津人民出版社,2014.

[6] 中国美术史·大师原典系列:八大山人(山水花鸟册;花鸟虫鱼图册;天光云景图册;山水图册)[G].北京:中信出版社,2017.

作为自然法则,万物皆有生死。伴随着人类社会的发展,不同时代、地域、文明体的人们对生死问题特别是——"死亡",产生了"同中杂异"的变迁性认知,并由此导致了丧葬的多样化面貌。作为一种极富特色的社会和文化现象,中国古代复杂的历史背景和多层次的信仰结构,铸成了中国特有的丧葬观念,持久的厚葬传统和繁缛的丧葬礼仪,从而成为中国古代文化的重要特色。在当今时代,丧葬文化仍潜移默化地影响着中国人对死亡的认知,制约着血缘亲族的互动秩序。本讲主要从丧葬观念、礼俗制度和物化形态三个层面对中国传统的丧葬文化作精要介绍。

第十一讲

中国古代丧葬文化

解　题

一、丧葬观念

丧葬，简单来说就是处理死者的方式方法。从人类历史发展来看，丧葬从早期原始社会相对简单的处理演变为愈加繁复多样化的丧葬礼仪，并形成带有各自文明特色的丧葬文化，有着漫长的演变期。

原始人类对周遭生存世界和自身死亡现象的认知并不十分清晰，一方面他们体察到死后肉身的腐朽消亡，另一方面却认为人有灵魂，哪怕死后离开肉体，灵魂仍会以鬼魂的形态独立存在，这种"万物有灵""灵魂不死"的宗教观念在中国古代普遍存在。《礼记·祭法》云："大凡生于天地之间者皆曰命，其万物死皆曰折，人死曰鬼。"《说文解字》也说："人归为鬼。"他们也相信鬼魂具有超人的神奇力量，出于对鬼魂的恐惧和对过世亲缘的依恋，希望借助妥善处理肉身遗骸的方式获得祖先佑护，避灾求福。从旧石器时代的考古发现来看，早期原始人类并没有形成安葬死者的规制，正如《孟子·滕文公上》说："盖上世尝有不葬其亲者，其亲死，则举而委之于壑。他日过之，狐狸食之，蝇蚋姑嘬之。"直至旧石器中、晚期，人类逐渐开始掩埋同类的尸体；新石器中、晚期已普遍存在的固定墓地、葬式、随葬品等，表明当时的人们已为死者准备好死后生活的场所和用具，并有特定仪式引导死者灵魂，可以说基本的丧葬习俗开始形成。比如以血缘为纽带将死去的氏族成员安葬在共同的公共墓地，广泛流行于黄河长江流域的仰身直肢葬式，随葬的生产、生活工具等。此后原始人类对鬼神的信仰得到进一步发展，祈求鬼神帮助沟通人神、天地、生死的巫术、卜筮盛行，这随之形成了墓葬中特定的随葬品如龟、兽骨、玉器等。生产力的发展逐步推进了丧葬活动各层面的进展，无论是物质形态还是仪式活动。

在传统中国人的认知视野中，丧葬并不只是安葬死者，它直接影响现世社会的伦理规范乃至政治秩序。《大戴礼记》篇云："凡不孝生于不仁爱也，不仁爱生于丧祭之礼不明。丧祭之礼，所以教仁爱也。致爱，故能致丧祭，春秋祭礼之不绝，致思慕之心也。夫祭祖，致馈养之道也。死且思慕馈养，况于生而存乎？故曰：丧祭之礼明，则民孝矣。故有不孝之狱，则饰丧祭之礼也。"将丧葬与孝道之间的关联明晰化。《孟子·梁惠王上》云："养生丧死无憾，王道之始也。"《荀子·礼论》亦云："丧礼者，无它焉，明死生之义，送以哀敬而终周藏也。故葬埋，敬藏其形也；祭祀，敬事其神也；其铭、诔、系世，敬传其名也。事生，饰始也；送死，饰终也。终始具而孝子之事毕，圣人之道备矣。"更将丧葬与王道政治的实现连接,生养死葬各得其所,王道乐土方能实现。丧葬具有如此重要的社会功能,因此受到历代朝野的广泛重视。

周代是中国古代礼仪制度的奠基时期,丧葬之礼亦不例外。周人以礼治国,国家基本政治制度和社会伦理规范集中体现在"五礼",即吉礼、凶礼、宾礼、军礼、嘉礼之中,"凶礼"即以丧葬为主体。后代继承周礼的传统,无不将丧葬之礼置于殿堂。上自天子贵族,下及庶民百姓,社会各阶层普遍看重丧葬礼俗,培育出了枝繁叶茂的丧葬文化,也形成了如下几个基本特征:

(1)事死如生。受灵魂不死观念的支配,古人心目中有两个世界,即活人生存的现实社会和鬼魂活动的阴间地府。人死只是换一个空间存在,幽冥黄泉同样如《白虎通义》所言"动养万物也",衣食住行不异于往昔。因此,古人总是力图按照死者生前的生活方式为其安排后事。《荀子·礼论》云:"丧礼者,以生者饰死者也,大象其生以送其死也。""事死如生"是我国传统丧礼的基本原则,这在古代的丧葬习俗中有很多反映。例如:入殓时备足衣物,供死者四时穿戴;模仿人间的房屋修筑坟墓,象征死者生前的居室;随葬各种日用器皿和贵重物品,让死者在阴间享用,以照料他们死后的饮食起居……所有这些,都是按照人间的生活习惯精心安排的,并由此自然地促成了一整套繁缛并趋于厚葬死者的礼俗制度。

(2)等级森严。生产力的发展促使物质生产不断丰富,社会的贫富贵贱得到进一步确认,丧葬礼俗也随之程序化、系统化乃至制度化。芸芸众生在阶级社会中的差异,越过生死隔阂,完美衔接。生前的地位不一,死后的待遇也千差万别,并细致入微地表现在礼制详细的层级规定中,如坟墓的高度、茔域的大小、棺椁的配置、随葬明器的多寡、碑志的规格等。可以说,古人通过丧葬礼仪,将现实社会的等级关系移植到了鬼魂生活的冥界。传世留存的文字记录如儒家经典"三礼"中,汇集了一系列具体的礼仪制度规范,其最大的区别就是平民与士以上统治阶层的区别对待。对待前者并无具体的礼俗规定和详细要求;对待士以上各统治阶层,则有大篇幅的详细礼制规定,以区别从士大夫、诸侯到帝王的不同地位、权力等级,并以国家机制确保得到施行。森严的等级统治通过丧葬礼仪在彼岸的地下世界恒续永存。

(3)融合三教。中国自古以来就是一个疆域广袤、族群林立的国家,受这些因素的影响和制约,丧葬习俗具有明显的地域性和民族性,呈现多样化的特点。传统的丧葬习俗根植于古老的中华大地,同时也受到外来文化的一定影响,兼容并蓄,丰富多彩。诸子百家中,儒家以师者之态解读经典,期待礼乐王道大行天下,并在具体的历史实践中通过孝道的倡扬、仁政的施展来实行,因此对丧葬送终之礼尤为重视。孔子主张:"生,事之以礼;死,葬之以礼,祭之以礼。"(《论语·为政》)周至秦汉以来国家制度上的切实保障,加之儒家典籍及教化在汉代的切实推动,丧葬礼俗逐步深入民众。历史的接续发展虽有外来文化宗教的融入,但从葬仪而言儒家孝道丧葬观始终为主,佛教与道教仪轨的补充参与则在后世已是常态。如从葬式上来说以土葬为主,具有浓厚的"入土为安"的思想,但也受到佛教火葬、道教简葬的影响。

二、丧葬礼俗

中国传统的丧葬礼仪包括居丧礼仪和安葬礼仪,居丧礼仪还可分为丧礼、丧服礼制以及"谥"礼。"丧礼",民间俗称"办丧事",它是从死者初死至埋葬过程中,生者对死者所施行的各种礼节、仪式、祭奠等。《周礼·春官·大宗伯》载:"以丧礼哀死亡。"以汉族为代表的丧礼,皆从周礼演变而来。通行的"办丧事"名目繁杂,大的仪式就包括属纩、招魂、沐浴、停尸、报丧、吊孝、入殓、成服、守灵、吊丧、送葬、葬后祭祀与扫墓等,无数繁文缛节杂陈其间。以文字记录留存的典籍如《仪礼》和《礼记》为后代的丧葬礼制奠定了基础,秦汉以来,无论是朝廷典礼还是民间家礼,丧葬礼仪中的葬前丧仪、五服制度、居丧守孝、祭祀亡灵等基本程式,都是根据上述典籍设计的程序制定的,使中国传统的丧葬文化打上浓厚的儒家烙印。随着历史因革、风俗变化,丧礼在细节上不断有所增改,总体却千年维持;至于各民族的丧礼则显得复杂多样。

中国丧葬礼俗中能在日常生活里突显"事死如生""等级森严"之特性者无过丧服制度,也即居丧的服制期限。由于生者和死者关系的亲疏远近不同,丧服和居丧期限也各有不同。丧服分为五个等级,即五服,其各自的名称为斩衰、齐衰、大功、小功、缌麻。斩衰是用粗麻布制作的丧服,且并不缝边,仿佛用刀剪直接斩开,所以称为斩衰,是五服中最重的一种,表明亲缘及关系的密切重要。子为父,父为长子,臣为君都是服斩衰;妻妾为夫,未嫁之女为父,除了服斩衰外还应梳丧髻。斩衰的守丧期为三年,守丧期间戒除一切饮酒娱乐、任职为官等活动,如特别重要的大臣须在服丧期任职,则需要由皇帝亲自出面,称为"夺情"。齐衰次于斩衰,是用稍细的熟麻布制作,且可以缝边,因此称为齐衰。《仪礼·丧服》将其定为四等:齐衰三年,是父卒为母,母为长子所服丧;齐衰一年,用杖,称杖期,是父在为母,夫为妻所服丧;齐衰一年,不用杖,是男子为伯叔父母,为兄弟所服丧。已嫁女子为父母,媳妇为翁姑、孙辈为祖父母,亦服此丧;齐衰三月,是为曾祖父母所服丧。大功、小功、缌麻依次所服都更为精细,服丧期分别为九月、五月、三月,意味着与死者关系的逐步疏远(王力《中国古代文化常识》)。由上述说明可知丧服制度中严格的等级、嫡庶之分,因此五服也常常被人们用来表示亲属关系的亲疏远近。丧服制度中呈现着严格的上下有序的制度,规定着每个人的身份职责,宗族秩序井然,可见礼法之一端。

三、物化形态

《周易·系辞下》曰:"古之葬者,厚衣之以薪,葬之中野,不封不树,丧期无数",可知在春秋之前墓葬是不起坟茔的,考古资料显示,坟丘的出现应在春秋晚期,《礼记·檀弓上》记载了孔子关于合葬父母的一段言辞:"古也墓而不坟。今丘也,东西南北之人也,不可以弗识也,于是封之,崇四尺。"可见墓上垒坟原为辨别墓葬位置,但到了战国时代,《吕氏春秋·安死》已载"世之为丘垄也,其高大若山,其树之若林",墓上垒坟已然成为当时风尚,彰显墓主身份的重要标志。而最高统治阶层天子的坟墓为区别于普通的"丘""冢"之名,更被新称为"陵"或"山陵",以体现皇权的至高无上。

贵族官僚与普通平民在丧葬的规模形制上差异巨大,贵贱分明,从墓葬的物化形态表现来看,无论是地下墓内陈设包含的墓道、墓室、棺椁、随葬器物,还是地面标记所涉的封土形状、礼仪建筑、雕刻碑碣,都是后者所不能企及的。伴随帝王制度始终的帝王陵寝,多建立于国都附近,缘于特殊地位的费心营构,陵寝大多规模恢宏、形制复杂,成为不同时期最具代表性的墓葬物化形态。如距离现代社会时间较近的明十三陵、清东陵西陵,是帝王陵园建筑群的成熟代表;时代较早并未全面发掘的秦始皇陵,其陪葬墓坑兵马俑的发现受到举世瞩目,作为世界文化遗产为人所知。俑,即人偶,是代替活人殉葬的替代性丧葬用品,代表了古人复原、再现、重构逝者过往生活空间的努力,真人等大的秦始皇陵兵马俑即是墓俑的典型代表,是考察墓俑体量形制变化的关键参照物。可以说,帝王陵寝对了解丧葬制度及文化礼俗变迁具有重要意义。对普通人而言,更通俗的物化形态或许是墓葬讲究的"风水",也被称为堪舆术、相地术。在早期文明中,受限于低下的生产力,古人高度依赖自然环境,涉及的营建均注意周遭地理环境和山川形势;在此后发展中,上述地理崇拜、鬼神观念与阴阳五行学说的糅合,促使古人对先人葬地的营造无比慎重,讲究墓穴方位、朝向、排列结构等,期望能够择吉避凶,庇佑后人。这种礼俗从秦汉兴起,到魏晋时期逐渐形成整套风水理论,传为晋代郭璞所作的《葬书》即为此术的经典之作,郭璞也成为风水鼻祖。夹杂着诸多风水传奇故事的流传印证,使上至帝王贵属、下至黎民百姓,无不对墓地与子孙命运仕途紧密连接颇为信服。唐宋以后,墓地选择极重风水,业已成为丧葬物化形态中重要的组成部分,影响深远。

从某种意义上说,丧葬是人类社会的缩影,是民族文化的集中体现。作为中国传统文化的重要组成部分,丧葬习俗容纳古代社会的信息量颇为宏阔广大,是了解古代社会的一面镜子,且在丧葬礼俗的各个环节,古人均以经典辞章的文字记录形式积极参与,并借之留存于现世时空,展现对人类生命的永续关注。

篇目选读

《柳下惠诔》柳下惠妻①

夫子之不伐兮②,夫子之不竭兮③。夫子之信诚④,而与人无害兮。屈柔从俗⑤,不强察兮⑥。蒙耻救民⑦,德弥大兮。虽遇三黜,终不蔽兮⑧。恺悌君子⑨,永能厉兮。嗟乎惜哉,乃下世兮⑩。庶几遐年⑪,今遂逝兮。呜乎哀哉,魂神泄兮⑫。夫子之谥⑬,宜为惠兮。

(选自严可均校辑《全上古三代秦汉三国六朝文》,中华书局1958年版。)

---

① 柳下惠妻:失其姓。柳下惠,即展禽,春秋中期鲁国大夫,以字为氏,名获。柳下为其封邑,谥惠,故称柳下惠。《烈女传》卷二:"柳下既死,门人将诔之。妻曰:'将诔夫子之德邪,则二三子不如妾之知也'。乃诔云云。门人从之以为诔,莫能窜一字。"

② 夫子:古代妻对夫的称呼。伐:夸耀。

③ 竭:穷尽。

④ 信诚:诚实,不欺,真诚。

⑤ 屈柔:委屈而柔和。从俗:顺从时俗。

⑥ 强察:强作明察。

⑦ 救民:当指不顾三黜的耻辱,为鲁国办事,使鲁人免受苦难;又《荀子·大略》称"柳下惠与后门者同衣而不见疑,非一日之闻也",或即后世柳下惠"坐怀不乱"故事的出处,此说后世转为女性坐于其怀,不为乱。同属救人不免蒙受污名事。

⑧ 三黜:《论语·微子》:"柳下惠为士师,三黜。人曰:'子未可以去乎?'曰:'直道而事人,焉往而不三黜? 枉道而事人,何必去父母之邦'?"黜(chù):贬,废免。

⑨ 恺悌:安和简易。又作"岂弟"或"恺弟"。

⑩ 下世:死亡。

⑪ 庶几:或可,表示希望或推测之词。遐年:遐龄,长寿。

⑫ 魂神:魂魄与神气散发,谓死亡。

⑬ 谥:谥号。依据展禽生前德行,其谥号应为"惠"。古代帝王名臣贤士死后,官方根据其一生行事,给予评价称呼,称为谥号。自春秋后期始,又有私谥,即由其亲朋未经官方认可而给予谥号。这里由其妻言当谥"惠",即属私谥。据《谥法》"柔质慈民曰惠""爱民好与曰惠",与展禽品行相符,故其妻言应谥为"惠"。

《汉乐府》挽歌两首

《薤露》

薤上露①,何易晞②。露晞明朝更复落,人死一去何时归。

《蒿里》

蒿里谁家地③？聚敛魂魄无贤愚。鬼伯一何相催促④,人命不得少踟蹰⑤。

（选自郭茂倩编《乐府诗集》,中华书局1979年版。）

《吊古战场文》李华

浩浩乎平沙无垠⑥,夐不见人⑦。河水萦带,群山纠纷。黯兮惨悴⑧,风悲日曛⑨。蓬断草枯,凛若霜晨；鸟飞不下,兽铤亡群⑩。亭长告余曰⑪:"此古战场也,常覆三军。往往鬼哭,天阴则闻。"

伤心哉！秦欤？汉欤？将近代欤⑫？吾闻夫齐魏徭戍⑬,荆韩召募⑭；万里奔走,连年暴露。沙草晨牧,河冰夜渡。地阔天长,不知归路；寄身锋刃,腷臆谁愬⑮？秦汉而还,多事四夷⑯。中州耗斁⑰,无世无之。古称戎夏⑱,不抗王师⑲。文教失宣⑳,武

---

① 薤(xiè):植物名,叶子丛生,形似韭,细长中空,花紫色。

② 晞:晒干。

③ 蒿里:原为山名,相传在泰山之南,是埋葬死者的地方,后因之泛指墓地或者魂魄聚居的阴间,古人认为是人死后魂魄聚居的地方。

④ 鬼伯:古人对拘人魂魄的鬼卒的尊称。

⑤ 踟蹰(chí chú):心里迟疑,犹豫徘徊的样子。

⑥ 垠(yín):边际。

⑦ 夐(xiòng):辽远。

⑧ 黯:心神沮丧的样子。惨悴:悲惨忧伤。

⑨ 曛(xūn):形容日色昏暗。

⑩ 铤(tǐng):快速逃跑。

⑪ 亭长:借指地方小吏。秦汉时期每十里为一亭,设亭长一人,掌理治安、诉讼事。

⑫ 将:抑或、还是。

⑬ 徭戍:徭役征戍。

⑭ 荆:即楚国。

⑮ 腷(bì)臆:心情苦闷。愬(sù):同"诉"。

⑯ 多事:征伐。四夷:四方边境的少数民族。夷,古时对异族的贬称。

⑰ 中州:即中原。耗斁(dù):损耗败坏。

⑱ 戎夏:少数民族与华夏汉族合称,泛指天下。

⑲ 王师:天子军队,古义指应天顺人、吊民伐罪的仁义之师。

⑳ 文教:指礼乐法度,文章教化。

臣用奇①。奇兵有异于仁义,王道迂阔而莫为②。

呜呼噫嘻!吾想夫北风振漠,胡兵伺便③。主将骄敌,期门受战④。野竖旄旗,川回组练⑤。法重心骇,威尊命贱。利镞穿骨,惊沙入面;主客相搏,山川震眩;声析江河⑥,势崩雷电。至若穷阴凝闭⑦,凛冽海隅⑧,积雪没胫,坚冰在须。鸷鸟休巢,征马踟蹰。缯纩无温⑨,堕指裂肤。当此苦寒,天假强胡,凭陵杀气⑩,以相剪屠。径截辎重⑪,横攻士卒;都尉新降,将军覆没。尸踣巨港之岸⑫,血满长城之窟。无贵无贱,同为枯骨。可胜言哉!

鼓衰兮力竭,矢尽兮弦绝;白刃交兮宝刀折,两军蹙兮生死决⑬。降矣哉,终身夷狄;战矣哉,暴骨沙砾。鸟无声兮山寂寂,夜正长兮风淅淅;魂魄结兮天沉沉,鬼神聚兮云幂幂⑭;日光寒兮草短,月色苦兮霜白。伤心惨目,有如是耶!

吾闻之:牧用赵卒⑮,大破林胡;开地千里,遁逃匈奴。汉倾天下,财殚力痛⑯。任人而已,岂在多乎?周逐猃狁⑰,北至太原,既城朔方⑱,全师而还。饮至策勋⑲,和乐

---

① 用奇:指使用奇兵诡道。
② 王道:以礼乐仁义等文教治理天下的方法,与霸道相对而言。迂阔:迂远空疏,不切实际。
③ 胡:北方及西方外族。伺便:趁机。
④ 期门:辕门,军营大门。
⑤ 组练:士卒的衣甲服装。此代指士卒。
⑥ 析:分离,劈开,战斗声震动天地。
⑦ 穷阴:犹穷冬,极寒之时。
⑧ 海隅(yú):即海角,瀚海边远之地。
⑨ 缯纩(zēng kuàng):冬天穿的棉衣。缯,丝织品总称。纩,丝绵。
⑩ 凭陵:凭借,倚仗。
⑪ 辎(zī)重:军用物资的总称。
⑫ 踣(bó):扑倒。
⑬ 蹙(cù):迫近,接近。
⑭ 幂(mì)幂:阴云密布的样子。
⑮ 牧:指李牧。战国末赵国良将,《史记·廉颇蔺相如列传》称其善布奇阵,守雁门,"大破匈奴十余万骑","其后十余岁,匈奴不敢近赵边城"。
⑯ 殚(dān):尽。痛(pū):劳倦,病苦。
⑰ 猃狁(xiǎn yǔn):周时北方少数民族,即匈奴前身。《诗经·小雅·六月》:"薄伐猃狁,至于太原",言周宣王时,尹吉甫将猃狁驱逐至太原。
⑱ 朔方:北方,出自《诗经·小雅·出车》"天子命我,城彼朔方"。
⑲ 饮至:古代盟会、征伐凯旋后,告祭于宗庙,举行宴饮,称为"饮至"。策勋:把功勋记载于简策上。

且闲。穆穆棣棣①，君臣之间。秦起长城，竟海为关；荼毒生民②，万里朱殷③。汉击匈奴，虽得阴山④，枕骸徧野，功不补患。

苍苍蒸民⑤，谁无父母？提携捧负，畏其不寿。谁无兄弟？如足如手。谁无夫妇？如宾如友。生也何恩，杀之何咎？其存其没，家莫闻知。人或有言，将信将疑；悁悁心目⑥，寝寐见之。布奠倾觞⑦，哭望天涯。天地为愁，草木凄悲。吊祭不至，精魂何依？必有凶年⑧，人其流离。呜呼噫嘻！时耶命耶？从古如斯！为之奈何？守在四夷⑨。

（选自李华《李遐叔文集》，上海古籍出版社1993年版。）

《柳子厚墓志铭》韩愈

子厚讳宗元⑩，七世祖庆⑪，为拓跋魏侍中⑫，封济阴公。曾伯祖奭⑬，为唐宰相，与褚遂良⑭、韩瑗俱得罪武后⑮，死高宗时⑯。皇考讳镇⑰，以事母弃太常博士⑱，求为

---

① 穆穆：仪态端谨的样子。棣（dì）棣：娴雅安和的样子。

② 荼（tú）毒：残害。

③ 朱殷（yān）：指鲜血。朱，红色。殷，赤黑色。

④ 阴山：河套以北、大漠以南诸山的统称。原为匈奴南部屏障，匈奴常由此以侵汉。汉武帝时，卫青、霍去病北征曾控制阴山一带，但汉军亦损失惨重。

⑤ 苍苍：茂盛的样子，此指众多。蒸：通"烝"，百姓。

⑥ 悁（yuān）悁：忧愁郁闷的样子。

⑦ 布奠倾觞（shāng）：摆设祭品，倒酒祭奠死者。

⑧ 凶年：荒年。

⑨ 守在四夷：语出《左传》昭公二十三年："古者天子，守在四夷。"指以仁德使四方归服，为天子守边，免于战争。

⑩ 子厚：柳宗元字。作墓志铭，依例当称死者官衔，因韩、柳私交甚笃，故称字。讳：名。生者称名，死者称讳。

⑪ 七世祖庆：即柳庆，史载其北魏（拓跋魏）时任侍中，入北周封平齐公。其子柳旦，任北周中书侍郎，封济阴公。实应为六世祖，韩愈误记。

⑫ 拓跋（tuò bá）魏侍中：门下省长官，掌管传达皇帝命令。

⑬ 曾伯祖奭（shì）：当为高伯祖，应为误记。即柳奭，字子燕，柳旦之孙，柳宗元高祖子夏之兄。柳奭乃唐高宗王皇后舅父，曾任中书令，因废后事被杀。

⑭ 褚（chǔ）遂良：字登善，历任吏部尚书、同中书门下三品、尚书右仆射等官。唐太宗临终时命他与长孙无忌一同辅佐高宗。后因劝阻高宗改立武后，遭贬黜，忧病而死。

⑮ 韩瑗（yuàn）：字伯玉，官至侍中，为救褚遂良，同被贬黜。

⑯ 高宗：唐高宗李治，太宗子。

⑰ 皇考：古时在位皇帝对先皇的尊称，后引申为对先祖的尊称，本文中指先父。

⑱ 太常博士：太常寺属官，负责宗庙礼仪。

县令江南。其后以不能媚权贵,失御史①。权贵人死②,乃复拜侍御史③。号为刚直④,所游皆当世名人。

　　子厚少精敏,无不通达。逮其父时⑤,虽少年,已自成人⑥,能取进士第⑦,崭然见头角⑧,众谓柳氏有子矣⑨。其后以博学宏词授集贤殿正字⑩。隽杰廉悍⑪,议论证据今古,出入经史百子,踔厉风发⑫,率常屈其座人。名声大振,一时皆慕与之交,诸公要人争欲令出我门下,交口荐誉之。贞元十九年⑬,由蓝田尉拜监察御史⑭。顺宗即位⑮,拜尚书礼部员外郎⑯,且将大用。遇用事者得罪⑰,例出为刺史⑱。未至,又例贬州司马⑲。

　　居闲益自刻苦⑳,务记览,为词章泛滥停蓄,为深博无涯涘㉑,而自肆于山水间㉒。

---

① 失御史:柳镇任殿中侍御史,因不肯与御史中丞卢佋、宰相窦参一同诬陷侍御史穆赞,被贬为夔州司马。御史:唐代御史台分为台院、殿院和察院。此指殿中侍御史,属殿院,负责对皇帝周围群僚的监察。

② 权贵人死:唐德宗贞元九年,窦参因罪行败露被赐死。

③ 侍御史:御史台属官,职掌纠举百僚,审讯案件。

④ 号为刚直:刚毅正直。郭子仪曾授柳镇为晋州录事参军,晋州太守骄悍好杀戮,官吏不敢与之相争,独柳镇抗之以理。

⑤ 逮:及,到。意即在他父亲在世的时候。

⑥ 已自成人:已然成才。

⑦ 取进士第:唐德宗贞元九年,柳宗元进士及第。

⑧ 崭然见(xiàn)头角:崭然,高峻突出的样子。喻指青年人才华初显。

⑨ 有子:意指有光耀楣门之子。

⑩ 博学宏词:唐代吏部考选进士及第者的科目,取中方能授官。集贤殿正字:官名。集贤殿,集贤殿书院,掌刊辑经籍,搜求佚书;正字,集贤殿置学士、正字等官,正字掌管编校典籍、刊正文字的工作。

⑪ 廉悍(hàn):方正廉洁,有骨气。

⑫ 踔(chuō)厉风发:形容柳宗元议论纵横,精神奋发,见识高远的样子。

⑬ 贞元:唐德宗年号。

⑭ 蓝田:地名,今属陕西省。尉:县府管理治安、缉捕盗贼的官吏。监察御史:御史台属官,掌分察百僚、巡按郡县,纠视刑狱、整肃朝仪诸事。

⑮ 顺宗:李诵,德宗之子。805年在位,执政仅八个月。

⑯ 礼部员外郎:官名,掌管辨别和拟订礼制之事及学校贡举之法。王叔文、韦执谊等引荐柳宗元为此官。

⑰ 用事者:掌权者,指王叔文。

⑱ 例出:按规定遣出。

⑲ 例贬:依照"条例"贬官。司马:本指州刺史属下掌管军事的副职,唐时已成为有职无权的冗员。

⑳ 居闲:处于闲散之地,又任闲职。

㉑ 无涯涘(sì):无边际。涯、涘,均指水边。

㉒ 肆:放纵。此指发泄苦闷,舒散胸怀。

元和中尝例召至京师①，又偕出为刺史，而子厚得柳州②。既至，叹曰："是岂不足为政邪③?"因其土俗④，为设教禁⑤，州人顺赖⑥。其俗以男女质钱⑦，约不时赎⑧，子本相侔⑨，则没为奴婢。子厚与设方计⑩，悉令赎归。其尤贫力不能者，令书其佣⑪。足相当⑫，则使归其质⑬。观察使下其法于他州⑭，比一岁⑮，免而归者且千人。衡湘以南为进士者皆以子厚为师⑯，其经承子厚口讲指画为文词者，悉有法度可观。

其召至京师而复为刺史也，中山刘梦得禹锡亦在遣中⑰，当诣播州⑱。子厚泣曰："播州非人所居，而梦得亲在堂⑲。吾不忍梦得之穷无辞以白其大人⑳，且万无母子俱往理。"请于朝，将拜疏㉑，愿以柳易播，虽重得罪死不恨㉒。遇有以梦得事白上者，梦得于是改刺连州㉓。呜呼！士穷乃见节义。今夫平居里巷相慕悦，酒食游戏相征

---

① 元和:唐宪宗年号。

② 柳州:唐置，属岭南道。

③ 是:这、这里，指柳州。此句谓柳州地虽偏远，也同样可以实施政教，做出政绩。

④ 因:顺着，按照。土俗:当地风俗。

⑤ 教禁:教谕和禁令。

⑥ 顺赖:顺从信赖。

⑦ 质:典当，抵押。

⑧ 不时赎:不按时赎取。

⑨ 子:指子金，即利息。本:本钱。相侔(móu):相等。

⑩ 与设方计:替债务人想方设法。

⑪ 书:记录。佣:劳动所值。

⑫ 足相当:意指佣工劳动所值足以抵消借款本息。

⑬ 质:人质。

⑭ 观察使:又称观察处置使，是中央派往地方掌管监察的官员。下其法:推行赎回人质的办法。

⑮ 比(bì):及，等到。

⑯ 衡湘:指衡山和湘水，泛指岭南地区。

⑰ 中山刘梦得禹锡:刘禹锡，字梦得，洛阳人，因其祖先汉景帝子刘胜曾封中山王，自言系出中山(今属河北)，文学家，曾任监察御史，与柳宗元同为参与王叔文改革而被贬职者。

⑱ 诣(yì)播州:前往播州。播州，今贵州省绥阳县。

⑲ 亲在堂:母亲健在。

⑳ 穷:困窘，走投无路。大人:父母。此指刘禹锡之母。

㉑ 拜疏:向皇帝上呈奏章。

㉒ 重(chóng)得罪:再加一重罪。

㉓ 连州:地名，唐属岭南道。

逐①，诩诩强笑语②，以相取下③，握手出肺肝相示④，指天日涕泣，誓生死不相背负⑤，真若可信。一旦临小利害，仅如毛发比⑥，反眼若不相识。落陷阱不一引手救⑦，而反挤之，又下石焉者皆是也。此宜禽兽夷狄所不忍为，而其人自视以为得计。闻子厚之风，亦可以少愧矣！

子厚前时少年，勇于为人⑧，不自贵重顾籍⑨，谓功业可立就，故坐废退⑩。既退，又无相知有气力得位者推挽⑪，故卒死于穷裔⑫。材不为世用，道不行于时也。使子厚在台省时自持其身⑬，已能如司马、刺史时，亦自不斥；斥时有人力能举之，且必复用不穷。然子厚斥不久，穷不极，虽有出于人，其文学辞章，必不能自力以致必传于后如今无疑也⑭。虽使子厚得所愿，为将相于一时⑮。以彼易此，孰得孰失，必有能辨之者。

子厚以元和十四年十一月八日卒，年四十七。以十五年秋七月十日，归葬万年先人墓侧⑯。子厚有子男二人：长曰周六，始四岁；季曰周七⑰，子厚卒乃生。女子二人，皆幼。其得归葬也，费皆出观察使河东裴君行立⑱。行立有节概⑲，重然诺⑳。与子厚

---

① 征(zhēng)逐：往来频繁。

② 诩(xǔ)诩：能说会道，讨好取悦他人的样子。强(qiǎng)笑：勉强，做作。

③ 相取下：意谓采取谦下的态度，相互媚悦。

④ 出肺肝相示：比喻做出非常诚恳、坦白的样子。

⑤ 背负：背叛，变心。

⑥ 如毛发比：比喻事情之细微。比，类似。

⑦ 陷阱(jǐng)：圈套，祸难。

⑧ 为人：助人。此处略有以柳宗元参与王叔文集团是其政治失慎之意。

⑨ 顾籍(jí)：顾惜。

⑩ 坐：因他人获罪而受牵连。废退：指远谪边地，不用于朝廷。

⑪ 有气力：有权势和力量的人。推挽(wǎn)：推举提拔。

⑫ 穷裔(yì)：穷困的边远地方。

⑬ 台省：御史台和尚书省。意指柳宗元在两部门任职时。

⑭ 自力：自我努力。

⑮ 为将相于一时：在被贬"八司马"中，唯有程异之后得到李巽推荐，位至宰相，但不久即过世，亦无政绩可言。文中暗借程异作比较。

⑯ 万年：唐县名，在今陕西省临潼区。先人墓：在万年县。

⑰ 周七：即柳告，字用益，柳宗元遗腹子。

⑱ 河东：郡名，治所在今山西省永济。裴君行立：即裴行立，绛州稷山(今山西省稷山县)人，时任桂管观察使，为柳宗元上司。

⑲ 节概：节操度量。

⑳ 重然诺：看重许下的诺言。

结交,子厚亦为之尽。竟赖其力,葬子厚于万年之墓者,舅弟卢遵①。遵涿人②,性谨顺,学问不厌。自子厚之斥,遵从而家焉③,逮其死不去。既往葬子厚,又将经纪其家④,庶几有始终者⑤。

铭曰:是惟子厚之室⑥,既固既安,以利其嗣人⑦。

(选自韩愈著,刘真伦、岳珍校注《韩愈文集汇校笺注》,中华书局 2010 年版。)

《鹧鸪天·重过阊门》贺铸⑧

重过阊门万事非⑨,同来何事不同归⑩? 梧桐半死清霜后⑪,头白鸳鸯失伴飞。

原上草,露初晞⑫,旧栖新垅两依依⑬。空床卧听南窗雨,谁复挑灯夜补衣?

(选自贺铸撰,钟振振校点《东山词》,上海古籍出版社 1989 年版。)

作品讲授

《柳下惠诔》

诔文是最古老的礼仪文体之一。"诔"与"谥"的关系最为密切。古人用此文体通常列述死者德行,表示哀悼并以此定谥。诔文产生之初与"为死者定谥"这一目的分不开。谥或者谥号是古代帝王、贵族大臣死后,朝廷根据他们的生平行为给予一种称号以褒贬

---

① 卢遵:柳宗元舅父之子。

② 涿(zhuó):今河北省涿州市。

③ 从而家:跟从柳宗元,把柳宗元家当作自己的家。

④ 经纪:安排料理。

⑤ 庶几:近似,差不多。

⑥ 室:幽室,即墓穴。

⑦ 嗣(sì)人:子孙后代。

⑧ 鹧鸪天:词牌名。此词乃宋徽宗建中靖国元年作者重过苏州悼念亡妻所作。贺铸妻赵氏,为赵宋宗室济国公之女。

⑨ 阊(chāng)门:即阊阖门,苏州城西门,代指苏州。

⑩ 何事:为何。

⑪ 梧桐半死:据传以半生半死的梧桐树根制琴,其声为天下之至悲(见枚乘《七发》),这里用来比拟丧偶之痛。清霜后:秋天,此指年老。

⑫ 原上草,露初晞:此二句形容人生短促,如草上露水之易干。语出乐府古辞《薤露》:"薤上露,何易晞? 露晞明朝更复落,人死一去何时归。"晞(xī),干。

⑬ 旧栖:旧居,指生者所居处。新垅:新坟,指死者葬所。

善恶。谥号是固定的一些字,带有被赋予的特定含义,用来指称死者的美德或恶行。给予谥号的标准称为谥法,多数时候不免虚夸,如"经天纬地曰文""乱而不损曰灵""恭仁短折曰灵",上古多用单字谥号,后世则常用两字甚至更多字。除了朝廷公谥,有名望的学者死后也会被其亲友门人加"私讳"。最初的诔文,在礼仪上一般是上对下、尊对卑的,诔文的撰写有严格的等级限制,周代时只能用于王侯卿大夫之丧,不能用于普通人的丧葬。最早遗存的诔文——鲁哀公诔孔子并未有谥,可见诔文逐渐游离于谥法系统,表达哀悼的文体作用逐渐加重。而我们选读的这篇《柳下惠诔》,虽承刘勰所言"读诔定谥"之大节,却是以下诔上、以妻诔夫,应属"私谥"。就其传世源流而言,此文最早见于西汉成书的《列女传》,所以后世学者如纪昀以此质疑"未必果真出柳下妇也",但依然肯定其在诔文体式发展上的"始变"色彩。源于此,本文仍遵循关于此篇作者与系年的传统定位。

柳下惠,即展禽,春秋中期人,鲁公族,以字为氏,故称展禽,食邑在柳下,谥惠,故称柳下惠。其名字各书记载不一。柳下惠曾为鲁国士师(掌管刑狱的官)。鲁僖公二十六年齐攻鲁,他派人到齐劝说退兵,以善于讲究贵族礼节著称。柳下惠生活的时代应在春秋中期,诸多文献如《左传》《礼记》《论语》《庄子》记载显示,柳下惠是一位颇为后人认可的古代圣贤。其坐怀不乱的故事广为流传,细节虽有差异,但其君子风范当为后世公认。孔子赞柳下惠"言中伦,行中虑",而指责臧文仲"不仁"的评判标准即:"知柳下惠之贤,而不与立也。"(《论语·卫灵公篇》);对柳下惠在鲁国连遭三次贬黜而不去国,坚持"直道事人"的风范,孟子评价更高,他说:"圣人百世之师也,伯夷柳下惠是也。""闻柳下惠之风者,薄夫敦,鄙夫宽,奋乎百世之上,百世之下。闻者莫不兴起也。"(《孟子·尽心篇下》)柳下惠的圣贤君子形象在此篇诔文中更得到具体而微的呈现。

诔辞共二十句,八十七字。前十二句为一层次,首两句为总体定评,简笔勾勒出一位不事夸耀却才德永续的贤哲形象。此后十句乃诔文之主干,用简约而恰当的语言,从多个层面描绘柳下惠一生的德行。写其性格诚实不欺,且与人无害,行为上能同各色人等和睦相处,而不强作高出流俗的明察者,为救护民众,个人甘愿蒙受诬名屈辱。虽三次遭贬黜而不易其志。性格始终和乐温润,不愧为君子人格的典范。此后六句为第二层次,重点转为对柳下惠辞世的哀悼之情,整个篇章"辞哀而韵长"(刘勰《文心雕龙·诔碑》),打动人心。最后两句顺理成章地点明谥号,予以告结。此文不仅恰如其分地展现出柳下惠一生的崇高品性德行,更以适当的哀叹引导抒发对辞世者共同的惋惜与悼念之情,"惠"之谥号结语则将其一生抽象升华。据《烈女传》记载,诔文完稿,其贴切合宜令门人叹服而不能改一字,虽"以妻诔夫",突破诔文书写传统,且"私门定谥",但此篇诔文备受赞誉,世间皆认为柳下惠妻"贤明有文"。上述诔文的三层结撰方式也对后世影响深远,基本确立了此后诔文的结构模式。在后世演变中,随着谥法在现实中功能性的衰减,诔文更加看重哀情书写,与其他哀辞祭文有所重叠,创作者日渐减少。因此,这篇早期辞浅情深、文短韵长的诔文佳作更值得关注。

《汉乐府》挽歌两首

丧葬文化促成了挽歌及挽歌诗。灵柩启动,器序仪仗随灵柩启程,丧主与亲友哀哭相送。绋,就是古代出殡时拉棺材用的绳子,用葛或麻搓成,执绋即帮助拉灵车。周礼规定,助丧者必执绋,因此该语也包含送丧的意思。挽歌是礼制丧歌的一种,是古人送葬时所唱的歌,由乐曲和歌词两部分组成。传说出于田横自杀后门人的悲歌,后成礼俗。另一说源自汉武帝时。汉魏以后,挽歌大盛,成为丧葬礼俗之一。《薤露》《蒿里》是汉魏时期的挽歌,是出丧时牵引灵柩的人所唱,《乐府诗集》纳入"相和歌辞"。据崔豹《古今注》认为《蒿里》《薤露》原来本是一首诗,至汉武帝时,宫廷乐师李延年将其分为二曲,《薤露》送别王公贵人,《蒿里》送别士大夫和庶人。《薤露》以起兴立笔,哀婉凄惨;《蒿里》则更加平实切直,抒发哀痛时有怨怒、无奈的复杂意味。二诗虽有凄婉哀吟、悲歌厉响的不同基调,但都表达了对人类生命短促、一去不返的无尽哀伤与感叹;一生奄忽而过,不仅是已逝者的遭际,生者也同样感受到弥漫于侧的惘惘重压。在绵延的时空中,借助挽歌探求并思考"生死存亡"的玄妙,可以体会更多礼俗变迁中的抒情写意。

《吊古战场文》

古代的"吊"是一种对不幸者表示慰问的行为,多用于抚恤遭受天灾人祸的个人与国家。这种慰问灾祸、抚恤伤痛的行为,又发展为对生者因遭受亲人死亡痛苦而进行的一种伤悼行为。《礼记·曲礼》卷三云"知生者吊,知死者伤,知生而不知死,吊而不伤,知死而不知生,伤而不吊",可知先秦时期吊的行为主要针对生者,是对生者所受痛苦的一种安抚与劝慰。早期吊礼还因指向对象的不同而有不同称谓,如"唁"。吊也并非对所有人都适用,如非正常死亡或少年早夭者则不能致吊。延之后来,文人往往借吊文,对古人致追慕、追悼、追慰之意。而更有一些篇章则借助对古代的遗迹、遗物感慨古今,寄托自身情怀,与早期丧葬实用性文体已有较大区别。此章所选李华名篇《吊古战场文》即属此类。

李华,字遐叔,唐代著名古文家,中唐韩柳古文运动的先驱者之一。生于盛唐的李华经历了"安史之乱",此一国家由盛转衰的巨大转变,对他影响甚深。促使他积极关注现实统治秩序的整合,积极参与文体文风改革,整肃文坛浮靡之风。《吊古战场文》从某种意义上讲,既是上述现实政治关注的延伸,也是精心构撰的传世之文。有关此文的创作源起,后人多有推测,其中较有影响力的一种观点即李华在天宝末年奉使朔方,目击荒凉颓败的古战场,感慨万千,撰成此文。此文托名吊古,实蕴含着在开元、天宝间由于战争频繁而导致的普遍反对"穷兵黩武"的社会情绪。《吊古战场文》确乃切身有感而发,作者借古喻今,名为吊古战场,实乃吊今战场;揭示了玄宗立朝以来开边拓土政策给百姓、社会带来的巨大灾难,提出了"守在四夷"的政治主张。此文与杜甫的《兵车行》同为盛唐时期反映现实、批判现实的杰作。

整篇文字起笔恢弘,铺展古君王驱遣士卒征战,终使万千士卒遭遇绝境,乃至身死疆场,对兵士征夫生活的艰难、战争绵延的残酷激烈、战场伤亡的惨重悲凄,做了生动充分的描述,在场景创设的逼真呈现方面具有极佳的冲击力。同时此文也打破了传统吊文以抒情为主的模式,由描写而议论,并以议论逐层累进,由"尝覆三军"这一文字创设的历史画卷中展开巨笔挥洒,引领读者关注过往战争,铺叙阵亡士卒家人的哀思痛诉,自然地凸显穷兵黩武之弊,并推导出自身"守在四夷"的主张,强调施行仁义方是正道。整体结构清晰,逻辑次序井然。在语言层面亦极富特色,全文以四言为主,但又非纯粹的四言骈文句式,而是杂用散句、骚体,且用韵频密,既给人以整饬均匀的美感,又通过骈散交接、以骈入散,达到表达上的变化多端,形成了文章整体张弛有度、缓急相间的节奏。情绪调动频繁,既感受到酣畅淋漓,又不乏戛然而止、悠远深邃之意,读者可在阅读中充分感受作者非凡的笔法变幻。

《柳子厚墓志铭》

墓碑文、墓碣文、墓志铭是古人丧葬时立于墓上或埋入圹中,以石为刻写材料的文字书写记录。墓碑本是下棺的工具,后逐渐在碑上刻写简短文字,转成特定文辞的传播载体。古代碑文功能繁复,不仅关涉丧葬制度,也与社会生活其他层面相连甚广。墓志铭埋入圹中,意在帮助后人识别墓主,因此在石上会刻录死者基本信息。早期墓志铭多属于无地位的寒族,在晋宋之际则开始兴盛,地位尊贵者也常立墓志铭。由于魏晋时期对厚葬风气的反对,严禁立碑,给了墓志铭更多的应用机会。六朝末期,墓志铭已成为丧葬礼仪的重要组成部分,其形制、大小、安放位置都有严格规定。按照明代王行《墓铭举例》所言,主要包含以下内容"曰讳、曰字、曰姓氏、曰乡邑、曰族出、曰行治、曰履历、曰卒日、曰寿年、曰妻、曰子、曰葬日、曰葬地",行文结构主要由墓志与墓铭两部分组成,前者记人叙事以散为主,后者抒情颂德,多用韵语。

上述石刻文的叙事与传记有所不同,难免多记载墓主功德,不乏谀墓浮夸之作,但也确有佳作流传。《柳子厚墓志铭》即为其一。韩柳同为中唐诗文领袖,虽政见不同,但私交甚笃,于文学领域的革新主张更是深相契合。柳宗元病故于柳州任所,韩愈遂作《祭柳子厚文》描述柳氏的政治生涯和悲惨命运。第二年,柳氏灵柩归葬故里,韩愈再精心剪裁结撰,以褒贬相间的春秋笔法,写下该文。充分展示了柳宗元的家世、才华、业绩和品性。其间叙议抒情间杂,高度赞扬柳宗元的政治才干,肯定贬谪经历对其卓越文学成绩的玉成,述及柳氏品性之勇于任事、孤高自励与世态常情的推诿倾轧、卑劣怯懦形成鲜明对比,传递出对柳氏短暂一生、险恶仕途经历的深切同情,又在鞭挞炎凉现世中,长存对个体人生价值理念如何实现、如何评价的无尽思索。

在韩愈众多墓志铭文章中,该文情性真切,文笔独特,突破一般模式化的碑铭体式之成规,浸透丰沛情感下的书写,不平之言屡见,情感基调上将深情、沉痛、激愤融于一体,形成特殊的语体面貌。此文历来饱受赞誉,清人储欣推其为昌黎碑铭文字第一。

《鹧鸪天·重过阊门》

悼亡作品,不论其采用体式为何,其核心目的仍在于所完成的作品能否有效传达或抒发生者对逝者的强烈情谊,触及生死隔绝中的情感变化。而悼亡诗词则特指夫或妻在对方亡故后表达悼念、思念等深挚情感的作品。因其更浓厚的真实性有别于其他应酬唱和类型的诗词,为很多人所留意。诗以悼亡,始自西晋潘岳三首追念亡妻的《悼亡诗》,影响深远,乃至"悼亡"几乎成为专指悼念亡妻之作。词之悼亡,始自苏轼《江城子·乙卯正月二十日夜记梦》,该词所达高度后人颇难企及,而被人认为可与其媲美,并被合称为"悼亡词双璧"者,即本篇所选——贺铸《鹧鸪天·重过阊门》。

贺铸虽出身外戚贵族,乃宋太祖孝惠贺皇后族孙,祖上世代武职,但直至40余岁仍徘徊下僚。后虽经苏轼等人推荐转任文职,但由于其个性耿介,仍不免任冷职闲差,终身郁郁不得志。其妻赵氏出身宗室贵家,婚嫁后不惮贫苦辛劳,勤俭持家,对贺铸体贴支持,夫妻感情深厚。贺铸为母服丧,曾停官闲居苏州,其间妻子亡故。贺铸与妻子相濡以沫,深为痛惜。此作即贺铸为亡妻所写的悼亡词,情深辞美,表现了作者对亡妻的深挚追怀。开篇通过旧地重游而触发感情,出语沉痛,词中追念了作者与亡妻长久以来患难与共、同甘共苦的生活,其家常平淡却内蕴深情,情真意切,动人肺腑。其中看似无理追问的"同来何事不同归",显现出作者无法相信也无法接受亡妻早已先一步离去,从此阴阳隔绝,今生永无团聚之期的现实。"有情语"背后的有情人,反更为此离情所苦,其后半死梧桐、失伴鸳鸯等意象不过是更多元化地刻画出作者孤寂一人的寥落和凄凉。下片"原上草,露初晞"一句,承上启下,亦比亦兴。用原草露水的初晞暗指妻子的新殁,"新垅"二字的出现就更为合理。同时"露初晞"的须臾间,似乎只是寻常事,却已是"旧栖新垅",永续分隔,再次凸显出生者面对变局,要承受生活仍在继续的重压,如结语两句"空床卧听南窗雨,谁复挑灯夜补衣"反诘所示:平实的家常景象,妻子贤惠、勤劳的形象,恩爱的情景仍历历在目,人却早已失去,此刻作者一直克制的深情达至高潮,却戛然而止,最终指向了永恒的失去。悼亡词所传达的哀婉凄绝也行至顶点,或许正因为这失去如此沉痛,记忆中潜存的情感与思念才备受珍视,具有了超越时空、穿越生死,以文艺形态被永续记忆、传递的可能。千载之后,今天阅读贺铸此篇悼亡词的读者,谁又能说没有体察到其对亡妻的深情痛悼呢?

课后思考

1.传统丧葬文化在当代对你的生活有何影响?你如何看待现代葬仪改革?

2.你如何看待丧葬文化中所展现出来的诗文实用性与抒情性的演变?

3."死生亦大矣",中国古代丧葬礼俗中所展现的生死观念对新时代年轻人的生命教育有何启迪?

4.生命流逝的伤痛与无奈,古人借助文学创作加以舒缓,在这些经典篇章中哪些触动了你的心弦?请分组讨论,并总结阐述自身认知。

拓展阅读

[1] 杨宽.中国古代陵寝制度史研究 [M].上海:上海古籍出版社,1985.

[2] 罗开玉.中国丧葬与文化 [M].海口:海南人民出版社,1988.

[3] 周苏平.中国古代丧葬习俗 [M].西安:陕西人民出版社,1991.

[4] 黄景略,吴梦麟,叶学明.中华文化通志·丧葬陵墓志 [M].上海:上海人民出版社,1998.

[5] 陈华文.丧葬史 [M].上海:上海文艺出版社,1999.

[6] 徐吉军.中国丧葬史 [M].武汉:武汉大学出版社,2012.

[7] 王力.中国古代文化常识 [M].北京: 北京联合出版公司,2014.

器物珍宝,为人造所成的珍异之物,是人类智慧的结晶。中国古代器物制造历史悠久,制器造物始终强调合于自然物性,各随其宜。或精雕细刻,或千锤百炼,历脱胎换骨,巧夺天工而成。在漫长的礼乐文化运作中,器物制造需要融通人心与万物,化物以兴象,谋求心道合一,倡扬以器弘道。一方面,器物之贵在于用。有的用于衣食住行,为生产、生活所必需;有的用于陈设观赏、把玩娱乐,陶冶身心,涵养情性。另一方面,受"形而上者谓之道,形而下者谓之器"哲学思想的影响,重道轻器的观念也颇根深蒂固,沉迷器物也不乏批评之辞。与之并生的实体器物文化博大精深,围绕其形制、名实、体用产生的研究也值得留意。

第十二讲

中国古代器物珍宝

解　题

　　器物指人类所创造的琳琅满目的物质百态，即各种生产和生活用具，是人类文明的主要组成部分，其外形和制造过程蕴含着丰富的文明理念和审美文化。珍宝为人造所成的珍异之物，是人类智慧的结晶。众多瑰丽奇巧、儒雅俊逸、雄伟恢宏的器物珍宝，灿若星河般点缀在中国绵长的历史发展中，具体而微地展示着中华文明的浩瀚繁复、博大精深。

　　造物能力是人区别于动物的重要标志，也是推动人类快速进化的核心因素。《周礼·冬官·考工记》云："知者创物，巧者述之守之，世谓之工。百工之事，皆圣人之作也。"恰如其分地诠释了上述观点。造物技术，尤其是具有开创性发明能力的先祖被后世尊奉为圣人，"燧人氏钻木取火""舜耕历山，渔雷泽，陶河滨，作什器于寿丘"《史记·五帝本纪》等历史记载证明掌握造物技术的先哲是推动华夏早期文明进步的关键性因素。器物制造反映了原始先民"观象制器""备物致用，立成器以为天下利"（《周易·系辞上》）的生存智慧。他们通过对生活中各种自然物质、现象的观察，将"天时、地利、材美、工巧"结合起来，生产出满足生活、生产需要的各种器物，进而体现出与自然互动的创造力。在器物的制作使用中蕴含生存智慧、审美意识。华夏先民以部族存身的自然环境为基础，因地制宜地制作出各种实用性物品。从最初的陶器到青铜器、玉器、瓷器等多样化材质的应用以及宫室内、车船上、矛戈等生活产品的发明与规模化生产，均是先民创制能力的展现。因此造物能力是先民生存智慧的物化体现，而器物制造又能促进人类心智的成熟与发展。留存于世的器物珍宝是历史记忆的实物载体，相较文字载录的传播变迁，蕴含着大量更具客观性、真实性的信息，与文献典籍共同构筑我们对历史文明的基本认知。

　　"纳礼于器"（《周礼·冬官·考工记》），乃至后世更明确的"器以载道"等观点诠释了器物在华夏传统文明形成及发展过程中扮演的重要角色，其佼佼者所谓"珍宝"更典型地体现了美器重宝的卓异价值。不同时代的器物珍宝，所使用的材质、制作方式，形成的造型、风格必然会具有不同时代的技术特征和文化意涵，反映着当时社会群体间的密切关系和思想信仰，且更为直观、立体。良渚文化存留的玉琮，多呈内圆外方的直柱状，蕴寓着对自然世界天圆地方的朴素认知，作为祭祀的神物，通天地、贯阴阳。青铜时代的九鼎铸造表达了中国人尊天法地、扶正祛邪的永恒纪念，也表达了先民对王权天下、九州一统的天命认知。以中轴对称为核心的宫室建筑营造模式，表达了古人追求方正有序、堂皇中和的价值观念。在城市建筑格局中，都城与县域中心城市格局相同，不同的只是规模和形制,从器物层面表达了先民推崇秩序和规则、重视伦理教化的文化内涵。"厚德载物""一言九鼎"表明了器物蕴含着中国人信守承诺、厚德包容的价值理念,证明了器物教化功能在传统文化体认和道德追求中的地位。与中国文明发展相始终的玉器制作,以其特殊的材质之美与道德礼法相连接,成为礼的载体之一。如周代赞见制度,"以玉作六瑞,以等邦国:王执镇圭,公执桓圭,侯执信圭,伯执躬圭,子执穀璧,男执蒲璧"(《周礼·春官·大宗伯》)。甚至对佩玉在行走时的发声做出要求,"古之君子必佩玉,右徵角,左宫羽,趋以《采齐》,行以《肆夏》。周还中规,折还中矩"(《礼记·玉藻》),借玉器的造型数目等昭示拥有者的等级身份,暗示并约制其品格习性,以玉比德,承担了礼器的特殊职能。而更为普遍存在的瓷器作为中国原创器物发明,历经长期而持续的技术工艺探求,汉唐以迄明清,历代均有代表性的瓷器珍品,在造型、品质、风格上各骋姿彩。其长足发展期更展现出实用而美观的区域性代表作,如宋代汝窑青瓷,呈淡雅的天青色,质感温润如玉,呈现特别的自然柔美;哥窑青瓷则特别利用烧制过程中的瑕疵裂纹,形成标志性的装饰特征;定窑白瓷施釉轻薄,整体风格素净,采用覆烧、镶边、印花等工艺,并增加了产量,对南宋如景德镇瓷器制作的影响颇深。瓷器在更为日常性的生活中,承载了人们对实用之物价值的理解与认同。在漫长的华夏文明进程中,汉唐盛世、两宋繁荣、明清帝国,都以强大的造物体系为支撑,塑造并成就了中华文明古国的富庶与丰饶,技术精华与礼仪风尚在实物的制作与使用中不断积淀发展。从整体上而言,器物珍宝承载着传统礼乐文明的运作,展示着中国人的精神追求和道德信念。

器物珍宝作为直观可感的物质产品必然凝聚着文化认同。在人类文明发展史上,中华民族是世界上唯一维系了五千多年而没有中断的文明体系,器物珍宝的丰厚绵延毋庸置疑是此文明延续性特征形成的关键性要素。从原始文明发端到夏商时期,中国器物文化发展经历诸多转变,终于形成"多元一体"的发展格局,也意味着中华民族文化体系的形成。从商朝青铜礼器到明清的瓷器,器物珍宝承载的文化体认从未中断,体现了历史上不同王朝统治者在器物文化发展中的承继性和连续性,也证明了中华民族在历史认同和文化认同上的一致性。在跨文化交流中,器物珍宝扮演着非常重要的角色,其承载的独特文化内涵在更大的贸易背景下不断被传递接纳。例如唐以来瓷器远销世界各地,制瓷技术也随之传播。瓷器在频繁的经济文化交流中,名、物相系,其英译名与原产国中文名的重合,成为最直观的文化凝聚标志。上述商贸往来为世界各国的文化交流和文明互通提供了机会,切实拉近了世界各地的距离。可以说,器物珍宝作为文化的载体和重要组成部分,在华夏文明文化发展中扮演着至关重要的角色。

在悠久的文明发展历程中,先民在自身文化及与周边各民族文化交流互鉴的基础上,形成了独特的器物文明和器用之道。早期《周易》《周礼》等典籍文献将器物工巧提升到圣人所为,将社会生产性的造物活动与社会治理合于一体。考古发现也不断证实先民早在旧、新石器时代即为生存和发展创制了辉煌灿烂的器物文明,但进入阶级社会现实治理中的同时,尊圣贱技、重道轻器的观念也颇为根深蒂固。《周易·系辞上》"形而上者谓之道,形而下者谓之器"的哲学认知,在农耕经济和宗法制度合宜与衰变的不同时代,带来不同的造物发展后果,后者不免遭遇更多波折和挑战。极具根本认知性的"天人合一"思想,认为自然界与人类之间存在着一种统一协调的关系,提倡为人行事应顺应天道,通过取法天、地、万物来获取力量或得到行事合理性,重视原材料生成环境对其所造物质的影响,注意使"自然物性"与"人工机巧"合而为一,惯于运用"观象制器"思维进行器物珍宝的制造,力图从世界构成的自然物质基质上反映其文化内涵。"物尽其用"与"以器启道"的思想又进一步推动了器物制造在挫折沉淀中的酝酿发展。

中国传统学问中有博物学,又有名物学,二者均关注器物珍宝等物质文化形态,研究有相通之处,但重点各殊。博物学着重在博闻广见,集纳奇珍异物,是包涵了一切与人类生活密切相关的动植物、天文地理、术数民俗、史事宗教、艺术等自然与人文知识的学问综合体;名物学侧重讲求物之名实体用。受限于时代、技术等条件,在实体器物珍宝不能全然保存的漫长历史中,这两种由传统典籍记载考辨构成的学问与现代考古发现共同构筑了过往时代的物质文明形态,有助于我们更全面深入地了解文明的真实进程。

篇目选读

《金铜仙人辞汉歌(并序)》李贺

魏明帝青龙元年八月①,诏宫官牵车西取汉孝武捧露盘仙人②,欲立置前殿。宫官既拆盘,仙人临载乃潸然泪下③。唐诸王孙李长吉遂作《金铜仙人辞汉歌》④。

---

① 魏明帝:名曹睿,曹操孙,青龙乃其年号。青龙元年:旧本又作九年,然魏青龙无九年,显误。元年亦与史不符。据《三国志·魏书·明帝纪》,魏青龙五年旧历三月改元为景初元年,徙长安铜人承露盘事即在此年。
② 宫官:指宦官。牵车:即引车意。捧露盘仙人:汉武帝刘彻在长安建章宫造神明台,上有铜仙人舒掌捧承露铜盘,以承云表之露,和玉屑服之,以求仙道。事见《三辅黄图》。
③ 潸然泪下:流泪的样子。东晋习凿齿《汉晋春秋》:"帝徙盘,盘拆,声闻数十里,金狄(即铜人)或泣,因留霸城。"
④ 唐诸王孙:李贺是唐宗室之后,故称"唐诸王孙"。长吉乃其字。

茂陵刘郎秋风客①，夜闻马嘶晓无迹②。画栏桂树悬秋香③，三十六宫土花碧④。魏官牵车指千里⑤，东关酸风射眸子⑥。空将汉月出宫门⑦，忆君清泪如铅水⑧。衰兰送客咸阳道⑨，天若有情天亦老⑩！携盘独出月荒凉，渭城已远波声小⑪。

（选自［唐］李贺著，［清］王琦注《李贺诗歌集注》，上海人民出版社 1977 年版。）

《金石录后序》李清照⑫

右金石录三十卷者何⑬？赵侯德父所著书也⑭。取上自三代⑮，下迄五季⑯，钟、鼎、甗、鬲、盘、匜、尊、敦之款识⑰，丰碑大碣⑱、显人晦士之事迹⑲，凡见于金石刻者二千卷，皆是正伪谬⑳，去取褒贬，上足以合圣人之道，下足以订史氏之失者皆载之，可谓

---

① 茂陵:汉武帝刘彻的陵墓。刘郎:指汉武帝。秋风客:犹言悲秋之人。汉武帝曾作《秋风辞》,结句云:"欢乐极兮哀情多,少壮几时兮奈老何",故称其秋风客。

② 夜闻马嘶:传说夜间似听闻刘彻坐骑嘶鸣声,清早却不见踪迹。

③ 秋香:指桂花的芳香。此与下二句描写汉宫荒凉景象。

④ 三十六宫:出自张衡《西京赋》:"离宫别馆,三十六所。"土花:青苔。

⑤ 千里:指把金人从长安汉宫移到洛阳魏宫,路途遥远。

⑥ 东关:车出长安东门,故云东关。酸风:刺眼冷风。

⑦ 将:同、与,伴随。

⑧ 君:指汉家君主,特指武帝刘彻。铅水:指铜人泪水,同时含有心情极度沉痛之意。

⑨ 衰兰送客:秋兰已凋残,故称衰兰。客,指铜人。咸阳道:此指长安城外道路。咸阳,秦都城名,汉改为渭城,代指长安。

⑩ 天若有情天亦老:意谓面对如此兴亡盛衰的变化,上天如有人的情感,也要因目睹此情此景为之伤感而衰老。

⑪ 渭城:代指长安。波声:指渭水的波涛声。渭城在渭水北岸。

⑫ 此文乃李清照为其夫君赵明诚所著学术著作《金石录》所写的序言。

⑬ 右:以上。后序在书末故云。

⑭ 赵侯德父:侯,古时士大夫平辈间尊称。德父,赵明诚之字。

⑮ 三代:夏、商、周三朝。

⑯ 五季:即五代,后梁、后唐、后晋、后汉、后周。

⑰ 甗(yǎn):古代陶制炊具。鬲(lì):古时炊具。匜(yí):青铜制盛水器。敦(duì):青铜制食器。款识(zhì):古代钟鼎彝器上铸刻的文字。

⑱ 丰碑大碣(jié):古以长方形刻石为碑,圆形刻石为碣。丰,大。

⑲ 晦士:犹隐士。

⑳ 是正:订正。

多矣。呜呼！自王涯、元载之祸①，书画与胡椒无异；长舆、元凯之病，钱癖与传癖何殊②。名虽不同，其惑一也。

余建中辛巳③，始归赵氏④，时先君作礼部员外郎⑤，丞相时作吏部侍郎⑥，侯年二十一，在太学作学生⑦。赵、李族寒，素贫俭。每朔望谒告出⑧，质衣取半千钱⑨，步入相国寺⑩，市碑文果实归，相对展玩咀嚼，自谓葛天氏之民也⑪。后二年，出仕宦，便有饭蔬衣練⑫，穷遐方绝域⑬，尽天下古文奇字之志⑭。日就月将⑮，渐益堆积。丞相居政府，亲旧或在馆阁，多有亡诗逸史、鲁壁、汲冢所未见之书⑯，遂尽力传写，浸觉有味⑰，不能自已。后或见古今名人书画、三代奇器，亦复脱衣市易。尝记崇宁间⑱，有人持徐熙《牡丹图》⑲，求钱二十万。当时虽贵家子弟，求二十万钱，岂易得耶？留信宿⑳，计无所出而还之。夫妇相向惋怅者数日。

---

① 王涯：唐文宗时宰相，酷爱收藏，甘露之变时为宦官所杀，家产被抄没，所藏书画尽弃于道。元载：唐代宗时宰相，为官贪横，好聚敛。后因罪赐死，抄没其家产时，仅胡椒就有八百石，余物不可尽数。

② 和峤字长舆，晋武帝中书令，家财丰足，然性极吝啬。杜预字元凯，著有《春秋左氏经传集解》。上述史事载《晋书·杜预传》，云："预常称（王）济有马癖，（和）峤有钱癖。武帝闻之，谓预曰：'卿有何癖？'对曰：'臣有《左传》癖'。"

③ 建中辛巳：宋徽宗建中靖国元年。

④ 归：女子出嫁。

⑤ 先君：指李清照已故父亲李格非。

⑥ 丞相：指赵明诚父赵挺之，曾官至尚书右仆射。

⑦ 太学：京师最高学府。

⑧ 朔望：指阴历每月初一、十五，例行休假。谒（yè）告：拜见。

⑨ 质：典当。半千：五百。

⑩ 相国寺：北宋东京寺庙，也是当时著名的集市及游玩处所。

⑪ 葛天氏：传为远古帝号。此指远古时生活简朴而安定的平民。

⑫ 練（shū）：粗布。

⑬ 遐（xiá）方绝域：远方荒僻的地方。

⑭ 古文奇字：汉王莽时有六体书，其一为古文，其二为奇字。此古文当指孔宅壁中书字体，奇字为古文异体字。

⑮ 日就月将：日积月累，语出《诗经·周颂·敬之》。

⑯ 亡诗逸史、鲁壁、汲冢：泛指各种侥幸留存的古文献。亡诗，指今本《诗经》305篇以外之诗。逸史，指正史之外的史书。鲁壁，指孔子宅壁，后发现古文《尚书》《礼记》等前所未见的一批古书。汲冢，晋武帝时汲郡人不准掘魏襄王墓，得到一批竹简小篆写就的古书。

⑰ 浸：渐渐。

⑱ 崇宁：宋徽宗年号。

⑲ 徐熙：五代时南唐大画家。

⑳ 信宿：住两夜。

后屏居乡里十年①，仰取俯拾，衣食有余。连守两郡②，竭其俸入，以事铅椠③。每获一书，即同共校勘，整集签题。得书画彝鼎，亦摩玩舒卷，指摘疵病，夜尽一烛为率。故能纸札精致，字画完整，冠诸收书家。余性偶强记，每饭罢，坐归来堂烹茶④，指堆积书史，言某事在某书某卷、第几页第几行，以中否角胜负，为饮茶先后。中即举杯大笑，至茶倾覆怀中，反不得饮而起。甘心老是乡矣，虽处忧患贫穷，而志不屈。收书既成，归来堂起书库大橱，簿甲乙⑤，置书册。如要讲读，即请钥上簿⑥，关出卷帙⑦。或少损污，必惩责揩完涂改，不复向时之坦夷也⑧。是欲求适意而反取憀慄⑨。余性不耐，始谋食去重肉，衣去重采，首无明珠翡翠之饰，室无涂金刺绣之具。遇书史百家字不刓缺⑩、本不讹谬者，辄市之储作副本。自来家传周易、左氏传，故两家者流，文字最备。于是几案罗列，枕席枕藉，意会心谋，目往神授，乐在声色狗马之上。

至靖康丙午岁⑪，侯守淄川⑫，闻金人犯京师，四顾茫然，盈箱溢箧⑬，且恋恋，且怅怅，知其必不为己物矣。建炎丁未春三月⑭，奔太夫人丧南来⑮，既长物不能尽载⑯，乃先去书之重大印本者，又去画之多幅者，又去古器之无款识者，后又去书之监本者⑰，画之平常者，器之重大者：凡屡减去，尚载书十五车。至东海⑱，连舻渡淮，又渡江，至建康。青州故第尚锁书册什物，用屋十余间，期明年春再具舟载之。十二月，金人陷

---

① 屏(bǐng)居：退职闲居。赵挺之过世后被追夺赠官。赵明诚去官后携李清照长期居于青州乡里。

② 连守两郡：赵明诚先做过莱州、淄州知州。

③ 铅椠(qiàn)：本指书写用具，此指校订文字。

④ 归来堂：位于赵李二人退居青州故宅内，取陶渊明《归去来辞》意命堂。

⑤ 簿甲乙：分门别类的编订目录。

⑥ 请钥上簿：取出钥匙并登记入录。

⑦ 关出：检出。卷帙：古书合数卷为一帙，皆指书本。

⑧ 坦夷：随意，不在意的样子。

⑨ 憀慄(liáo lì)：不安的样子。

⑩ 刓(wán)缺：缺落不全。

⑪ 靖康丙午：宋钦宗靖康元年。

⑫ 淄川：即淄州。

⑬ 箧(qiè)：小箱子。

⑭ 建炎丁未：宋高宗建炎元年。

⑮ 太夫人：指赵明诚之母。

⑯ 长(zhǎng)物：多余的东西。

⑰ 监本：五代以来国子监所刻印的书，为当时通行本。

⑱ 东海：即海州，今江苏连云港一带。

青州，凡所谓十余屋者，已皆为煨烬矣①。

建炎戊申秋九月②，侯起复知建康府③。己酉春三月罢④，具舟上芜湖⑤，入姑孰⑥，将卜居赣水上⑦。夏五月，至池阳⑧，被旨知湖州⑨，过阙上殿⑩，遂驻家池阳，独赴召。六月十三日，始负担，舍舟坐岸上，葛衣岸巾⑪，精神如虎，目光烂烂射人，望舟中告别。余意甚恶，呼曰："如传闻城中缓急⑫，奈何？"戟手遥应曰⑬："从众。必不得已，先弃辎重，次衣被，次书册卷轴，次古器；独所谓宗器者⑭，可自负抱，与身俱存亡。勿忘也。"遂驰马去。途中奔驰，冒大暑，感疾，至行在⑮，病痁⑯。七月末，书报卧病。余惊怛，念侯性素急，奈何！病痁或热，必服寒药，疾可忧。遂解舟下，一日夜行三百里。比至，果大服茈胡、黄芩药⑰，疟且痢，病危在膏肓⑱。余悲泣，仓皇不忍问后事。八月十八日，遂不起。取笔作诗，绝笔而终，殊无分香卖履之意⑲。

葬毕，余无所之。朝廷已分遣六宫⑳，又传江当禁渡。时犹有书二万卷，金石刻二千卷，器皿、茵褥㉑，可待百客，他长物称是。余又大病，仅存喘息。事势日迫，念侯有妹婿任兵部侍郎，从卫在洪州㉒，遂遣二故吏，先部送行李往投之。冬十二月，金人陷

---

① 煨（wēi）烬：灰烬。煨，热灰。

② 建炎戊申：建炎二年。

③ 起复：指官员居丧期未满而被起用。

④ 己酉：建炎三年。

⑤ 芜湖：今属安徽。

⑥ 姑孰：今属安徽。

⑦ 赣水：即江西赣江。

⑧ 池阳：今属安徽。

⑨ 湖州：今属浙江。

⑩ 过阙上殿：指朝见皇帝。

⑪ 葛衣岸巾：穿夏衣，戴头巾露额。

⑫ 缓急：偏义复词，指危急。

⑬ 戟手：指徒手屈肘，用食指、中指指点，其状如戟形。

⑭ 宗器：宗庙所用的祭祀礼器。此指最贵重之物。

⑮ 行在：皇帝出行居留之所。此指建康。

⑯ 痁（diàn）：疟疾。

⑰ 茈胡、黄芩：两味常用的退热中药。

⑱ 膏肓（huāng）：指不可救治的病症。

⑲ 分香卖履：指就家事留下遗嘱。陆机《吊魏武帝文序》载曹操临终前遗令："余香可分与诸夫人，不命祭。诸舍中无所为，学作履组卖也。"

⑳ 分遣六宫：金兵南下，朝廷行疏散之策。六宫指皇后妃嫔。

㉑ 茵褥：枕席、被褥之类。

㉒ 从卫：护卫皇家的侍从、警卫。洪州：今江西南昌。此指在洪州护卫隆佑太后。

洪州,遂尽委弃。所谓连舻渡江之书,又散为云烟矣。独余少轻小卷轴书帖,写本李、杜、韩、柳集,《世说》《盐铁论》,汉、唐石刻副本数十轴,三代鼎鼐十数事,南唐写本书数箧,偶病中把玩、搬在卧内者,岿然独存①。

上江既不可往②,又虏势叵测③,有弟远任敕局删定官④,遂往依之。到台⑤,台守已遁。之剡⑥,出陆,又弃衣被,走黄岩⑦,雇舟入海,奔行朝⑧,时驻跸章安⑨。从御舟海道之温⑩,又之越⑪。庚戌十二月⑫,放散百官,遂之衢⑬。绍兴辛亥春三月⑭,复赴越。壬子⑮,又赴杭⑯。先侯疾亟时⑰,有张飞卿学士,携玉壶过视侯,便携去,其实珉也⑱。不知何人传道,遂妄言有"颁金"之语⑲;或传亦有密论列者⑳。余大惶怖,不敢言,亦不敢遂已,尽将家中所有铜器等物,欲赴外廷投进㉑。到越,已移幸四明㉒,不敢留家中,并写本书寄剡。后官军收叛卒,取去,闻尽入故李将军家。所谓岿然独存者,无虑十去五六矣㉓。惟有书画砚墨可五七箧㉔,更不忍置他所,常在卧塌下,手自开

---

① 岿然独存:指遭劫难而得幸存者。
② 上江:安徽以上为上江(长江上游)。此指往江西。
③ 叵(pǒ)测:不可测度。
④ 敕(chì)局删定官:即编修敕令所,属于枢密院,掌管收集诏旨类编成书之事。删定官乃其属官。
⑤ 台:台州,今属浙江。
⑥ 剡(shàn):剡溪,今浙江嵊县,风景名胜地。
⑦ 黄岩:今属浙江。
⑧ 行朝:同"行在"。
⑨ 驻跸(bì):指皇帝出行,沿途短暂停留。章安:今属浙江临海。
⑩ 温:今浙江温州。
⑪ 越:今浙江绍兴。
⑫ 庚戌:建炎四年。
⑬ 衢(qú):衢州,今浙江衢州。
⑭ 绍兴辛亥:宋高宗绍兴元年。
⑮ 壬子:绍兴二年。
⑯ 杭:今浙江杭州。
⑰ 疾亟(jí):病危。
⑱ 珉(mín):似玉的美石。
⑲ 颁金:意谓将玉壶赠给金人。
⑳ 密论列:向朝廷秘密检举。
㉑ 外廷:朝廷不在京师,称外廷。投进:进献。
㉒ 幸:皇帝驾临称"幸"。四明:即明州,今浙江宁波。
㉓ 无虑:大约。
㉔ 箧(lù):竹箱。

阖。在会稽①,卜居土民钟氏舍,忽一夕,穴壁负五簏去。余悲恸不得活,重立赏收赎。后二日,邻人钟复皓出十八轴求赏,故知其盗不远矣。万计求之,其余遂牢不可出。今知尽为吴说运使贱价得之②。所谓岿然独存者,乃十去其七八。所有一二残零不成部帙书册,三数种平平书帖,犹爱惜如护头目,何愚也邪!

今日忽阅此书,如见故人。因忆侯在东莱静治堂③,装卷初就,芸签缥带④,束十卷作一帙。每日晚吏散⑤,辄校勘二卷,跋题一卷。此二千卷,有题跋者五百二卷耳。今手泽如新⑥,而墓木已拱⑦,悲夫!昔萧绎江陵陷没,不惜国亡而毁裂书画⑧;杨广江都倾覆,不悲身死而复取图书⑨,岂人性之所著,生死不能忘欤?或者天意以余菲薄⑩,不足以享此尤物邪⑪?抑亦死者有知,犹斤斤爱惜,不肯留人间邪?何得之艰而失之易也!

呜呼!余自少陆机作赋之二年⑫,至过蘧瑗知非之两岁⑬,三十四年之间,忧患得失,何其多也!然有有必有无,有聚必有散,乃理之常;人亡弓,人得之⑭,又胡足道。所以区区记其终始者,亦欲为后世好古博雅者之戒云。绍兴二年玄黓岁,壮月朔甲

---

① 会稽:今浙江绍兴。
② 吴说:字傅朋,钱塘人,擅书法。时吴任福建路转运判官,简称运使。
③ 东莱:即莱州。静治堂:赵明诚任莱州知州时的厅堂名。
④ 芸签缥(piāo)带:芸签,书签雅称,古人常以芸香驱蠹。缥带,用来束扎卷轴的丝带。
⑤ 吏散:即下班。
⑥ 手泽:亲手书写的墨迹。
⑦ 墓木已拱:指死去多时。语出《左传》"蹇叔哭师"事。
⑧ "萧绎"句:梁元帝萧绎即位于江陵。西魏伐梁,江陵陷没,萧绎聚所藏图书十余万卷尽烧之。
⑨ 不悲身死而复取图书:据《太平广记》载:"武德四年,东都(洛阳)平后,观文殿宝厨新书八千许卷,将载还京师(长安)。上官魏梦见炀帝,大叱云:'何因辄将我书向京师!'于时太府卿宋遵贵监运,东都调度,乃于陕州下书,著大船中,欲载往京师。于河值风覆没,一卷无遗。上官魏又梦见帝,喜云:'我已得书。'帝平存之日,爱惜书史,虽积如山丘,然一字不许外出。及崩亡之后,神道犹怀爱吝。按宝厨新书者,并大业(炀帝年号)所秘之书也。"
⑩ 菲薄:指命薄。
⑪ 尤物:特异之物。
⑫ 少陆机作赋之二年:指十八岁。杜甫《醉歌行》:"陆机二十作《文赋》。"
⑬ 过蘧(qú)瑗知非之两岁:指五十二岁。蘧瑗,字伯玉,春秋时卫国大夫。《淮南子·原道训》:"蘧伯玉年五十而知四十九年之非。"
⑭ "人亡弓"句:《孔子家语·好生》载:"楚恭王出游,亡乌嗥之弓,左右请求之。王曰:'止。楚人失弓,楚人得之,又何求之?'孔子闻之:'惜乎其不大也。不曰:人遗弓,人得之而已,何必楚也!'"李清照用此典,意在自我宽慰,金石书画虽非我有,但他人得到也一样。

寅①，易安室题。

（选自李清照著，徐培均笺注《李清照集笺注》，上海古籍出版社 2002 年版。）

《石灰吟》于谦②

千锤万击出深山③，烈火焚烧若等闲④。粉骨碎身全不惜⑤，要留清白在人间⑥。

（选自于谦著，魏得良点校《于谦集》，浙江古籍出版社 2013 年版。）

作品讲授

《金铜仙人辞汉歌（并序）》

《金铜仙人辞汉歌（并序）》，此乃作者李贺元和八年因病辞去奉礼郎，离开长安赴洛阳途中所作。其时唐王朝国运日渐衰微，藩镇割据、朋党倾轧、民不聊生；李贺自身虽贵为"唐诸王孙"，却生不逢时，又因父累，报国无门，处处受制，乃至悲愤失意无所适从，因而"百感交并，故作非非想，寄其悲于金铜仙人耳"。借金铜仙人辞汉史事，抒发兴亡之感、家国之痛、身世之悲。其写法颇为奇特，首四句从汉武帝魂魄写起，表现汉宫苑的荒废凄冷，煊赫一时、渴求长生的刘郎也早成秋风衰客。画栏雕栋转眼青苔斑斑，唯有金铜仙人孤寂地见证着王朝的昌盛与衰亡。中间四句即由铜人视角出发，拟写他见此沧桑巨变，抚今追昔，忧伤别离，不由清泪滂沱，借"清泪如铅水"这样的奇喻，铜人去国之悲的沉重和孤寂，得到直观显现。末四句写出城后途中情景。衰兰送客，月色荒凉，孑然东去，渭城已远，荒凉萧瑟的悲苦之意达到极致，结语又转为悠然。整首诗设想奇特，又深沉感人，出人意表的想象糅合历史与现实，铜人与诗人自身的情感交错融合，意象生新、造语奇峭，构造出波谲云诡、迷离惝恍的艺术世界。

诗作中那处于盛世的珍奇器物——铜人，在其造物之初即被拟象赋予人的形态与职

---

① "绍兴"句：玄默，《尔雅·释天》："（太岁）在壬曰玄默。"绍兴二年适为壬子年。壮月：八月。《尔雅·月阳》："八月为壮。"按此署年或有误。

② 此诗作者有争议，今俗多以于谦为作者，仍从之。

③ 千锤万击：也作"千鎚万凿"或"千垂万击"，指无数次的锤击开凿，形容开山采石之艰。

④ 若等闲：好像很平常的事情。

⑤ 粉骨碎身：也作"粉身碎骨"。全不惜：也作"浑不怕"。

⑥ 清白：石灰成品色泽洁白，喻指其高尚节操。

责:舒掌托盘,以承玉露。金石品性本具有超脱有限生命的特质,隔代陈迹又显现其所经历的世事磨炼,见证了风流天子渴求突破有限生命的执着及最终无力超越死亡的哀伤,也见证了帝国宏业的兴衰。不死仙人恒久长在的静默观照,因着突来的剧烈变迁被打破了,仿佛激发了自身个体生命意识的觉醒,刹那鲜活的情感以"铜人流泪"悄然定格,造于化境而达至神异。异代同悲的遭际在生死荣枯中惊心动魄地共鸣,却也在历史长河中渺然远去。天道的浩渺无常以一物赋形,诗人乘物以游心,兴发寄寓,以天道运行与人事关系着眼,在时间的迁转中发出"天若有情天亦老"的设问断语,天道微茫,诗语奇崛,何尝不是另一种造物之妙?

《金石录后序》

李清照是大家熟悉的一位两宋之际著名文学家,诗、词、文俱佳,后世读者却不免受限于其词学成就而对其文章有所忽视。身处家国动荡纷扰中,作为女性创作者的李清照所承受的命运较之男性显得更为沉重而残酷,其带有自传性质的文章《金石录后序》,正是一篇在李清照生平与文章研究领域中都不可忽略的佳作。从文体上看,这是李清照为其丈夫赵明诚所著《金石录》所写的序文,但在写法上却颇为打破固有序体文字书写的模式,以金石文物的聚散为线索,大量笔触却在描绘琐细而私人的生活。从早年婚姻生活的情志相得,到夫君仓皇离世后遭遇的离乱逃亡,乃至更为隐晦的再嫁离异事变,其寡居生活的孤苦坎坷,以及最终历经沧桑、洞察世变后,带来的对"人、事、物"构筑的复杂命运的开释。文章叙事详略布置得宜,跨度漫长而能始终把握要领,字句饱藏真情,细笔倾诉生活的欢忧悲苦,语言质朴凝练,悲悼追思故人故物的意旨,历来备受好评。

李清照与夫君赵明诚家世、学养、情趣上颇为相得益彰,文章描绘了他们早年的生活充满雅致情趣,不同流俗。赵明诚所著《金石录》即是一部对他们多年寓目、收藏的珍贵金石碑帖古文物的整理目录,其中五百余件有精博的考订,李清照于此也颇为有功。聚焦于这些"珍品宝物"的"得之难而失之易",她的惆怅遗憾弥漫于文,却也因在家国剧变背景下经历了太多失散,对得失的体察反而有了更为恢宏的看待。出于本真的喜好与对旧物的疑惑而开始的金石文物收藏,反而随着对占有、探究的郑重其事,逐渐丧失其随性适意的一面,越来越成为负累,得失间的转换与夫妻间微妙的认知差异,在文字缝隙间偶有散逸。乃至最终经历战争离乱中种种的意外和事变,藏品全部散亡殆尽,仅留存《金石录》这部目录在案。其微茫痕迹中映现出人心人性的贪婪机巧,使得李清照对物与人之间的关系有了更深入的体察。她认识到对外物的执迷可能会有"玩物"之失,对物的占有大多是虚妄不可倚恃的,最终有了更为通达的认知,即所谓"人亡人得"的聚散常理。对于生活在物质条件更为丰足的状态下的当代读者来说,通过阅读这篇长文,深入思考李清照所提出的"得与失",或许能更好地理解李清照以及我们个体的生命历程。

《石灰吟》

《石灰吟》这首诗歌在明代诗歌中阅读熟识度颇高,世论也一般将作者系于明朝一代名臣于谦。但据学者考证(史洪权《〈石灰吟〉:从僧偈到名诗》,载于《文学遗产》2006年第5期),将此诗归为于谦所作颇为失据,然而自明清以来的世论却少有质疑,甚至更情愿相信并接受这一观点,以致成为家喻户晓的文学常识。我们可以借由人与物、人与诗的关系,稍作展开说明。

作为一首七言绝句,此诗是典型的托物言志诗,字面吟咏石灰这种常见凡俗之物,内里却采用象征手法,借石灰的锻造生成过程以喻人的不避险阻,勇于任事;以石灰的坚贞不屈,托物寄怀,表现作者高洁的心志理想。全诗语言质朴自然,不事雕琢,甚至存在不少异体字词,流传版本也各有不同,但其整体构思却极为凝练,以物比人,物性与人性在诗中熔铸一体,感染力很强。在将作者归之于谦的演变过程中,学者注意到于谦的人生经历和高尚志节与《石灰吟》所喻精神品质高度吻合。于谦在"土木堡之变"这样的家国危难中,挺身任事,志存社稷,此后遭受冤屈含恨而亡,是后世公认的民族英雄,他的个人作为和凛然正气,与石灰作为物的制造生成,即要经历千难万险,敢于经受牺牲,方能成就自身清白的品格体性,二者浑然一体。且于谦作为明代优秀诗人之一,其作品风格与当时盛行的台阁诗风多有差异,自身也创作过风格、构思都颇为相近的七言律诗《咏煤炭》,同样气势豪迈,质朴刚劲,铿锵有力,因此,作为读者更愿意接受《石灰吟》的作者为于谦。由此诗所咏和有关作者的争议归属可知,言虽在物,意实指人,无论是实体造物还是文艺创作中的感发拟喻,器物与人心的互为融通是彼此的相互成就,包括特定作者的归属也同样显现出人品与诗品的合一,诗如其人。

课后思考

1.你认为有哪些你学过的诗文名篇体现了传统的器物观念?指出这些观念的优缺点。

2.在物质资源极度丰富的当下,古人所持有的"物尽其用"观念有何现实意义?

3.请借助博物馆和网络资源,分小组各自介绍一种由任一种材质(如金、木、石等)制成的器物。

拓展阅读

[1] 青木正儿.中华名物考[M].杨晓钟,戚矞婉琛,译.西安:陕西人民出版社,2017.

[2] 扬之水.新编终朝采蓝·古名物寻微[M].北京:生活·读书·新知三联书店,2017.

[3] 孙机.中国古代物质文化[M].北京:中华书局,2014.

[4] 张子才.文言文常见名物制度词语汇释[M].南京:凤凰出版社,2013.

[5] 谢弗.唐代的外来文明[M].吴玉贵,译.北京:中国社会科学出版社,1995.

中国古代社会,选拔人才、任用官吏的制度是在进入阶级社会之后确立的。奴隶社会实行的是世卿世禄制;封建社会各朝代有所不同,战国时期新兴军功与养士制,汉代推行察举征辟制,魏晋南北朝确立九品中正制,隋至清实行科举制。其中科举制的影响重大而深远,它不仅对从隋唐到明清1300年间的社会政治、经济、文化、教育等方面有重大影响,在一定程度上,也塑造了中国古代知识分子的性格及形象。本讲着重从两方面介绍中国古代科举文化,一是简要梳理中国古代科举制度的发展演变,二是结合具体文学作品展示中国古代科举文化的风貌及影响。

第十三讲

中国古代科举文化

解 题

所谓科举制度,就是中国古代封建社会设科考试、选才任官的制度。中国古代科举制度的发展主要有四个时期:确立于隋唐,完善于宋,鼎盛于明,由盛转衰并终止于清。在古代科举史上,曾出现过众多考试科目,但地位至重、承传至久、影响最大的当属进士科。以下即以进士科为主,简要梳理中国古代科举制度的发展变化。

一、古代科举制度的确立——隋唐

古代科举制度诞生于隋朝。它的产生出于统治者政治上的诸多需要,如消除魏晋以来九品中正制的弊端、加强中央集权、选拔真才实学之人等。隋文帝开启科举选士的先河,他曾多次下诏要求朝廷举才选士。如开皇三年诏曰:"如有文武才用,未为时知,宜以礼发遣,朕将铨擢。"(《隋书·帝纪》卷一)开皇十八年"诏京官五品以上,总管、刺史,以志行修谨、清平干济二科举人"(《隋书·帝纪》卷二)。隋炀帝大业年间正式设立"进士科",虽然当时考试内容只"试策"而已,但意义重大,影响深远。"进士科"的设立促进了隋代科举制度化进程,一些学者将其视为科举考试制度正式诞生的标志。

科举制的长足发展在唐代,其考试科目、时间、对象、内容、方式等逐渐形成了一套比较完整的体系。唐代科举有常选、制举、武举之别。常选是定期举行的文试,其对古代读书人的影响力远甚于不定期举行的制举及武试的武举。

唐代常选是定期举行的科举考试,每年春季在尚书省举行一次考试,也称"省试"。主考官最初由吏部考功司的考功员外郎充任,后改为礼部侍郎任主考。此后,由礼部主持科举省试的制度一直延续至清朝。唐代常选考试科目种类繁多,且随时代变迁有所增减,前后总计不下几十种。比较重要的有秀才、明经、进士、明法、明书、明算六科。明法、明书、明算是选拔明习法令、文字训诂和数学计算方面的专门人才。秀才科为选拔才华特秀卓异者,后被废止,后世"秀才"概念虽得沿用,但内涵已发生变化。唐代常设的重要科目为进士与明经两科,进士科又重于明经科。

唐代进士科考试时间、程序与内容几经变易,总的说来是有一定制度的。进士科一般一年一次,亦称"岁举""岁贡",考生要先经选拔考试,再进行中央"省试"。选拔考试一般在当年的秋季,俗称"秋闱",通过者称为"举子"。"举子"名单于当年末报送京师以备"省试"。"省试"一般在第二年的春季,俗称"春闱"。唐代科举从地方到中央的考试程序到宋以后发展为乡试(州试)、会试(省试)、殿试三级考试制度。

　　进士科考试内容有试策、帖经、诗赋（杂文）。试策主要考时务策，即考查应试者对当时社会问题及政治形势的看法。帖经又称帖文，考查举子对儒家经典的熟习程度，由考官任取儒家经典中的某一段，用纸条盖上其中几个字或几句，令考生默写出所缺经文，犹如今日的"填空"题。诗赋主要检验考生的文学修养和素质。初唐杂文重表、论、赞等文章，唐玄宗开元后杂文侧重诗赋，甚至有主考官的褒贬都在诗赋上，因此后世有唐朝"以诗赋取士"之说。唐诗的繁荣与"诗赋取士"亦有关系。进士所试诗作，都是五言律诗，其中不乏佳作，如中唐诗人钱起《省试湘灵鼓瑟》诗，结尾"曲终人不见，江上数峰青"，以景语作情语，深得唐诗言有尽而意无穷之韵味。举子应进士科试大抵分三场，每场定去留。三场考试顺序据傅璇琮先生《唐代科举与文学》所言，中唐前为贴经、杂文（诗赋）、试策，中唐后为诗赋、贴经、策文。举子通过进士科三场考核及第者，称进士及第或进士出身，及第进士按成绩分甲乙两种等级及前后名次。唐代进士及第后，只是取得出身，并不能立授官职，须再经吏部考试合格，才能被授官进入仕途。入仕士子脱去麻衣布衫着各色官服，称为"释褐"。诗人白居易在唐德宗贞元十六年进士及第，三年后应试吏部书判拔萃科登科后，才得授秘书省校书郎官职。而大文学家韩愈进士及第后三试于吏部皆不中，十年未能得官。在唐人看来，进士是集文韬武略、智谋度量、美德才艺等于一身之人，所授官职清贵，易升迁高位，所以唐人科举进士科最受推崇。直至清朝，进士科都是最受社会重视的科目。

　　唐代明经科考试时间、程序与进士科相似，即要通过当年的"秋闱"才能参加第二年的"春闱"。在考试内容上有些差异。明经科考试关键在于熟读牢记儒家经典及注疏，考试内容为帖经与墨义。帖经方式同进士科。墨义即答问经义，需要考生说出考官所出的某段儒家经文的注疏大义、前后文，类似于今日的问答题。唐朝科举规定的儒家经典有《礼记》《左传》《毛诗》《周礼》《仪礼》《周易》《尚书》《公羊传》《谷梁传》《孝经》和《论语》，其中前九部合称"九经"。唐太宗李世民时，朝廷以儒家经典训解繁多，章句繁杂，诏令国子祭酒孔颖达和儒学家编纂《五经正义》（即《周易正义》《尚书正义》《毛诗正义》《礼记正义》和《春秋左传正义》），作为当时的标准课本。明经及第后分甲乙丙丁四等，也需要经过吏部考试才得授官职。譬如诗人元稹就是明经及第，后通过吏部书判拔萃科考试得授秘书省校书郎官职。从录取人数论，明经多于进士，《通典·选举》所记："进士，大抵千人得第者百一二，明经倍之，得第者十一二。"一般情况下，每届明经大约一百人，进士则二三十人。虽然明经只注重考验举子对儒家经典的熟习程度，但从经典原文到注疏经义，卷帙浩繁，进士科不易，明经科亦不易。当然进士科更难，所以，当时社会上广泛流传有"三十老明经，五十少进士"的说法。唐代许多文学作品里都留下文人科举得失悲喜欢忧的心迹。

唐代进士、明经二科的应试者来源分生徒和乡贡两类。生徒是国子六学(即国子学、太学、四门学、律学、书学、算学,均隶属于国子监。隋朝时改国子学为国子监)、弘文馆、崇文馆和地方州、县学馆的学生。各级学校对完成规定学业的学生进行考试,通过考核者举送到尚书省参加"省试",这样的科举应试者称"生徒"。唐代公办教育机构的入学是有严格的身份或才学要求的,所以并非所有读书人都可为"生徒"。乡贡是未入国子监、州县学馆学习的读书人,"举选不由馆、学者,谓之乡贡,皆怀牒自列于州、县"(《新唐书·选举志》)。乡贡即应试者持本人身份、履历证明向州、县报名,经州县考试合格后举送到京师参加"省试"的考生。由于他们是随各州进贡物品同送尚书省的,故称乡贡。报考者先县试,再州试,合格者予以解送,报送尚书省备案。解送名单上第一名称作"解头",即后世的"解元"。唐代各州乡贡有人数限制,《通典》记:"大唐贡士之法,多循隋制,上郡岁三人,中郡二人,下郡一人,有才能者无常数。"乡贡人数虽可破例不在定制之内,但总数仍然不多。据傅璇琮先生《唐代科举与文学》所说,唐代州郡每年应进士、明经的贡士少则六七百,多则千余人。莘莘学子何其多,能成为生徒、乡贡的考生何其少,能中举的少之又少,所以一旦中举,尤其是进士及第将会是怎样一种欣喜与荣耀!

据现存文献看,唐代也有考场制度规定,如省试在尚书省礼部下设的贡院举行,考场称为"举场",考官称"知贡举",又称"主司""主考"等;入试可自带食物;早期进场要搜身,但安史之乱后进场允许使用书策,搜身制度就取消了;当天考试时长可至通宵,朝廷还提供火烛;对试题有问题还可以向考官提问;考卷不糊名等。可见唐代考场制度尚不严苛。

唐代科考还有一些风气与礼仪制度。如进士科于礼部南院东墙放榜,因放榜正值春天,又称"春榜"。榜头由黄纸四张竖黏,故又称"金榜"。放榜后,及第进士须参与一系列礼节与仪式。如拜谢座主(主考官)和参谒宰相。拜谢座主,也称"谢恩",意思是举子能及第,是出于知举者之鉴拔,须答谢举援之恩。参谒宰相,唐时称作"过堂",在尚书省都堂举行,由知贡举率领新及第进士谒见宰相。拜谒座主与宰相以后,还要参加多次宴集,如曲江宴、慈恩题名、杏园探花宴等,因此也在历史上留下许多佳话韵事。唐代科考还有行卷风气。程千帆先生《唐代进士行卷与文学》一书考察了唐代进士行卷风气的形成,以及这种风气对当时的文学创作所起的积极作用,书中说"所谓行卷,就是应试的举子将自己的文学创作加以编辑,写成卷轴,在考试以前送呈当时在社会上、政治上和文坛上有地位的人,请求他们向主司即主持考试的礼部侍郎推荐,从而增加自己及第的希望的一种手段"。由于唐代科举考试不糊名,世人看重的进士科又重文辞,这就使得展现个人才华的行卷十分必要和重要，这是他们提升自身知名度与增加中举概率的有效手段。唐代文学史上留下许多行卷干谒作品及文人行卷的奇闻趣事。应试之前，举子纷纷奔走于达官显贵、名流巨卿之门，疏通关节，同时，也给贿赂、请托等不正之风大开方便之门，为科举弊端埋下隐患。

二、古代科举制度的完善——宋

五代十国分裂动乱，致使科举制度发展停滞不前，直到宋代科举制才再度焕发新的生机，并在唐代科举制上进一步完善。其中较突出的变化有三级考试制度和三舍考选制度的设立。

三级考试制度指宋代科举应试者的选拔要经过州试、省试和殿试的考试制度。其中文举殿试的出现，是科举制度的一个重要变化。州试，指乡贡学生参加州、县的选拔考试，一般在秋季举行，故称"秋闱"。中选的学生称"举人"。省试，指通过学馆选拔的生徒与州试选拔的举人参加在京师由礼部主持的选拔考试，一般在州试后一年的春季举行，故称"春闱"。殿试，指通过省试的诸科及第者参加由皇帝主持的考试，因在朝堂廷殿上举行，故称"殿试"。宋代殿试始于宋太祖赵匡胤开宝年间，此后渐成定制。宋初，殿试皆有黜落。许多省试合格的举子，殿试时却名落孙山，几年的辛苦顿成泡影，落第举子不免心怀悲痛甚至愤恨，以至于出现殿试结束后，就有落第举子或聚众鼓噪，或投河自尽，以各种方式向统治者抗议之事。为了平息落第举子的不满情绪和稳定社会秩序，嘉祐二年，宋仁宗下诏，参加殿试者均免黜落，一概录取，此后这一做法就成为常制。自宋代以后，殿试成了科举制度中最高一级的考试，被录取者只和皇帝有君臣、师生关系，改变了唐代以来主考官和考生之间的"恩师""门生"的特殊关系，从而加强了中央集权的政治统治。宋代的州试、省试、殿试的三级考试制度，为明清所仿效。

宋代的科举考试科目依然繁多，但进士科仍是最重要的科目。考试频次起初仿效唐代每年举行一次，宋英宗治平三年，定为每三年举行一次，并为后世所遵循。宋代还提高了进士科的录取比例，增加了录取人数，以鼓励科举、吸纳更多人才。唐代每届不过录取二三十名，宋代则为几百人。郭齐家的《中国古代考试制度》称，宋太宗太平兴国二年取进士190人，宋真宗咸平三年取进士409人，宋徽宗宣和六年取进士达850人。有时还会于会试落第者中再进行一次考试并赐出身。扩大科举取士数量，对于巩固封建地主阶级的统治的确是一种有效的办法，却也造成了宋代官员冗肿的弊端。另外，宋代还给予新科进士各种荣耀。宋代殿试录取的进士分为三甲：赐进士及第、赐进士出身和赐同进士出身。发榜唱名时称为传胪。传胪后，朝廷在琼林苑赐新进士宴，称为琼林宴。徽宗政和二年以后，改称闻喜宴。宋神宗之后皇帝还专门赐钱作为进士及第后庆祝集会的活动费用。北宋时殿试前三名均称"状元"；南宋时改称为"状元""榜眼"和"探花"，并为后代所沿用。新科状元游街，皇帝诏令宫中卫士清道开路。皇帝、权贵们也争先恐后地从新中状元、进士中挑选驸马、物色佳婿，因此留下许多传奇故事，如家喻户晓的《陈世美》。与唐代进士及第者授官还须经吏部考试不一样，宋代凡考取进士者，都不须经吏部复试，殿试中选后可直接授官。宋代通过科举考试而授予官职的士子人数众多，也较易升迁。《宋史·选举志一》："天圣初，宋兴六十有二载，天下乂安。时取才唯进士、诸科为最广，名卿巨公，皆由此选，而仁宗亦向用之，登上第者不数年，辄赫然显贵矣。"宋代文人仕途升迁较快，与重文轻武的政治文化环境有关。

宋代取士科目中，还有专门的词科。词科是宏词、词学兼茂和博学宏词三科的通称，是专为朝廷选拔代言写作人才的科目。考试内容主要是诗赋、制、诰、杂文及策论。宋初沿袭唐代进士科重诗赋的惯例，宋神宗时朝廷采纳王安石的建议进士科罢除诗赋、文学，侧重经义、策议。宋哲宗时专设宏词科，选文学之士。宋徽宗时改称词学兼茂科，南宋高宗时又称博学宏词科。词科最后的定制也是三年一试。词科是为国家预储代言之士，即写作应用文书的人才，其对策不在务实而注重文采，如运用对偶、典故等技巧。某种程度上说，宋代词科是唐进士科选拔文词诗赋之才功能的分流。词科允许有进士出身的人参加考试，录取后官阶可以得到提升。北宋秦桧曾在徽宗宣和五年考取词学兼茂科，南宋文学家洪迈、学者王应麟、吕祖谦都曾考取词科。

三舍法，指宋神宗时推行的太学教育三舍考选制度。它体现了学校教育制度与科举考试制度关系的进一步融合。宋代京都重要的教育机构为国子监和太学。国子监，专教京官七品以上的子弟，分习五经。国子监学生称为监生，享受保送省试的权利。太学，限八品以下官吏的子弟和平民中的优秀者入学。宋神宗即位后，非常重视太学教育，于熙宁四年，接受了王安石的建议，诏令太学实行三舍法。三舍指太学的外舍、内舍、上舍。三舍法规定，三舍生员均须经过考试才能入太学。太学生初入学，为外舍生，定员700人；外舍升内舍，定员300人；内舍升上舍，定员100人。每月举行一次私试，即由太学学官自行出题的考试；每年举行一次公试，即由朝廷派官主考。成绩分为优、平、否三等。外舍生成绩为优、平者，可升内舍生。公试后隔一年再举行一次考试，成绩仍分三等。两次公试均优，升上舍生，若定为上舍上等，则直接授官。宋徽宗时诏令取消州试和省试，并将全国学制分为三级：县学、州学和太学，均用三舍法考试。这样，三舍法就成了科举取士的重要途径。至徽宗宣和三年，诏令恢复贡举制度，废除州、县学校的三舍法，但太学依然实行三舍法。从此，宋代两种考试制度并存：一是贡举制，二是太学三舍法。宋代太学三舍法加强了科举与学校教育之间的关系,到明代科举应试者必经学校推荐成为定制。

宋代科举制度的完善还体现在更多考试细节的规定上。譬如为了防止官僚垄断士权,杜绝荐举中的营私舞弊行为,而对中央和地方官吏及其亲属进行了各种限制,科场规则也渐趋严格。如省试的时长,宋代一反唐代可以挑灯答卷的做法,只许白天答卷。宋初,科场还允许考生挟带东西。景德二年,宋真宗下令,举人不得再将茶厨、蜡烛、除《玉篇》《切韵》以外的书策等带入科场,科场内也不得喧哗,违反者一经查出,即被逐出,并取消参加科考一次。宋太宗淳化三年,朝廷实行了试卷糊名和锁院制度。考试完毕,试卷一律用印,防止有关人员偷换试卷或从中捣鬼。锁院制度主要为了防止主考官偷窃、泄漏考题。其规定,省试前50天左右,主考官要搬进贡院居住,禁绝和外界接触,甚至也不能和亲属见面。宋真宗时,又制定了举人搜身法并设置誊录院。誊录院的主要任务是,重新誊录举人的试卷,再送至主考官手里。这样,主考官在评阅试卷时,就无法辨认举人的姓名、籍贯,甚至他们的笔迹。糊名、誊录等制度规定,对规范科考,减少人为因素干扰都起到很好的约束作用,也为明清两代所仿效。虽然宋代的统治者对科举考试作了种种规定,但仍然不能杜绝考试中的营私舞弊行为,如怀挟文字、代笔作文、买通考官等。科举考试的各种弊病也引起了朝野上下有识之士的不满,范仲淹、王安石等都为改革科举制度付出过努力。

三、科举制度的鼎盛时期——明

元代由于统治者执行严厉的民族压迫政策,科举经历短暂的中落。元世祖忽必烈没有实行科举取士。到元仁宗皇庆二年,才恢复科举,方式与宋相似。有学者统计,从元仁宗皇庆二年始,至顺帝时元朝灭亡止,50余年间,科举几度停试,由科举进士入官者不超过1%。可见元代科举制度的衰落。元代科举的最大变革是在考试内容上体现出对程朱理学的尊崇。元朝规定科举考试题目都从"四书"中出,以朱熹的《四书集注》及理学家对《诗》《书》《易》的注解作为评判答卷的唯一标准。元代科举独尊程朱理学的考试思想,直接影响了明清两代的科举与教育。

明代,科举得到了全面恢复和发展,并走上了它的鼎盛时期。明代的科举制度更趋完备,其新变化大体而言有:尊崇程朱理学,实行八股文,强化文化思想极端专制统治;发展国子监教育,使学校与科举关系更加密切;规范院试制度使宋代以来的三级科考更严密等。

明代科举继承了元代推崇四书五经的思想。明太祖为维护专制皇权,加紧强化思想统治,大力提倡程朱理学。他下令专取四书五经命题,考生答卷必须"代圣人立言",即只能用孔夫子的思想和言论写文章,不准许发表自己的意见,更不能提出新的见解;文章体例要用排偶、对仗,不能写成一般的散文,此举即为明清两代科举八股文的开始;国子监所习功课,四书五经是必读课本。明朝帝王就是如此通过科举与学校教育达到笼络、钳制士人的目的。八股文,又称制艺、时文、八比文、四书文等。作为一种文体,它有固定的格式和写作要求。它规定一篇文章由破题、承题、起讲、入手、起股、中股、后股、束股等部分组成。"破题"共二句,点破题目要旨。"承题"用三句或四句,承接破题之义作进一步说明。"起讲"概说全体,为议论的开始。"入手"为起讲后入手之处。起股、中股、后股和束股四个部分作正式议论,中股为全篇文字的重心。这四个部分,每一部分都要有两股两相比偶的文字,共计八股,所以称为八股文。八股文每部分之间还有固定的虚词承接,如"今夫""苟其然""也乎哉",甚至每部分写多少字都有规定。八股文的主题都要从四书五经中来,义疏以朱熹的注疏为准绳,只许"代圣立言",不许有个人思想。八股文结构如此死板、思想如此僵化,极大地禁锢了知识分子的思想。许多读书人把一生的精力都消耗在八股之上,到头来变成了酸臭迂腐、不学无术的愚夫蠢材。

明代重视发展学校教育,并将其与科举紧密相连。宋代太学的三舍法强化了学校在科举中的作用,但它不是宋代学子参加科举入仕的必由之路,而在明代学校才是科举考试的必经途径,其中最重要的学校是国子监。洪武元年,朱元璋令有品级的官员子弟及民间才学优秀者入南京国子学充任学生,并明确规定,各府、州、县学诸生只有入国子学者方有资格参加科举考试,进而有获得官职的可能,否则不能当官。明太祖洪武十五年,改国子学为国子监。永乐元年,明成祖在北京设立国子监。从此,南京的国子监称"南监",北京的国子监称"北监"。国子监学生通称为"监生"。"监生"因来源不同,又别有名称。举人入监的称"举监",生员,即州、县学校的学生,入监的称"贡监",有品级的官员子弟入监的称"荫监",捐资(银两)入监的称"例监"。其中"贡监"按生员贡选的方式分为"岁贡""选贡""恩贡"和"例贡"。有了监生的身份,科举中就有许多便利条件,如直接参加乡试而不必先考取秀才;如不用经过科考就可以入仕为官。朝廷常常选派监生中成绩优异者到各部及下属单位实习吏事,称为"历事监生"。实习之后,他们大多被授予中央和地方官职,主要为府、州、县六品以下官。国子监生如此受重视而又被大量委以官职,在明代以前的历史上是绝无仅有的。

国子监于科考甚至做官上的诸多优势使得读书人"趋之若鹜"。多数读书人以生员(秀才)入监,即"贡监"。生员俗称"秀才"。秀才是读书人参加科举考试一般性的起点,生活上又比平民享有更多的优待,如免除丁粮负担,供给伙食和一应学习用品;见官吏可不下跪;犯法后不能像平民百姓一样施用刑具等。但成为"秀才"要经过"童试"和"院试"。童试包括知县主持的县试,知府主持的府试,读书人接连通过这两场考试,即为"童生"。院试指童生参加在地方首府举行的由学政主持的生员选拔考试,通过者成为"生员"。若未通过则仍叫"童生",与年龄大小无关,童生尚无资格参加科考。院试是童生成为生员的关键,由学政主持。学政,也称学台、学道、宗师,由中央委派至地方,主管地方学务,任期三年。在任期间,除主持院试外,还要依次到所管辖的各府、州主持岁试和科试。岁试是对原有生员进行的甄别考试,按成绩优劣分别给予奖惩。科试是生员乡试前的选拔考试,其优秀者可入国子监。可见学政对地方学子的科举前途影响重大。多数读书人要经过童试、院试、岁试、科试等种种考试、层层选拔才有可能取得科考的资格。通过上述一系列考试可见明代科举考试制度更加规范、严密。不过明代成为监生的途径很多,不一定都是层层考试选拔出的秀才,纳捐的"例监"就为许多童生开了入监的方便之门,也为科举腐败埋下诱因。

明代的科举考试程序仿效宋代,也分三级:乡试、会试和殿试(又称廷试),每三年一试。乡试,即宋代的州试,是地方一级的考试,又称乙科、乙榜。乡试逢子、卯、午、酉年八月在两京府(南京为应天府、北京为顺天府)和各省省会举行,即"秋闱"。明代还惯称南京乡试为"南闱"、北京乡试为"北闱"。各省乡试的考场称贡院。贡院内设有一排排号房,为考生考试住宿之所,依《千字文》排序。乡试取中者称为举人,第一名为解元。举人已有做官资格,所以颇受社会重视。会试,同宋代的省试,是中央一级的考试,又称甲科。乡试的第二年,举人会聚京师参加中央级的考试,所以称为会试。会试由礼部主持,逢丑、辰、未、戌年春季二月举行,又称"礼闱"或"春闱"。会试第一名称会元。明代的乡试、会试均分三场进行。初场考试考经义;第二场考试考论、判、诏、诰、表;第三场考试考经史时务策。会试落第举人可入国子监读书,称"举监",可待下次考试,也有直接授予学校教职或其他小官的。殿试,指会试的录取者参加由皇帝亲自主持的考试,也叫廷试。殿试只考策问一道。在会试同年的三月举行。殿试时,由翰林及朝臣中的高文学素养者充任读卷官,并参与阅卷,拟定名,以供皇帝裁决后发榜传胪。录取者通称为进士,名次等第分一、二、三甲。一甲前三名为状元(或称殿元)、榜眼、探花,赐进士及第;二甲赐进士出身若干人,第一名称传胪;三甲录取名额不定,赐同进士出身。殿试亦称甲科,故所发之榜又被称为甲榜。殿试后,皇帝要赐进士宴,还要为一甲前三名的进士授官,状元授予翰林院修撰,榜眼、探花授予翰林院编修。二、三甲的进士不能立即授官者,可参加"馆选"。"馆选"即殿试二、三甲进士参加翰林院庶吉士考试。考取后称庶吉士,学习三年后补授重要官职。未考取馆选的进士也可能被授予给事中、御史、六部主事等较低官职。明代科举场上还流传着"两榜出身"和"连中三元"的佳话。在科举考试场上,既通过乡试(乙榜)中了举人,又通过殿试(甲榜)中了进士并最终获得官职的儒士,就称为"两榜出身"。凡是中乡试第一名"解元",又中会试第一名"会元",再中殿试第一名"状元"的儒士,被称为"连中三元"。

明代考试规则进一步严厉,不仅继承了宋代的糊名、锁院、誊录等制度,而且执行得更为严苛。即便这样,作弊之风仍禁而不止,贿买、钻营、挟带、枪替(请人代笔)、割卷(调换考卷)、传递、冒名、冒籍等屡见不鲜,诸如蝇头小楷等各式挟带的水平之高更让人咋舌不已。五花八门的作弊手段,构成了古代科场舞弊文化之大观。科举本就不易,舞弊之风的盛行又令寒门庶子的科考之路雪上加霜,可由于科举制度几乎是当时文人仕进、升官、发财的必由之路,尽管艰难,知识分子仍然拼命追逐考场,并由此显露出各种人性的丑恶,可笑又可悲。清初著名小说家吴敬梓创作的讽刺小说《儒林外史》对此刻画得入木三分、惟妙惟肖。

四、科举制度由盛转衰期——清

科举制在清代由盛而衰并最终于清末被废止。清朝科举制虽承袭了明代的制度,却同中存异。

与明代一样,清代的学校也是科举的必由之路。清代的学校教育也分中央与地方两级。中央最高学府即国子监,地方有府、州、县学。地方学校的学生叫生员,即秀才。清代秀才也具有与明代相似的特权。成为秀才也要像明代一样经过童试、院试。未通过院试的童生,不论年龄大小都称"童生"。中央委派的学政,亦称提督学政,督管地方学务及主持各种选拔考试。国子监的肄业生徒通称"监生",有贡生和监生之别。按来源分,贡生有恩贡生、拔贡生、优贡生、岁贡生、副贡生、例贡生;监生有恩监生、荫监生、优监生、例监生等。其中拔贡生、优贡生、岁贡生、优监生都是各省学政从地方学校中选拔的。例贡生、例监生则可以出钱纳捐。清代的监生与明代的一样,享有各种科举为官的便利条件。如在以上国子监生徒中,恩贡生、岁贡生、优贡生、拔贡生和副贡生,合称五贡,可以和举人、进士一样出任官职。在国子监肄业的其他贡生、监生,有的坐监三年期满后,送往各部学习,经考核后再授以官职,有的每逢乡试之年,经国子监考试合格,即参加乡试。清代国子监在光绪三十一年废除科举制度的同时被裁撤。

清代科举取士也实行三级考试制度:乡试、会试、殿试,时间、内容、方式与明代基本相似。特别要指出的是考试时间上,清代三年一试的"秋闱""春闱"在正科外,还有加考的"恩科"。遇有皇帝、皇太后"万寿",皇帝登基等庆典时特诏开科取士,称为恩科。康熙五十二年,圣祖60大寿,朝廷首开乡试恩科。会试在乡试正科次年举行的,称为会试正科;在乡试恩科次年举行的,称为会试恩科。科举最后是殿试。清代殿试日期、地点几经变化,在乾隆年间定为四月,地点在保和殿。皇帝在钦定名次时,只御批第一甲前三名,其余各卷发内阁官员领收。传胪唱名后及第进士要参加诸多礼仪活动,如参加礼部赐进士恩荣宴,到孔庙、国子监拜谒孔子等。清朝进士授予官职前,实际要经过三次考试,会试后殿试前有一场复试,而后殿试,殿试后还有朝考,凭三次的考试成绩等级分别授予相应的官职。一甲前三不参与朝考。朝考第一名叫"朝元",可授翰林院编修。清代科举亦兴八股取士。这种空泛僵化的文体,徒托空言,无实用价值,虽受到明清两代有识之士的批判,但没能扭转这种风气。清朝科举乡试、会试时还增加了试帖诗。这是一种五言八韵的古板诗体。帖,即帖经,根据孔孟之道来阐述,要求依题写作,主旨须歌功颂德、粉饰太平。清代科举走向衰败的原因之一是它不仅没有革新明代以来禁锢僵化的考试要求,而且还依瓢画葫、愈演愈烈,导致举子思想的异化、科举逐渐背离选才的初衷。清代科举一个比较有特色的科目是翻译科。这是授予八旗旗人及其子弟特权的一种考试。该科考生仅限于八旗子弟(主要是满人,其次为蒙古人),考试内容大体为翻译汉文一篇或作满文一篇。

科举考试一向标榜为公平竞争、公平取士,实际上却无法轻易办到,清代也不例外。纵观清代科考,科场营私舞弊现象较之他朝有过之而无不及。如康熙五十年的江南乡试,正、副主考官左必蕃、赵晋勾结两江总督噶礼贿卖关节,多取盐商子弟。事泄之后,千余考生聚集道观,抬五路财神像到府学明伦堂内,争相作歌谣予以嘲讽,如"左丘明两目无珠,赵子龙一身是胆",借此讥讽考官左必蕃、赵晋。还有人用纸将贡院的匾额糊上,将"贡院"改为"卖院"。虽然有违法违纪官员受到惩处,但科场受贿舞弊屡禁不止。

清代中期以后,随着清朝统治走向没落,科举制度呈现衰败景象。光绪末年,维新变法已成一种不可阻挡的潮流,科举制度受到维新之士的群起攻击。光绪三十一年八月,迫于各方压力,德宗下诏停止科举取士。至此,在封建社会推行了1 300余年的科举制度寿终正寝,退出了历史舞台。

五、制举

前面主要介绍以进士科为主的科举常选制度,这里简要说说古代科举的另一方式:制举。制举是由皇帝亲自主持的一种不定期的考试。它并非前述定期科考中的殿试。制举考试日期和科目均因皇帝的需要而定,有一定的随机性。考试内容以试策为主,有时也会考经论、诗赋。唐代制举考试科目名称最多,如直言极谏科、贤良方正科、才堪经邦科、武足安边科、文辞清丽科、军谋越众科、哲人奇士逸伦屠钓科、孝弟(悌)力田闻于乡间科等几十个。按唐代惯例,制举登第大致分为五等,但第一、第二等是空设,第三等就称甲科或敕头。优等者当即授官,不再像常举那样还得经过其他考试。参加制举考试者,不仅有一般士人,而且允许现任官员参加。譬如唐代著名诗人白居易在唐德宗贞元十六年中进士,后通过吏部选拔任秘书省校书郎,又在唐宪宗元和元年,试制举"才识兼茂明于体用科",中第四等,授盩厔县尉。宋代制举与唐代一样,但名目与次数都有所减少,常见的制举科目有贤良方正能直言极谏科、经学优深可为师法科、详闲吏理达于教化科等。群臣和草野、隐逸之士人皆可应考,主要考经论与试策。宋代制举登科者分五等,第一、二等虚设,三、四等者赐制科出身,五等者赐进士出身。宋代制举优于进士科。所以宋人多称制举为大科,许多中进士的人也还想应制举试。宋代大文学家苏轼于宋仁宗嘉祐二年进士及第,嘉祐六年,试制举"贤良方正能直言极谏科",取为第三等,授大理评事、签书凤翔府节度判官。清代制举科目有博学鸿词科、经济特科、孝廉方正科等。清初康熙十七年下诏将举行博学鸿词科考试,著名的思想家黄宗羲、顾炎武曾拒绝征召应试。制举是皇帝加强中央集权、网罗人才的一种便捷而有效的办法,但随着科举常选的规范化,制举在科举考试中的地位渐落。

六、武举

由于武职的特殊性,古代科举中武举不如文举受重视,从唐到清,武举时断时续。武举始于武则天长安二年,当时由兵部员外郎主持,应举考生由各州选送。主要考马射、步射、马枪和负重等项目,成绩优异者授予官职。有宋一代虽重文轻武,但对武举考试的制度规范作出了贡献。就考试方式而言,武举考试分三级:解试、省试和殿试。考试内容有武试,也有文试。解试是各地区选拔考试,分别测试弓马和兵书策义,中第者为武举人。省试又称兵部试,由兵部主持,在殿前司测验应举者的骑射、弓马水平,测验完毕定出上、中、下三等,再在秘阁(宋代藏书机构)考试墨义与策问。殿试是第三级的考试,先在内廷崇政殿举行,后改在集英殿举行。殿试时,皇帝亲自阅视武举人的弓马,还注重策问,问武举人对时务、兵法、阵法、军屯、韬略的看法。南宋孝宗时期,依文举之例对中武举者,分别予以进士及第、进士出身和同进士出身。明朝在明太祖洪武二十年才实施武举,中间断续举行,考试的时间和内容均因时而异,始终不如文举繁盛。相对而言,骑射起家的清朝比较重视武举,自顺治时实行武举。武举考试过程与文举基本一样,先经县、府、院预试,取得武秀才资格,再依次参加乡试、会试、殿试。武举分三场,前两场分别考马射、步射、硬弓、舞刀、掇石等,称为外场考试;第三场为文试,初考策论,后改为默写武经若干字,称为内场考试。武进士分三甲,一甲前三分别为武状元、榜眼、探花,赐武进士及第;

二甲若干名,赐武进士出身;三甲若干名,赐同武进士出身。殿试后,皇帝在兵部赐会武宴,赏状元盔甲、腰刀、靴袜等,其余赏银两。考中武进士的人,可以得武职官。各朝统治者在争夺最高统治权的斗争中,看到了武将的威力和危害,所以历朝历代都不重视武举取士制度。

客观而论,中国古代科举制度以才学取士为主导,使得一大批怀有真才实学的经世治国之才,通过科举被选拔出来,并进入国家各级管理机构,担任各种官职,小到县令,大到宰相,成为国家发展的中流砥柱。这是隋唐以后科举制度长兴不绝的重要原因。不过就用人制度而言,隋唐乃至明清,统治者在推行科举取士为主的同时,还是参用了汉代察举征辟制与魏晋门荫制度,这也是为了适应封建王朝政权结构、维持政治稳定的现实需要。

篇目选读

《子昂市琴》计有功①

子昂初入京②,不为人知。有卖胡琴者,价百万,豪贵传视,无辨者。子昂突出,谓左右曰:"辇千缗市之③。"众惊问,答曰:"余善此乐。"皆曰:"可得闻乎?"曰:"明日可集宣阳里④。"如期偕往,则酒肴毕具,置胡琴于前。食毕,捧琴语曰:"蜀人陈子昂有文百轴⑤,驰走京毂⑥,碌碌尘土,不为人知。此乐贱工之役,岂宜留心。"举而碎之,以其文轴遍赠会者。一日之内,声华溢郡。时武攸宜为建安王⑦,辟为书记⑧。

(节选自计有功《唐诗纪事》,上海古籍出版社2008年版。)

---

① 文章节选自南宋计有功编纂的《唐诗纪事》。《唐诗纪事》是中国唐代诗歌资料汇编集,采集了自唐初至唐末三百年间,一千余位诗人的部分诗作、诗评与本事,按时间先后编次,是研究唐诗的宝贵资料。

② 子昂:陈子昂,字伯玉,梓州射洪人。曾任右拾遗,后世称"陈拾遗"。唐代诗人,初唐诗歌革新代表人物之一,其诗风骨峥嵘,寓意深远,苍劲有力,有《陈伯玉集》传世。京:此指唐都长安。

③ 辇:古时指用人拉或推的车,此指用车载送、运送。缗(mín):古代计量单位,指成串的铜钱,一般每串一千文。市:买。

④ 宣阳里:唐代长安的一个居民区。

⑤ 轴:量词,古代用于以轴装成的书卷。

⑥ 京毂(gǔ):指京城。毂,原指车轮中心的圆木,引申为车轮、车辇。毂辇之下、毂下、辇下、京辇、京毂,旧皆指京城。

⑦ 武攸宜:武则天的侄子,武则天主政时曾官居右武卫大将军,封建安王。

⑧ 书记:旧指从事公文、书信工作的人员。

《登科后》孟郊①

昔日龌龊不足夸②,今朝放荡思无涯③。

春风得意马蹄疾④,一日看尽长安花。

（选自孟郊著,郝世峰笺注《孟郊诗集笺注》,河北教育出版社2002年版。）

《周学道校士拔真才》吴敬梓⑤

话说周进在省城要看贡院⑥,金有馀见他真切,只得用几个小钱同他去看。不想才到天字号⑦,就撞死在地下。众人多慌了,只道一时中了恶。行主人道⑧:"想是这贡院里久没有人到,阴气重了,故此周客人中了恶。"金有馀道:"贤东,我扶着他,你且去到做工的那里借口开水来灌他一灌。"行主人应诺,取了水来,三四个客人一齐扶着,灌了下去,喉咙里咯咯的响了一声,吐出一口稠涎来。众人道:"好了!"扶着立了起来。周进看着号板,又是一头撞将去。这回不死了,放声大哭起来。众人劝着不住。金有馀道:"你看,这不是疯了么? 好好到贡院来耍,你家又不死了人,为甚么这'号啕痛'也是的?"周进也不听见,只管伏着号板哭个不住;一号哭过,又哭到二号、三号;满地打滚,哭了又哭,哭的众人心里都凄惨起来。金有馀见不是事,同行主人一左一右架着他的膀子。他那里肯起来,哭了一阵,又是一阵,直哭到口里吐出鲜血来。众人七手八脚将他扛抬了出来,贡院前一个茶棚子里坐下,劝他吃了一碗茶,犹自索鼻涕,弹眼泪,伤心不止。内中一个客人道:"周客人有甚心事? 为甚到了这里,这等大哭起来? 却是哭得利害。"金有馀道:"列位老客有所不知。我这舍舅,本来原不是生意人。因他苦读了几十年的书,秀才也不曾做得一个⑨,今日看见贡院,就不觉伤心

---

① 登科:此指进士及第,亦称登第。孟郊:字东野,湖州武康(今浙江德清)人。中唐著名诗人,生性孤直,生活贫寒,故诗语多苦涩,苏轼将其与贾岛并称为"郊寒岛瘦"。著有《孟东野集》。

② 龌龊:肮脏,这里指不如意的处境。夸:矜夸、炫耀,这里不足夸指不值得提起。

③ 放荡:这里指自由自在,不受约束。

④ 疾:快、迅速。

⑤ 文章节选自《儒林外史》。《儒林外史》是清代小说家吴敬梓创作的一部讽刺小说,形象生动地塑造了一群为功名失去人格尊严、唯知标榜道学迂腐无能、道貌岸然的文人形象,深刻地揭示了科举制度的腐败、封建礼教与程朱理学的虚伪。吴敬梓(1701—1754年):字敏轩,号粒民,安徽全椒人,清代小说家。

⑥ 贡院:科举乡试或会试的地方,这里指乡试贡院。

⑦ 天字号:指号房。贡院中供应试者考试、住宿的地方称号房,以《千字文》依次排序。天字号是第一间号房。

⑧ 行主人:这里指省城杂货行主人。周进为生计随姐夫金有馀到省城行商住在杂货行。

⑨ 秀才:明清科举考试中通过了童试、院试的人。过童试而未过院试者,不论年龄大小,都叫童生。

起来。"自因这一句话道着周进的真心事，于是不顾众人，又放声大哭起来。又一个客人道："论这事，只该怪我们金老客。周相公既是斯文人，为甚么带他出来做这样的事？"金有馀道："也只为赤贫之士，又无馆做，没奈何上了这一条路。"又一个客人道："看令舅这个光景，毕竟胸中才学是好的；因没有人识得他，所以受屈到此田地。"金有馀道："他才学是有的，怎奈时运不济！"那客人道："监生也可以进场①。周相公既有才学，何不捐他一个监进场？中了，也不枉了今日这一番心事。"金有馀道："我也是这般想，只是那里有这一注银子！"此时周进哭的住了。那客人道："这也不难。现放着我这几个弟兄在此，每人拿出几十两银子借与周相公纳监进场，若中了做官，那在我们这几两银子。就是周相公不还，我们走江湖的人，那里不破掉了几两银子。何况这是好事。你众位意下如何？"众人一齐道："'君子成人之美。'又道：'见义不为，是为无勇。'俺们有甚么不肯。只不知周相公可肯俯就？"周进道："若得如此，便是重生父母，我周进变驴变马，也要报效！"爬到地下就磕了几个头，众人还下礼去。金有馀也称谢了众人。又吃了几碗茶，周进再不哭了，同众人说说笑笑，回到行里。

次日，四位客人果然备了二百两银子，交与金有馀，一切多的使费，都是金有馀包办。周进又谢了众人和金有馀。行主人替周进备一席酒，请了众位。金有馀将着银子，上了藩库②，讨出库收来。正值宗师来省录遗③，周进就录了个贡监首卷④。到了八月初八日进头场⑤，见了自己哭的所在，不觉喜出望外，自古道"人逢喜事精神爽"，那七篇文字，做的花团锦簇一般。出了场，仍旧住在行里。金有馀同那几个客人还不曾买完了货。直到放榜那日，巍然中了。众人各各欢喜，一齐回到汶上县。拜县父母、学师⑥，典史拿晚生帖子上门来贺⑦，汶上县的人，不是亲的也来认亲，不相与的也来认相与。忙了个把月。申祥甫听见这事，在薛家集敛了分子，买了四只鸡，五十个蛋和些炒米、欢团之类，亲自上县来贺喜。周进留他吃了酒饭去。荀老爹贺礼是不消

① 监生：国子监学生通称。明清国子监学生因来源不同则名称不同，文中提到的可以用钱纳捐的监生叫例监。进场：指科举入场考试，也叫下场。
② 藩库：清代布政司所属的粮钱储库。
③ 宗师：清时对提督学政的尊称，是掌管教育行政及各省学校生员的考课升降等事务的官员。
④ 贡监：这里指周进作为未入州府县学的优秀儒生被选拔入国子监。
⑤ 八月初八：这里指乡试的时间。乡试是科举时地方的选拔考试，考试时间在秋季，亦称"秋闱"。明清时称乡试通过者为举人。头场：指第一场。清代科举乡试共考三场。
⑥ 县父母：这里指汶上县的县官。学师：指县学的学正、教谕等。
⑦ 典史：县令的佐官，管文仪出纳的文官。晚生：科举中特指举子对考官、学政等的自称，后也泛指文人在前辈面前的谦称。

说了。看看上京会试①，盘费、衣服都是金有馀替他设处。到京会试，又中了进士②，殿在三甲③，授了部属。荏苒三年，升了御史，钦点广东学道④。

（节选自吴敬梓撰《儒林外史》，人民文学出版社 2002 年版。）

作品讲授

《子昂市琴》

《子昂市琴》是关于陈子昂市琴毁琴的故事。此事除南宋计有功《唐诗纪事》所记外，北宋类书《太平广记·贡举》、南宋尤袤的《全唐诗话》等典籍中亦有类似载录。从科举文化角度看，此事折射出唐代科举行卷之社会风气。所谓行卷即应试举子择己平日所著诗文优秀者制作成轴卷，呈送于当时的政界权贵或文坛名流，以期得到他们的赏识举荐。由于唐代科举试卷不糊名，因此考生声名高低、是否得到权要名流的赞誉推举直接影响其科试结果。陈子昂来自四川射洪一商贾之家，并无根基，初入京师，籍籍无名，奔走京师，四处碰壁，不得已，剑走偏锋，自我炒作。陈子昂斥巨资买琴，既而毁之，一掷千金的豪奢令围观者震惊，世人便多了一件茶余饭后津津乐道的逸闻趣事，故而一夕之间，声名鹊起。权贵名流可能出于好奇而索阅陈子昂在现场分发的文卷，总之最后陈子昂得到权贵武攸宜的赏识，被辟为建安王府的书记。这也可以说是诗人行卷之功。古代小说、杂记里多有唐人行卷轶事。如《太平广记》载王维行卷唐公主而得解头最终登科之事，白居易因一首《赋得古原草送别》而得顾况赏识之事。虽然轶事难免有虚饰之嫌，但反映的唐代科举行卷风气却是不争的事实。从文学角度看，本文亦不失为一篇精炼生动的笔记小说。从"初入京，不为人知"，到"一日之内，声华溢郡"，从"辇千缗市之"到"举而碎之"，寥寥数语，文章通过言行细节的捕捉，强烈的抑扬对比，带来情节的起伏，情感的跌宕，可谓精彩绝妙。

《登科后》

《登科后》是唐代诗人孟郊的诗。此诗作于唐德宗贞元十二年，孟郊进士及第之后。

---

① 会试：清代在京师贡院由礼部主持的科举考试。

② 进士：这里指通过了进士科的会试，中举者俗称进士。

③ 殿：指殿试，也叫廷试，在朝堂廷殿上由皇帝亲自主持的考试。三甲：科举殿试后及第者所分的一甲、二甲、三甲等级，分别称进士及第、赐进士出身、赐同进士出身。

④ 学道：即学政，掌管教育行政及各省学校生员的考课升降等事务的官。

这首诗生动地描绘了孟郊金榜题名后的欣喜欲狂之情与得意忘形之态。作品的格调虽不高,但胜在心理神情刻画得细腻生动,酣畅淋漓。古人科举不易,进士及第更难,故有"五十少进士"之说。孟郊前后曾参加过三次科举考试,前两次皆名落孙山,第三次才得第登科,时年四十六。古人准备科举之寒窗苦读何亚于当今学子之高考彻夜鏖战?唐代诗人白居易曾在《与元九书》中回忆自己的读书生活说:"昼课赋,夜课书,间又课诗,不遑寝息矣。以至于口舌成疮,手肘成胝,既壮而肤革不丰盈,未老而齿发早衰白,瞀瞀然如飞蝇垂珠在眸子中也,动以万数。盖以苦学力文所致。"古人读书辛苦可窥一斑。寒门庶子在尚无功名时又得忍受物质的清贫,孟郊曾有不少诗歌表现了他凄怆寒苦的生活。如"天寒色青苍,北风叫枯桑……苦调竟何言,冻吟成此章。"(《苦寒吟》)"孤骨夜难卧,吟虫相唧唧。老泣无涕洟,秋露为滴沥"(《秋怀》其一)等,渲染出孤独、病老、凄寒、萧索之意境。对孟郊而言,多次落第后的精神压力与痛苦也是生命难以承受之重,"弃置复弃置,情如刀剑伤"(《落第》),"一夕九起嗟,梦短不到家。两度长安陌,空将泪见花"(《再下第》)。因为品尝过科考之难、之苦,所以成功后便心花怒放。这种狂喜之情又如何能抑制?此诗与李白《早发白帝城》、杜甫《闻官军收河南河北》情绪相类,皆可谓诗人生平一大快诗。

《周学道校士拔真才》

《周学道校士拔真才》出自清代小说《儒林外史》第三回。这里节选了前半回,讲周进为望获功名而"哭"疯的故事。作者吴敬梓着力塑造了一个在科举制度束缚下,为求功名失去人格尊严、迂腐低能的文人形象,深刻揭示了清代科举制度对文人本性的戕害。文章中有许多对周进在贡院疯"哭"的细节描写,"撞死在地下""放声大哭""只管伏着号板哭个不住""满地打滚,哭了又哭""直哭到口里吐出鲜血来"等,整一个撒泼耍赖的形象,斯文扫地。作者就是通过这一系列夸张的描写对周进式的读书人进行了嘲讽。不过这些叙述描写,初看夸张可笑,细品却悲哀心酸,它把一个老童生渴望中举又没能中举的心酸、悲伤、痛苦的心理刻画得入木三分。当听说有人愿意为他捐监生时,周进"爬到地下就磕了几个头",只要有机会中科举,读书人的斯文与尊严都可不顾,真是令人又悲又怜又叹。文章描绘的是清代科举文化下的读书人形象,涉及了许多清代科举文化知识,如贡院、进场、纳监、会试、进士等,如果懂得一点清代科举文化知识,则能更深刻地领会这篇文章的深意。清代科举承袭明制,规定科举必经学校,若能成为国子监学生将会获得参加科举考试的诸多便利。成为监生,就可以参加科举,只要通过科举第一场乡试,成为举人就有资格入仕为官,开启人生康庄之路,更不用说通过会试、殿试以至进士及第。

清代监生来源众多,对周进这样的普通学子来说,一般要经过童试、院试成为秀才,才有可能被地方学校推选去参加乡试或入国子监。由于各种原因,周进年逾六十还是个老童生,无缘监生,科举更是遥不可期。而在周进等读书人看来,科举入仕是他们唯一的出路,从基本的生计到远大的荣利皆系于科举。所以来到可望而不可即的科举乡试会场贡院时他会痛不欲生、痛哭流涕,当有人出钱给他捐监生实现他科举愿望时会铭感五内、感恩戴德。小说里,周进以监生为起点,连过三场,最终进士及第,授官任职,得偿心愿。因此从清代科举文化背景看,作者对周进等读书人既有嘲讽亦富同情。

课后思考

1.讨论中国古代科举制度的利弊。

2.思考中国古代科举制度下传统文人的形象与心理。

拓展阅读

[1] 李尚英.科举史话[M].北京:社会科学文献出版社,2011.

[2] 王炳照,徐勇.中国科举制度研究[M].石家庄:河北人民出版社,2002.

[3] 吴宗国.唐代科举制度研究[M].北京:北京大学出版社,2010.

[4] 傅璇琮.唐代科举与文学[M].西安:陕西人民出版社,2007.

[5] 王凯旋.明代科举制度研究[M].沈阳:万卷出版公司,2012.

[6] 王德昭.清代科举制度研究[M].北京:中华书局,1984.

[7] 宋元强.状元史话[M].北京:社会科学文献出版社,2011.

中国古代史官文化始于上古三代，它的产生与史官建置关系密切。传说黄帝时期便有史官，而夏朝设有史官，则是确定无疑的。上古三代，史官掌握文字，职掌天文、历法、占卜，负责记载、整理、编纂史料档案，保管国家典籍。他们作为中国古代早期知识分子，是古代中国社会政治、历史、文化的参与者、观察者、创造者、传播者，有着十分重要的社会作用。他们对社会事件的记载和评论反映了他们的思想，也因此形成了独特的中国史官文化。了解中国古代史官文化，对于揭示中国传统史学精神，理解中国传统文化的建构，都是大有裨益的。本讲着重介绍中国古代的史官建置及史官文化的主要特色。

第十四讲

中国古代史官文化

解　题

一、中国古代的史官建置

　　中国古代史官文化源自上古三代,它的形成与史官建置有密切的关系,有史官而后有史官文化。"史"字的本意,据《说文解字》意为记事的人。"从又持中",是右手持"中"的人。"中"是什么呢? 章炳麟说:"中,本册之类。"(《章氏丛书·文史》)"中"指简册。所以"史"也就是掌管典册的人,后世延伸为记录、整理、编纂文献史料的人,即史官。

　　传说史官设置始于黄帝时期,"史官之作,肇自黄帝"(刘知几《史通·史官建置》),"黄帝之史仓颉"(许慎《说文解字》)。从文字起源的历史来看,文字记事尚可追溯到夏朝。河南偃师二里头考古发现,夏代就已经产生书写文字符号,尽管还不成熟。就现存典籍看,也有关于夏朝史官的记载。"夏太史令终古,出其图法,执而泣之。夏桀迷惑,暴乱愈甚。太史令终古乃出奔,如商。"(《吕氏春秋·先识览》)这位太史令终古,是夏桀时期的史官。商朝的史官,根据甲骨卜辞所记,陈梦家等学者以为有"作册""史""尹"等不同的称呼。商朝甲骨卜辞关于史官的记载,也厘清了史官来源问题:史源于巫。学者们认为不论是"史巫"并举,还是"巫史"连称,都说明在远古之时,史与巫渊源互接。但随着政教事务的日益繁杂化,以巫祝为代表的神官已无法一手包揽所有事务。正是在这种情况下,巫官的职事发生变化,并由此而衍化、分流成众多的职官,后来的史官也是这一分化过程的产物。不过在夏商时代史官建置还鲜明地存在史、巫不分的特点。夏商时代原始宗教文化盛行,"先鬼而后礼"(《礼记·表记》),商代甲骨卜辞中频繁出现"作册""尹""史""北史""卜"等,说明巫与史都有占卜记事的职责,此时巫史共存于宗教神职系统。

　　到了西周,史官建置已相当齐备。《史通·史官建置》云:"按《周官》《礼记》,有大史、小史、内史、外史、左史、右史之名。"而且分工明确细致,"大史掌国之六典,小史掌邦国之志,内史掌书王命,外史掌书使乎四方,左史记言,右史记事"。在周代不仅周王朝有史官,各诸侯国也设置了史官,据《左传》记载,当时齐、卫、晋、鲁、郑各国均有太史(大史),晋、楚、秦等国则有左史或史。我国现存的第一部编年体史书《春秋》就是由鲁国史官编修的,后经孔子修订的史书。由于周代与殷商两朝文化精神大相异趣,"殷人尊神,率民以事神","周人尊礼尚施,事鬼敬神而远之,近人而忠焉"(《礼记·表记》)。殷人的精神信仰维系在虚玄的神界,周人的精神则寄托于踏实的人间。在新的文化氛围下,西周的史官开始撕破殷商以来那种天官、神官的神秘面纱，把目光凝聚到人世间的兴亡盛衰、死生存亡之上，甚至表现出鲜明的惩恶劝善的伦理道德教化目的。《春秋》《国语》《左传》无疑是呈现这种思想文化变化的代表性史著。与商代史官的天官、神官特质相比较，周代的史官在文化形态上无疑向"人事"又前进了一步。不过由于史出于巫的渊源，周代史官尚没有完全割断与天官、神官的联系，史官依然身兼巫官的职事，"司天""司鬼神""司灾祥""司卜筮"，这些原本都是以巫为代表的"神官"之职责，现在依然由史官代劳。因此周代史官之职掌，兼具天官与史官二职，即除记史之外，还能观测天象，能交通天人，以"天事"参"人事"，能预测祸福吉凶，正如刘知几所言："寻自古太史之职，虽以著述为宗，而兼掌历象、日月、阴阳、管数。"（《史通·史官建置》）《左传》中有许多史官占卜吉凶、预测祸福、预言未来的记载。譬如庄公二十二年记载陈厉公之子敬完出生时，周太史为之占卜，结果显示公子敬完要在姜姓国家发达，他的后代要取代姜姓国主成为该国的国君。后来历史的发展证实了这段预言的准确性。史官能交通天人，以"天事"参"人事"的情况一直延续到汉代。据司马彪注《后汉书·百官志》曰："太史公，掌天时、星历。凡岁将终，奏新年历；凡国有祭祀、丧、娶之事，掌奏良日及时节禁忌；凡国有瑞应、灾异，掌记之。"从司马彪的这段注释来看，汉代的太史令，与周代的史官在职掌上几乎没有什么本质的区别。司马迁在《报任安书》中也说自己修《史记》的目的之一就在于"究天人之际"。

史官剥离天官角色以修史为专职，始于东汉的明帝时期。刘知几《史通·史官建置》云："汉氏中兴，明帝以班固为兰台令史……斯则兰台之职，盖当时著述之所也。"兰台既是修史之所，则在此任职的史官当以修史为职事。因此，班固在入选兰台令史之后，也自称"专笃志于博学，以著述为业"（《汉书·叙传》）。在魏晋时期，作为言行记录和修编史书意义上的史官从太史令职责中剥离出来，最后太史主要负责天文历法。唐代开始时作司天监负责天文历法、阴阳灾祥，有时仍作太史院，到明清时期称作"钦天监"。在秦以后两千多年封建社会的职官制度变迁中，史官一职始终不可或缺。虽然史官分工日趋细致，职官别名诸多，如太史令、兰台令史、著作郎、佐著作郎、起居郎、起居舍人等，但始终不离编纂修史、书事记言的基本职能。在中国古代史官建置的规范化进程中，史馆的设置是关键性标志。唐太宗贞观年间设置史馆，成为职官体制中固定的常设机构，史馆修史制度正式形成。唐代史馆制度以宰相为监修国史，修撰官有他官兼任的，也有专职的史馆修撰、直馆等，他们主要负责国史编修，如"起居注""时政记""日历""实录""国史""会要"以及前朝"正史"，拥有一套完整而有效的修史体制和程序。史馆制度的形成标志着我国古代史官制度的进一步规范化。自唐至清，史官制度多在唐代的基础上损益变化,但是职官建构与职责职能大致相同。

二、中国古代史官文化的主要特点

中国古代史官文化源自上古三代,先秦时期以史官为代表的早期知识人士所创造出来的那种文化形态及其蕴含的思想奠定了中国古代史官文化的基本面貌:史籍是史官文化的基本载体,借鉴资治、劝惩明德、直笔实录是史官文化的主要精神文化特征。

以史为鉴、资助修治,是中国古代史官文化一个突出的特点。在中国古代史官心目中整理史料、编纂史书也是"治国平天下"的大学问。史官通过记载王朝兴亡成败的事实,总结历史经验教训,其用意都在于引起当代统治者的警惕,以防重蹈前代统治者的覆辙。借鉴资治的史官文化精神与中国政治文化中经世致用的思想一脉相通。借鉴资治这种思想在先秦史书中已普遍存在。如《尚书·召诰》中召公告诫周成王要敬德,要吸取夏、殷失德亡国的教训,"王敬作,所不可不敬德! 我不可不监于有夏,亦不可不监于有殷。"面对春秋之世纲常紊乱、礼崩乐坏的现实,孔子最终选择的纠正办法是借助于历史,以历史上的成败教训来警诫现实,于是修《春秋》。《左传》中诸侯争霸,此消彼长、盛衰兴亡的例子更是不胜枚举,这些史实既是对春秋时代急剧变革的社会历史的总结,也是提供给后世统治者"资治"的最好教材。历史的作用是为现实服务,疏通知远,鉴于前代,才能更好地把握未来发展的方向。借鉴资治的史官文化传统得到历代史官的传承与发扬。正如清代学者王夫之在《读通鉴论》中说:"所贵乎史者,述往以为来者师也。为史者,记载徒繁,而经世之大略不著,后人欲得其得失之枢机效法之,无由也,则恶用史为?"若无借鉴资治之作用,即使修了史书也是枉为。

中国古代史官文化中的劝惩明德精神与借鉴资治的精神相辅相成,"资治"是目标导向,"劝惩"是方法途径。惩恶以警诫,劝善以明德是中国古代史官修纂史书的重要目的,也是中国古代史官文化的重要传统。早在孔子修《春秋》之前,周王室及列国史官记事就讲究褒贬以进行道德训化。"诸侯建邦,各有国史。彰善瘅恶,树之风声。"(刘勰《文心雕龙·史传》)"古之王者,世有史官,君举必书,所以慎言行、昭法式也。"(班固《汉书·艺文志》)在古人看来,君王之言行是天下臣民之榜样,在根本上影响社会的治乱,世风的良莠,所以君举必书,彰善贬恶,以正风气。只是先秦诸侯的"百国《春秋》"散亡,劝惩训化之法无由详见,唯孔子所修的《春秋》独存。因此,就"劝惩明德"这一精神来说,当首推孔子所修的《春秋》。《孟子·滕文公下》载:"世衰道微,邪说暴行有作,臣弑其君者有之,子弑其父者有之。孔子惧,作《春秋》……孔子成《春秋》而乱臣贼子惧。"《春秋》作为一本史学著作,之所以有着如此巨大的社会效应,致使那些"乱臣贼子"胆战心惊,原因就在于书中的那种立场分明的道德评判倾向。《春秋》的劝惩明德精神，体现在孔子的"春秋笔法"和"微言大义"之中。孔子用"春秋笔法"寄寓褒贬以为劝惩，为后代史家所推崇，其间既有《左传》《史记》等史书式的效法实践，也有《文心雕龙》《史通》等理论式的总结。譬如《文心雕龙·史传》对晋末以前的史著作了比较系统的梳理，其中劝惩明德的功能精神经过刘勰的总结与弘扬，基本已成为古代史家遵循不渝的法则。唐初开始的大规模的官修六代史的工作，无论是唐代统治者还是史学家，都将褒贬劝惩当作修史的第一要务和灵魂。据《旧唐书》列传卷二十三令狐德棻传中记载，唐高祖下诏修史，将惩恶劝善视为重要目的，诏令说："司典序言，史官纪事，考论得失，究尽变通，所以裁成义类，惩恶劝善，多识前古，贻鉴将来。"唐以后各朝史书修撰亦遵循此一法则，皆记当时善恶，系以褒贬，垂裕劝戒。中国古代史官文化以劝惩明德为旨归，从而使中国古代历史著作具有强烈的伦理道德化特质。这种源于史官文化的伦理道德感与上述借鉴资治的经世致用观念逐渐渗透到政治、经济、哲学、文学等中国文化各个意识形态领域，最终转化为重视道德、讲究致用的中国传统文化特征。

中国古代史官文化又一重要精神特征是直书实录，亦称"实录"。早在春秋时期，实录已成为衡量一个优秀史官的重要标准。春秋时期的董狐、齐太史、南史氏都被誉为尊崇实录精神的良史。《左传》宣公二年记，晋灵公不君，被大臣赵穿杀害，但是身为执政正卿的赵盾却不讨贼，晋太史董狐不畏权势，秉笔直书"赵盾弑其君"，受到孔子赞扬。《春秋》《左传》《史记》都是具有实录精神的史书典范。然而直书实录的实践落实不是一件容易的事。它不仅要求史官具备丰富的学识、深刻的洞察力等条件，还要有端正的心术与无畏的勇气。《左传》襄公二十五年发生了齐大夫崔杼弑君一事，"大史书曰：'崔杼弑其君。'崔子杀之。其弟嗣书，而死者二人。其弟又书，乃舍之。南史氏闻大史尽死，执简以往。闻既书矣，乃还。"齐太史为实录历史，付出了生命的代价，可见直书实录之难！正因为如此，中国古代史学批评与理论高度重视史官的身心修养和道德完善。清代史学理论家章学诚在《文史通义》中说，史官除了史才、史学、史识外，更要重"史德"。不过，必须承认的是，"实录"精神与修史实践之间，"直书"与"曲笔"之间存在着矛盾也是不争的事实。中国古代史官"为尊者讳""为贤者讳""为亲者讳""为本国讳"，甚至歪曲历史事实的现象也是屡见不鲜的。究其原因，除了个人局限与偏见外，封建皇权的介入是使天平倾向"曲笔"的重要因素。两汉以后，史官修史日益制度化，成为皇朝统治的重要组成部分，自唐代史馆制度设立后，官修史书几已沦为官方的喉舌。不过令人欣慰的是，作为落实借鉴资治与劝惩明德致用目的的重要保证，直笔实录精神的实践虽然举步维艰，但始终得以传承不曾被抛弃。

篇目选读

《晋灵公不君》①

晋灵公不君:厚敛以雕墙②;从台上弹人,而观其辟丸也③;宰夫胹熊蹯不熟④,杀之,寘诸畚⑤,使妇人载以过朝。赵盾、士季见其手⑥,问其故,而患之。将谏,士季曰:"谏而不入,则莫之继也。会请先,不入,则子继之。"三进⑦,及溜⑧,而后视之,曰:"吾知所过矣,将改之。"稽首而对曰⑨:"人谁无过,过而能改,善莫大焉。《诗》曰:'靡不有初,鲜克有终⑩。'夫如是,则能补过者鲜矣。君能有终,则社稷之固也,岂惟群臣赖之。又曰'衮职有阙,惟仲山甫补之'⑪,能补过也。君能补过,衮不废矣。"

犹不改。宣子骤谏⑫,公患之,使钮麑贼之⑬。晨往,寝门辟矣⑭,盛服将朝。尚早,坐而假寐。麑退,叹而言曰:"不忘恭敬,民之主也。贼民之主,不忠;弃君之命,不信。有一于此,不如死也。"触槐而死。

秋九月,晋侯饮赵盾酒,伏甲,将攻之。其右提弥明知之⑮,趋登,曰:"臣侍君宴,

----

① 文章出自《左传》。《左传》,又称《春秋左氏传》《左氏春秋》,相传是春秋末年鲁国左丘明著。《左传》是我国第一部叙事详细的编年体史书,记述了鲁隐公元年至鲁哀公二十七年250余年的春秋史。《左传》与《公羊传》《谷梁传》合称"春秋三传",也是重要的儒家经典。晋灵公:春秋时晋国国君,名夷皋,晋文公之孙。不君:指言行不合为君之道。

② 厚敛:加重征收赋税。雕墙:这里指修筑奢华宫室。雕,画。

③ 辟:同"避",躲避。丸:弹丸。

④ 宰夫:厨子。胹(ér):煮。熊蹯(fán):熊掌。

⑤ 畚(běn):草编的筐篓一类盛物器具。

⑥ 赵盾:晋文公之臣赵衰之子,曾为晋国正卿,谥号"宣",即后文的赵宣子。士季:晋臣士为之孙,晋国大夫,名会。

⑦ 三进:始进为入门,再进为由门入庭,三进为升阶当霤。

⑧ 溜:霤,指屋檐下滴水的地方。

⑨ 稽首:古时的一种跪拜礼,叩头至地,是跪拜礼中最恭敬的。

⑩ 靡:无。鲜:少。这句诗出自《诗经·大雅·荡》,大意说人多有始无终。

⑪ 衮(gǔn):天子的礼服,借指天子,这里指周宣王。阙:同"缺",过失。仲山甫:周宣王的贤臣。这句诗出自《诗·大雅·烝民》。大意是说天子言行有过失,贤臣能匡正帮扶他。诗以衮衣之缺喻周王之过失,以能补衮衣喻仲山甫匡救君过。

⑫ 骤:多次。

⑬ 钮麑(chú ní):晋国力士。贼:刺杀。

⑭ 辟:开着。

⑮ 右:即车右,指古代执兵器立于车子右边的武士。当时提弥明为赵盾车右。

过三爵①，非礼也。"遂扶以下。公嗾夫獒焉②，明搏而杀之。盾曰："弃人用犬，虽猛何为！"斗且出。提弥明死之。

初，宣子田于首山③，舍于翳桑④，见灵辄饿⑤，问其病。曰："不食三日矣。"食之，舍其半。问之。曰："宦三年矣，未知母之存否，今近焉，请以遗之⑥。"使尽之，而为之箪食与肉，寘诸橐以与之。既而与为公介⑦，倒戟以御公徒而免之。问何故。对曰："翳桑之饿人也。"问其名居，不告而退，遂自亡也。

乙丑，赵穿杀灵公于桃园⑧。宣子未出山而复。大史书曰"赵盾弑其君"⑨，以示于朝。宣子曰："不然。"对曰："子为正卿，亡不越竟，反不讨贼⑩，非子而谁？"宣子曰："呜呼！《诗》曰：'我之怀矣，自诒伊戚⑪。'其我之谓矣。"孔子曰："董狐，古之良史也，书法不隐⑫。赵宣子，古之良大夫也，为法受恶。惜也，越竟乃免。"

（节选自杨伯峻编著《春秋左传注》（修订本），中华书局 2009 年版。）

《过华清宫》杜牧⑬

新丰绿树起黄埃⑭，数骑渔阳探使回⑮。

---

① 三爵：三巡。《礼记·玉藻》："君若赐之爵，则越席再拜稽首受……君子之饮酒也，受一爵而色洒如也，二爵而言言斯，礼已三爵而油油以退。"

② 嗾（sǒu）：唤狗的声音。獒（áo）：猛犬。

③ 田：通"畋"，打猎。首山：首阳山，在今山西省永济市东南。

④ 翳（yì）桑：一说首山附近的地名。一说浓郁的桑林，翳意为遮蔽、荫翳。

⑤ 灵辄：人名，晋国人。当时为晋灵公甲士，因感赵盾一饭之恩而倒戈助赵盾脱困。

⑥ 遗（wèi）：送给。

⑦ 介：甲，指甲士。

⑧ 赵穿：晋国大夫，赵盾的堂兄弟。

⑨ 大史：太史，掌纪国家大事的史官。这里指晋国史官董狐。书：写。弑：古时称臣杀君、子杀父为弑。史官以此表达对臣子以下犯上行为的贬斥。

⑩ 竟：同"境"。贼：这里指弑君之人赵穿。

⑪ 怀：眷恋。诒：同"贻"，给。伊：指示代词，那个。戚：忧愁。这句诗一说为《诗经·邶风·雄雉》"我之怀矣，自诒伊阻"之误，一说为逸诗。大意说我多么怀念，不出境而复还，自遗此忧。

⑫ 书法：记事的法则。隐：隐讳，不直写。

⑬ 华清宫：唐代帝王行宫，唐玄宗开元十一年修建，今在陕西省西安市临潼区内，因地处骊山，亦称"骊宫"。《过华清宫》是诗人杜牧经过骊山华清宫时的感怀之作，诗共三首，这里选的是第二首。杜牧：字牧之，号樊川，世称"杜樊川"，京兆万年（今陕西西安）人。唐代杰出的诗人、散文家，与诗人李商隐合称"小李杜"。有《樊川文集》传世。

⑭ 新丰：唐县名，今在陕西西安临潼区东北。黄埃：黄土尘埃。

⑮ 渔阳：唐郡名，是唐范阳节度使所统辖的八郡之一，这里泛指安禄山所管辖的范阳地带。探使：指唐玄宗派出的打探消息的人。《全唐诗》此句下注："帝使中使辅璆琳探禄山反否，璆琳受禄山金，言禄山不反。"

霓裳一曲千峰上①,舞破中原始下来!

（选自杜牧著,冯集梧注《樊川诗集注》,上海古籍出版社1978年版。）

《直书》刘知几②

夫人禀五常③,士兼百行,邪正有别,曲直不同。若邪曲者,人之所贱,而小人之道也;正直者,人之所贵,而君子之德也。然世多趋邪而弃正,不践君子之迹,而行由小人者,何哉? 语曰:"直如弦,死道边;曲如钩,反封侯。"④故宁顺从以保吉,不违忤以受害也。况史之为务,申以劝诫,树之风声。其有贼臣逆子,淫君乱主,苟直书其事,不掩其瑕,则秽迹彰于一朝,恶名被于千载。言之若是,吁可畏乎!

夫为于可为之时则从,为于不可为之时则凶。如董狐之书法不隐,赵盾之为法受屈⑤,彼我无忤,行之不疑,然后能成其良直,擅名今古。至若齐史之书崔弑⑥,马迁之述汉非⑦,韦昭仗正于吴朝⑧,崔浩犯讳于魏国⑨,或身膏斧钺,取笑当时;或书填坑窖,无闻后代。夫世事如此,而责史臣不能申其强项之风⑩,励其匪躬之节⑪,盖亦难矣。

---

① 霓裳:指《霓裳羽衣曲》。
② 本篇选自唐代史学家刘知几的《史通》。《史通》是一部系统性的史学理论专著,论述了唐以前的史籍源流以及前人修史之得失,其中一些史学观点至今仍具有借鉴意义。刘知几:字子玄,彭城(今江苏徐州)人。唐代著名史学家,代表作《史通》。
③ 五常:此指人需具备的道德品质,一说仁、义、礼、智、信为五常,一说父义、母慈、兄友、弟恭、子孝为五常。
④ "直如弦"句:这是东汉顺帝末年京都童谣,讽刺了当时社会颠倒黑白的污浊风气。
⑤ "如董狐"句:春秋时期晋灵公不君,为赵穿杀害,晋国执政大臣赵盾未处罚赵穿,史官董狐认为赵盾要为此事负责,在史册上记下"赵盾弑其君",赵盾承担了弑君之名。董狐,春秋时晋国太史。赵盾,春秋时晋国大臣,谥赵宣子。
⑥ 齐史之书崔弑:指春秋时期齐国大臣崔杼弑君事。齐太史记下"崔杼弑其君",被崔杼杀害。崔杼,又称崔子、崔武子,春秋时齐国大夫。公元前548年,齐庄公与崔杼妻私通而被崔杼借机杀害。崔杼立庄公弟为君,即齐景公,自己为右相。
⑦ 马迁:指司马迁。《后汉书·蔡邕传》:"王允曰:'昔武帝不杀司马迁,使作谤书,流于后世。'"此指司马迁作《史记》微文刺讥,针砭当世。
⑧ 韦昭:字弘嗣,三国时吴国人。曾任尚书郎、太子中庶子等职,因得罪孙皓被杀,撰有《国语注》。《三国志·吴志·韦曜传》:"孙皓即位……时所在承指,数言瑞应。皓以问曜,曜答曰:'此人家筐箧中物耳。'又皓欲为父和作纪,曜执以和不登帝位,宜名为传。如是者非一……遂积前后嫌忿,收曜付狱……遂诛曜。"韦曜即韦昭,史官为避讳司马昭名而改称。
⑨ 崔浩:字伯渊,北魏人,曾任北魏著作郎,奉命续撰《国书》。因其书对北魏祖先国破家亡之事毫无隐晦,因此遭贵族大臣的嫉恨,遭群起诬陷,最后以受贿罪被杀。
⑩ 强项:性格刚强不肯低头。
⑪ 匪躬:尽忠而不顾自身安全。

是以张俨发愤,私存《嘿记》之文①;孙盛不平,窃撰辽东之本②。以兹避祸,幸获两全。足以验世途之多隘,知实录之难遇耳。

然则历考前史,征诸直词,虽古人糟粕,真伪相乱,而披沙拣金,有时获宝。案金行在历,史氏尤多③。当宣、景开基之始④,曹、马构纷之际⑤,或列营渭曲,见屈武侯⑥,或发仗云台,取伤成济⑦。陈寿、王隐咸杜口而无言,陆机、虞预各栖毫而靡述⑧。至习凿齿,乃申以死葛走达之说,抽戈犯跸之言⑨。历代厚诬,一朝如雪。考斯人之书事,盖近古之遗直欤?次有宋孝王《风俗传》、王劭《齐志》,其叙述当时,亦务在审实。案于时河朔王公,箕裘未陨⑩;邺城将相,薪构仍存⑪。而二子书其所讳,曾无惮色。刚亦不吐⑫,其斯人欤?

盖烈士徇名,壮夫重气,宁为兰摧玉折,不作瓦砾长存。若南、董之仗气直书,不

---

① 张俨发愤:张俨,字子节,三国吴人。晋文帝死,张俨作为吴国使者前往吊祭。晋国贾充等傲以辱之,张俨不为所屈。新、旧《唐志》著录《嘿记》三卷,今已佚。

② 孙盛不平:孙盛,字安国,东晋人。曾撰述《晋阳秋》,词直而理正,惹怒权臣受到威胁。孙盛儿子恐惧,哭求孙盛为家人安危着想。孙盛大怒不从,其子窃书改写之。孙盛无奈,遂另写两个定本寄至辽东慕容隽处得以保存。

③ "案金行"句:指有关晋朝的史书很多。金行指晋朝,五德终始说认为晋为金德。

④ 宣、景:指晋宣帝司马懿、景帝司马师。

⑤ 曹、马:指魏曹氏与司马氏。构纷:指政治权力斗争。

⑥ 列营渭曲,见屈武侯:三国魏明帝青龙二年,诸葛亮伐魏,兵屯渭水之南五丈原,司马懿领兵据守,坚壁不出,诸葛亮曾送妇人衣饰给司马懿以羞辱挑衅之。

⑦ 发仗云台,取伤成济:三国魏高贵乡公曹髦即帝位后,不能忍受曹政日去司马氏擅权的状况,亲率宫中童仆数百出讨司马昭,太子舍人成济在司马昭党羽贾充指挥下,杀害曹髦。云台,即陵云台。《三国志·魏志·高贵乡公髦纪》裴松之注引孙盛《魏氏春秋》曰:"戊子夜,帝自将冗从仆射李昭、黄门从官焦伯等下陵云台,铠仗授兵,欲因际会,自出讨文王(司马昭)。"

⑧ "陈寿、王隐"句:此句大意为对于司马氏受辱或弑君的丑行,陈寿、王隐、陆机、虞预等晋朝史官都不敢直书实录。

⑨ "至习凿齿"句:此句大意为习凿齿记录了司马氏受挫或弑君的丑行。习凿齿,字彦威,东晋史学家。死葛走达,指诸葛亮出征途中病卒于军,死前授计于姜维,吓退追击的司马懿。葛,诸葛亮。达,司马懿,字仲达。抽戈犯跸,指成济刺死曹髦事。跸,古代帝王出行时,禁止行人以清道,这里指代帝王。

⑩ 河朔王公,箕裘未陨:河朔,指北魏。箕裘,指祖先的事业。此喻宋孝王撰书时,北魏的王公后裔威势尚在。

⑪ 邺城将相,薪构仍存:邺城,指北齐都城,指代高氏北齐。薪构,先辈的遗业。比喻王劭撰《齐志》时,高齐将相的后裔仍有地位。

⑫ 刚亦不吐:指不畏强权。《诗·大雅·烝民》:"柔亦不茹,刚亦不吐。不侮矜寡,不畏强御。"

避强御①;韦、崔之肆情奋笔,无所阿容②。虽周身之防有所不足,而遗芳余烈,人到于今称之。与夫王沈《魏书》,假回邪以窃位③,董统《燕史》,持诡媚以偷荣④,贯三光而洞九泉⑤,曾未足喻其高下也。

(选自刘知几撰,浦起龙释《史通通释》,上海古籍出版社1982年版。)

作品讲授

《晋灵公不君》

《晋灵公不君》出自《左传》,事发于鲁宣公二年,记叙了晋文公之孙晋灵公的事情。晋灵公骄奢残暴引发赵盾等大臣的忧虑,但他不仅不接受大臣劝谏还试图杀害忠臣,最终被大臣杀害。中国史官文化中秉笔直书、借鉴资治、劝惩明德的精神在本篇得到充分体现。文章开篇便以"不君"定性晋灵公的君王品格,紧接着列举"厚敛以雕墙"等三件事实,揭示晋灵公骄奢、荒唐、残暴的缺点,直书不讳。刺杀忠言进谏的大臣赵盾的行为更进一步表明了晋灵公的昏聩暴虐,对此史书作者也没有因尊者而避讳。史书作者正是通过这一桩桩、一件件的事实,让后人看到了一个君王的骄奢昏聩、荒唐暴虐及其身首异处的后果,从而希望后世为君者引以为戒。通过对史的学习、了解,让人们明白事理、以史为鉴、辨别善恶是非、补救时弊、施行王道,是编纂中国古代史书的重要目的。古代史书发挥"以史为鉴"的功能,主要借助直书事实来呈现,如本文作者对晋灵公的无德并没有过多的主观评论,基本通过晋灵公的言行事实来披露,这种寓论断于叙事的史书写法,与微言大义的《春秋》笔法一脉相承。有时史书也会通过他人之言来评论历史事件或历史人物,譬如本文通过晋太史董狐之笔对晋臣以下犯上的弑君行为予以挞伐。文章末尾载录了孔子对史官董狐的赞誉,奠定了直笔不隐的实录精神在中国古代史官文化中的重要地位。董狐也因此成为中国古代史官文化精神的典型代表。

在艺术上,本篇也是优秀的叙事散文,语言晓畅,细节生动,剪裁得当,人物形象饱

---

① 南、董:指南史氏和董狐,皆是先秦良史代表。春秋时齐太史记"崔杼弑其君"而被杀,南史氏听闻后曾执册前往欲续记史实。

② 韦、崔:指前文的韦昭和崔浩。

③ 王沈《魏书》:指王沈作《魏书》多为尊者讳。王沈,字处道,太原晋阳人。三国魏大将军曹爽辟为将军府椽,累官中书侍郎。及爽诛,沈以故免官,后起为秘书监,与阮籍等共撰《魏书》,多为时讳。

④ 董统《燕史》:十六国后燕董统受诏撰"后燕史",对后燕史事的记载过于褒扬。

⑤ 贯三光而洞九泉:天壤之别的意思。三光,日、月、星,指代天上。九泉,指地下。

满,性格鲜明。作者借助生动的事件、言行细节、对比映衬等手法,将人物刻画得栩栩如生。譬如士季前去劝谏晋灵公,等到士季"三进,及溜"晋灵公才去理会他,四个字就写出了晋灵公故意无视大臣,刻意逃避忠言的心理。在鉏麑刺杀赵盾一事中,"晨往,寝门辟矣,盛服将朝。尚早,坐而假寐",寥寥数语,就将赵盾为臣的忠敬刻画得淋漓尽致。还有鉏麑、提弥明、灵辄等小人物的忠直形象也给人留下了深刻印象。本文在叙事上详略得当,叙述生动,晋灵公杀宰夫、鉏麑自刭、赵盾施恩灵辄等都是生动而富有意趣的小故事,犹如簇锦的繁花,使作品更添神采。运用小故事来强化历史人物形象,不仅是本篇的特色,也是《左传》的重要文学特色。

《过华清宫》

《过华清宫》是唐代诗人杜牧的组诗《过华清宫》三绝句的第二首。华清宫是唐玄宗开元十一年修建的离宫,曾是他与杨贵妃寻欢作乐之所。该诗是晚唐诗人杜牧经过华清宫时的感怀之作。作品借唐玄宗耽于乐舞享乐、荒于政事以致安史之乱、国破家亡的事实,不仅讽刺了玄宗皇帝的荒唐行径,更是告诫晚唐帝王要以史为鉴,不能重蹈覆辙。因此这是一首以华清宫为题的咏史诗,借古讽今。此组诗歌中另外两首在主旨上也有异曲同工之处。第一首通过劳民伤财只为杨贵妃送荔枝这一典型事件,鞭挞了玄宗与杨贵妃骄奢淫逸的生活,第三首以"万国笙歌醉太平",概括地描述了唐玄宗整日与杨贵妃在骊山游乐,不理朝政的荒唐行径。唐玄宗沉迷享乐不理政事,以至于大唐政治日渐黑暗腐败,并最终引发了安史之乱,唐玄宗也成为大唐由盛而衰的罪魁祸首。杜牧经过唐玄宗的华清宫,联想到盛唐的政乱,并因此想起晚唐国运的衰颓与那些沉迷于炼丹求仙、追逐享乐的帝王,于是有感而发作了这样一组诗歌。这类借古讽今的咏史诗体现了中国古代史官文化借鉴资治精神对文学创作意识的渗透。

在艺术上,这也是一首含蓄隽永、韵味深长的小诗。诗歌化繁就简,从"安史之乱"纷繁复杂的史事中,只摄取了派遣渔阳探使与欣赏《霓裳羽衣曲》两个细节,将政事与生活享乐对举,鲜明地揭示了导致安史之乱的重要原因,讽刺与批判了唐玄宗疏于政务、醉生梦死的荒唐行径。尤其是"霓裳一曲千峰上,舞破中原始下来"两句,极度典型、极度形象、极度夸张,将玄宗耽于享乐、荒唐误国的罪行刻画得入木三分。强烈的讽刺批判意义以含蓄出之,见微知著,以小见大,可谓"不著一字,尽得风流"。在中国古代诗歌史上,杜牧的《过华清宫》是当之无愧的咏史名作。

《直书》

《直书》出自唐代史学家刘知几的《史通》。《史通》是一部系统性的史学理论专著。

全书现存49篇,分为内篇、外篇两个部分。内篇为其主体,着重讲史书的体裁体例、史料采集、表述要点和作史原则,而以评论史书体裁为主;外篇论述史官制度、史籍源流并杂评史家得失。《史通》论述了唐以前的史籍源流以及前人修史之得失,其中一些史学观点,时至今日仍具有借鉴意义。本篇属内篇,重要论述"直书",包括直书的重要性、面临的困境及如何实践等问题。所谓"直书",即指史官依据历史事实来记载历史人物和事件,不虚美,不隐恶。文章说,史书的任务是惩恶扬善,借鉴资治,所以贵在直书。历代乱臣贼子、昏君惑主常常迫害秉笔直书的史臣。春秋齐国的太史、汉代的司马迁、三国吴国的韦昭、北魏的崔浩,都因此而遭受不幸。刘知几对他们秉笔直书、舍生取义的精神深表赞叹。同时他认为史臣不能因此就放弃直笔的原则,不过可以讲究一些方法技巧来应对,譬如张俨、孙盛等修史的方法手段,既保存了直笔之史,又保护了自己。刘知几还指出,即使史书某些方面不能直书,后人根据相关史料,也能考证出历史的原貌,所以权奸仍逃不过历史的谴责,不能直书的史臣也要引以为戒。

课后思考

1.谈谈中国古代史官文化的主要特点。

2.思考中国古代史官文化对中国古代文学的影响。

拓展阅读

[1] 许兆昌.先秦史官的制度与文化 [M].哈尔滨:黑龙江人民出版社,2006.

[2] 许兆昌.周代史官文化——前轴心期核心文化形态研究 [M].长春:吉林大学出版社,2001.

[3] 陈桐生.中国史官文化与《史记》[M].汕头:汕头大学出版社,1993.

[4] 谢保成.史学史话 [M].北京:社会科学文献出版社,2011.

[5] 瞿林东.中国史学史纲 [M].北京:北京师范大学出版社,2010.

何谓"官"者？唐代孔颖达说"官者管也，以管领为名"，官即为管理者。"职官"何意？因"职"设"官"，"职"指管理者主管之事。那么"职官"就是因处理具体事务而设置的具体管理人员。职官制度是关于职官设置、选拔、任用、考核、奖惩等的一系列管理制度。中国古代职官制度从公元前五世纪以来就基本上保持着连续不断的发展形态，对世界文明的发展作出了重要贡献。本讲内容主要从历代重要的职官设置，包括中央和地方两个层面，来认识我国古代的职官制度。

第十五讲

中国古代职官制度

解　题

中国古代职官制度的发展,大致有四个重要时期:先秦为萌芽期,秦汉为形成期,隋唐为定型期,明清为僵化期。

一、先秦萌芽期

先秦主要是贵族统治之下的奴隶社会,历代职官几乎由贵族垄断,机构设置较为简单,职官任命包含不少随机性,是中国古代职官制度的萌芽期。

夏商时期,国家的君主称为"后"或"王"。夏朝由于年代久远,职官设置已很难考证,只知"史"或"巫"为当时的重要职官。夏启继承禹的位置建立夏王朝,正式确立了权力继承方式的世袭制。王世代为王,巫史世代为巫史。

商朝是最早有文字记载的国家,因此我们所能得知的职官设置也较夏朝详细。在中央,"宰"和"臣"主要围绕商王个人为其服务。"尹"类似后世的相,辅助商王处理政务,比如商汤时的伊尹。"乍册"为史官,负责典籍的记载和保存。"亚服"为武官。地方职官中重要的有"邦伯"。甲骨文中称"某方伯"或"某伯"。称为"某伯"者,由王室册封,受王室节制。"某方伯"离王室较远,属于归附的方国。

周王朝建立后,周天子派遣自己的亲姻兄弟、异姓贵族勋戚、臣服的异族首领等,带着武装家臣和俘虏,到指定地点去统治,把那里的土地和人民赏赐给他们,建立西周的属国,作为王室的屏藩。这些受封地区的统治者就叫诸侯。诸侯在其封国内,又将大部分土地分封给属下的卿大夫作为"采邑"。卿大夫再把所封采邑的土地分封给属下的"士",作为"食地"。诸侯、卿大夫、士在其封地内掌握军、政、财权,职务世代相袭,世卿世禄。在中央,辅佐天子的最高长官有太师、太保。另有太史掌王的册命和祭典,太卜掌卜筮,太祝掌祭祀和祈祷,太宰掌王室奴隶和财务,太宗掌贵族事务,太士掌司法。司徒(即司土)管理土地、人口,司马管理军事、军赋,司空(即司工)管理百工、劳役,司寇掌刑狱司法、纠察。这些官职都由贵族充当,如无违法情况,其职位均为父死子继,世代相袭。

春秋时期是我国职官制度的变革时期,周王室衰微,诸侯争当霸主,由贵族世袭垄断政权的世卿制遭到巨大冲击。战国时期,各国纷纷兴起变法运动,最终废除了世卿制,确立起新的官僚体制。在中央,设置相、御史和司寇。相为国家最高行政长官;御史负责保管档案,记录重大事件,相当于国君的秘书;司寇掌管司法。地方机构分郡、县两级。郡的设立多为巩固边防,其首领称为郡守。郡守下设都尉掌军事,主簿掌文书。县有县令、县丞、县尉、县司马、县司空等。县令为一县最高行政长官,下设令史,辅助县令掌管文书;县丞地位仅次于县令,分管经济和司法;县尉分管县内军务;县司马职掌一县马政;县司空管理一县工程。

二、秦汉形成期

公元前221年,秦王统一六国。国家的统一,使秦王朝得以在全国范围内推行各种统一的制度。职官制度真正意义上开始形成,至汉代最终确立。

秦王一统天下以后,在全国范围内推行郡县制。京师与列郡不同,不设郡守,而设内史为京师长官,属吏有都水长、丞、铁官长等。郡设监御史、郡守、郡尉。监御史又叫郡监,监察一郡官员从事,隶属于御史中丞,是中央监临地方之官。郡守为一郡之长,除各县令长由中央任命以外,一郡属吏均由郡守从本郡人士中察举。郡丞,协助郡守处理事务。边疆的郡,另有长史,掌管兵马,郡守有缺,郡丞或长史代行其职。属吏有卒史、主簿。郡尉,辅佐郡守管理甲兵,主管捕捉盗贼。郡尉直接受命于朝廷,独立开府者与郡守地位相等,不受郡守管辖。在关塞要地还设有关都尉。

郡下设县,少数部族地区则设道,其体制与县相当。县设令、长。万户以上为令,不足万户为长。设县丞,协助令、长执掌司法。设县尉,负责治安。丞、尉为长吏,斗食、佐史为少吏。主吏又称功曹,主管选用县之少吏和考绩。令史,主管文书。狱掾,主管监狱。厩驺,又叫厩司御,掌管一县车马事宜。仓吏,主管仓储。狱吏为监狱差役。

县以下的组织是乡,乡以下是亭,亭以下是里。乡设三老,有秩、啬夫、游徼。大乡达到五千户的,郡给指派有秩。小乡不到五千户的,县给指派啬夫。二者不同时设置,但职责相同,主要是调解纠纷,平断曲直,收赋税,征徭役。游徼,掌巡察盗贼。乡下是亭,亭设亭长。亭长之下有亭父、求盗两卒。亭下是里,里是按什伍编制的居民组织。里设里正(秦讳"正",改称"里典"),掌一里百家事。又设里监门,掌一里之监卫。里之下有什、伍。什主十家,伍主五家。什有什长,伍有伍老,以相检查。

在中央,设丞相府、太尉府和御史大夫寺组成中枢机构。丞相掌丞皇帝,助理万机,尊称为相国,通称为宰相。太尉掌全国武事。御史大夫是掌监察职能的国家要员,位居丞相之副,有两丞,御史中丞和御史丞。御史丞主要在府内协助大夫处理日常公务,御史中丞则在殿中掌图书典籍,外领监御史以督郡县,内领侍御史以受公卿奏事、举劾按章。

汉承秦制。两汉的地方制度沿袭秦之定制,以郡统县。为了提高县政权的统治效能,郡守经常派属官"督邮"进行监察。汉代和郡平行的还有"国",这是皇帝子弟的封地,设官初仿中央,吴楚七国之乱后加以裁削,由中央派相处理行政。相和郡守相当。汉武帝时,又将全国划分为十三部监察区,各部派出中央常驻的监察官——刺史,对部内所属郡国实行监督。东汉以后,刺史由监察官变为拥有实权的地方行政长官,部也由监察区变成地方行政区,形成了州、郡、县三级地方制度。刺史改称州牧。东汉战争频仍,刺史都掌兵权。

汉时为削弱相权,"三公"分职授政。汉武帝在组织上撤销太尉,另设大司马;成帝时御史大夫改为大司空;哀帝时丞相改称大司徒;三者并称"三公"。三公地位平等,互不相属而总隶于皇帝。汉武帝时还任命亲信近臣为高级侍从官,让他们同大臣辩论政事借以参与国政,逐渐出现了"内朝"与"外朝"的划分。内朝中执掌章奏的尚书可以不经过丞相直达皇帝,而以丞相为首的中央政府构成的外朝,逐渐退居为只是执行政务的地位。到东汉光武帝时,内朝台阁已成为实际上的权力中心。台阁即指尚书机构尚书台,后世逐渐称为尚书省。

三、隋唐定型期

魏晋南北朝时期,人才的选拔采用九品中正制,随着制度的发展和演变,很快被世家大族垄断,职官制度的发展暂时偏离了轨道。而接下来隋唐王朝,开始用科举制选拔人才,让中国的职官制度得以重归正道,使其基本定型。

曹魏文帝时,将尚书台改为外围执行机构,另设置中书省,参掌中枢机密。南北朝时,又设置门下省,对中书省权力加以限制。这样到了隋代就基本形成了皇朝中央尚书、中书、门下三省分职的制度:中书省取旨,门下省审核,尚书省执行。中书省以中书令为首,门下省以侍中为首,尚书省以尚书令为首,以尚书仆射为副。三省长官均是宰相,共议国政。隋代避用"中"字,改中书省为内史省,改侍中为纳言。唐代因为唐太宗曾任尚书令,以后此官不再授人,而以左右仆射为实际长官。唐太宗又认为中书令和侍中的官位太高,不轻易授人,常用他官加上"参议朝政""参议得失""参知政事"之类的名义掌宰相之职。唐高宗以后,执行宰相职务的称为"同中书门下三品""同中书门下平章事"。

中书省和门下省合称为两省或北省(尚书省称为南省)。中书侍郎为中书令之副。中书舍人是中书省的骨干官员,掌参议表文,撰拟诏敕。门下侍郎为侍中之副。给事中是门下省的骨干官员,掌封驳违失。尚书省的总办公厅为都省,设左、右丞,主持本省日常事务。尚书省下统吏、户、礼、兵、刑、工六部。部下设司,每部四个司,共二十四个司。部的首长称尚书,副首长称侍郎。各司正、副负责人称郎中、员外郎。吏部掌文选、勋封、考课之政,属司为吏部、司封、司勋、考功。户部掌财政、民政,包括土地、户口、婚姻、钱谷、贡赋等,属司为户部、度支、金部、仓部。礼部掌礼仪、祭祀、文教、宗教、外交等方面的事务,属司为礼部、祠部、主客、膳部。兵部掌六品以下武官选授、考课与武举,以及军令、军籍和中央一级的军训,但并不直接带兵,属司为兵部、职方、驾部、库部。刑部掌司法刑政,属司为刑部、都官、比部、司门。工部掌土木水利工程以及国家农、林、牧、渔业之政,属司为工部、屯田、虞部、水部。

隋唐加强了监察机构的建设。门下省设给事中监察中央六部。御史台有御史大夫和御史中丞,大夫主持台务,中丞行使正常职责。御史台下设三院,台院、殿院、察院,分别为侍御史、殿中侍御史、监察御史的办公机构。侍御史掌推鞫、弹举百僚、知公廨事、台事悉总判之。殿中侍御史掌殿廷供奉之仪式,同时可参与司法审判。监察御史掌分察六部,或遇重大事件冤狱奉敕巡按州县。

在地方,由于隋代以前的州、郡、县三级制已经严重影响了国家对地方的有效统治,因此隋文帝废除郡制,改地方行政组织为州、县两级制,裁撤了一些冗官。唐王朝时又将全国分为十道,每道派京官一人巡察所属州县,先后称为巡察使、按察使、采访处置使、观察使。唐代又每聚边境数州为一镇,设节度使,兼度支、营田、观察等使,总揽一方军政、民政、财政和监察大权。观察使、节度使有判官、掌书记、推官等属官。节度使初设于边防重镇,后来内地普遍设置,形成藩镇割据的局面。

宋元时期基本沿用隋唐定型的职官制度。宋代宰相实行多相制,以"同中书门下平章事"的名号加于某官之上为宰相,以"参知政事"的名号加于某官之上为副宰相。枢密院为宋代最高军事机构,掌军国机务、兵防、边备、戎马之政令,出纳密令,以佐邦治。枢密院与中书门下并称"二府",共掌文、武大权。枢密院设枢密使,其品级职权略低于宰相。通过枢密使,集兵权于中央,既分割了宰相的权力,又便于皇帝对军队的控制。宋代还在朝廷中设置专门管理财政的最高机关为三司,即盐铁、度支和户部,最高长官称为三司使,其俸禄待遇与参知政事、枢密使同,下设有佐官副使与判官。元代承袭宋制,中央机构仍由中书省、枢密院、御史台三个部门构成。

四、明清僵化期

明清时期是中国封建王朝的最后阶段。帝王为进一步加强自身权力,对以往官制进行改革,最终全国政务,事无巨细,得以归于帝王一身。然而也正是过于细密的集权,将职官制度推入了僵化。

明代中央撤销中书省,废除丞相制,提高六部职权,六部尚书直接对皇帝负责。分大都督府为中、左、右、前、后五军都督府。国家的政治、军事大权集皇帝一身。设内阁于殿廷,以大学士担任顾问兼秘书职务。英宗以后,内阁大学士可以代替皇帝草拟诏令敕诰,批复奏章。明代六部之中,户、刑二部实行按地区划分诸辖司的制度,各辖十三司(贵州、云南、河南、山东、山西、陕西、浙江、江西、湖广、广东、广西、四川、福建),打破了隋唐以来六部二十四司的体制。罢御史台,设置都察院。都察院设左右都御史、左右副都御史、左右佥都御史和十三道监察御史。针对六部设置专门的监察官员六科给事中。设置特务监察机构"锦衣卫"和"东厂、西厂"。

清初袭明制设内阁,内阁大学士是王朝最高官员。大学士之副职称"协办大学士"。下设学士、典籍、侍读学士、侍读、委署侍读、中书、帖写中书、撰文中书、供事。雍正时设军机处,承旨办理机务。参与军机处的军机大臣,由皇帝亲自在满汉大学士、六部尚书及侍郎中遴选,人员无定额,但必由亲王或大学士满、汉各一员为首领。凡经皇帝选调到军机处工作的军机大臣,则称为"军机处行走""军机大臣上行走""军机大臣上学习行走",凡进入军机处者,都必须完全听命于皇帝,成为皇帝的亲信。皇帝直接通过军机处将机密谕旨寄给地方督抚,各地督抚亦将重大国事问题径寄军机处交皇帝审批。军机处机构精简,体制特殊,有官而无吏,它的全部工作,由军机大臣主持,军机章京办理。军机处成为凌驾于内阁及各部、院之上的全国政务的总汇机关,是辅佐皇帝工作的主要办事部门。

清代的地方行政机构分为省、道、府、县四级。清沿明制,把全国划分为若干区,每区统辖一至三省不等,设总督一人。全国共八个总督,即直隶总督、两江总督、陕甘总督、闽浙总督、湖广总督、四川总督、两广总督、云贵总督,光绪三十三年增设东三省总督。巡抚为一省之行政长官。布政使司的布政使为一省之财政长官,负责向州、县宣布国家政令,因此又称"承宣布政使"。按察使司的按察使为一省之司法长官。

道是省与府之间的地方行政区划。清代自乾隆起,专设"守道"与"巡道",前者有固定的辖区,主管钱谷政务,后者分巡某一区域,主要管理司法。清代还设有专职道,具体负责一省某一个方面的事务,比如粮储道、盐法道、兵备道、河工道。道下为府,设知府一人,上隶于省,下督率所属州县官。知府的副职叫同知、通判。县是最基层的地方行政组织,长官为知县,下有县丞、主簿、典史。

从上述梳理中我们可以看到,古代职官制度,无论是秦汉确立的行政、军事、监察三权分立的框架,还是隋唐固定三省六部制为国家机器运转的具体推动方式,甚或是明清帝王将皇权专制推向极致的各种改革方案,无不是古人留给今天的宝贵文化遗产,值得我们借鉴思考。

篇目选读

《诗经·小雅·十月之交》

十月之交①,朔月辛卯,日有食之②,亦孔之丑③。彼月而微④,此日而微⑤。今此下民,亦孔之哀。

日月告凶⑥,不用其行⑦。四国无政⑧,不用其良。彼月而食,则维其常⑨。此日而食,于何不臧⑩!

烨烨震电⑪,不宁不令⑫。百川沸腾,山冢崒崩⑬。高岸为谷⑭,深谷为陵。哀今之人,胡憯莫惩⑮!

皇父卿士⑯,番维司徒⑰,家伯维宰⑱,仲允膳夫⑲。聚子内史⑳,蹶维趣马㉑,楀维师氏㉒,艳妻煽方处㉓。

---

① 之交:日月交会。
② 有:通"又"。食:通"蚀"。
③ 丑:恶。"亦"和"之"都是助词。
④ 彼:从前。微:昏暗不明。
⑤ 此:现在。
⑥ 告凶:显示凶兆。
⑦ 行:道、轨道。
⑧ 四国:四方,指天下。无政:无善政。
⑨ 维:是。常:正常。
⑩ 于何:奈何,怎么办的意思。不臧:不善、不吉利。
⑪ 烨烨:闪电发光的样子。震:雷。电:闪电。
⑫ 宁:安。令:善。
⑬ 山冢:山顶。
⑭ 岸:山崖。
⑮ 憯:曾。惩:止。
⑯ 卿士:六卿之长,总管王朝政事。
⑰ 司徒:掌握人口、土地的长官。
⑱ 宰:冢宰,掌国家典籍的长官。
⑲ 膳夫:掌管周王饮食的长官。
⑳ 内史:担任人事、司法的长官。
㉑ 趣马:给周王管马的长官。
㉒ 师氏:担任监察的长官。
㉓ 艳妻:指褒姒。煽:炽盛。

抑此皇父①,岂曰不时②? 胡为我作③,不即我谋④? 彻我墙屋⑤,田卒汙莱⑥。曰"予不戕⑦,礼则然矣。"

皇父孔圣⑧,作都于向⑨。择三有事⑩,亶侯多藏⑪。不憖遗一老⑫,俾守我王⑬。择有车马⑭,以居徂向⑮。

黾勉从事⑯,不敢告劳。无罪无辜,谗口嚣嚣⑰。下民之孽⑱,匪降自天。噂沓背憎⑲,职竞由人⑳。

悠悠我里㉑,亦孔之痗㉒。四方有羡㉓,我独居忧。民莫不逸㉔,我独不敢休。天命不彻㉕,我不敢傚我友自逸㉖。

(选自《十三经注疏》整理委员会整理《十三经注疏》,北京大学出版社 1999 年版。)

---

① 抑:同"噫",感叹词。
② 不时:指不顾农时。
③ 作:服役劳作。
④ 谋:商量。
⑤ 彻:通"撤",拆毁。
⑥ 卒:尽、完全。汙:停积不流的水。莱:田中长了野草。
⑦ 戕:残害。
⑧ 圣:圣明、高明。
⑨ 向:邑名。
⑩ 有事:即有司。三有司为司徒、司马、司空。
⑪ 亶:确实。侯:维,是。多藏:指有很多钱财。
⑫ 憖:愿、肯。遗:留。老:旧臣。
⑬ 俾:使。守:保卫。
⑭ 有车马:指有禄位的富人。
⑮ 居:语助词。徂:往。
⑯ 黾勉:勉力。
⑰ 嚣嚣:众口毁谤攻击的样子。
⑱ 孽:灾害。
⑲ 噂沓:议论纷纭。背憎:在背后彼此憎恨。
⑳ 职:主、主要。竞:争。
㉑ 悠悠:忧思深长的样子。里:病。
㉒ 痗:病。
㉓ 羡:富裕。
㉔ 逸:安乐。
㉕ 不彻:不循轨道,不循天之政教。
㉖ 傚:仿效。

《汉书·百官公卿表》节选

《易》叙宓羲、神农、黄帝作教化民，而《传》述其官，以为宓羲龙师名官①，神农火师火名②，黄帝云师云名③，少昊鸟师鸟名④。自颛顼以来，为民师而命以民事⑤，有重黎、句芒、祝融、后土、蓐收、玄冥之官，然已上矣⑥。《书》载唐虞之际，命羲和四子⑦顺天文，授民时；咨四岳⑧，以举贤材，扬侧陋；十有二牧，柔远能迩⑨；禹作司空⑩，平水土；弃作后稷⑪，播百谷；高作司徒，敷五教⑫；咎繇作士，正五刑⑬；垂作共工，利器用⑭；益作朕虞，育草木鸟兽⑮；伯夷作秩宗，典三礼⑯；夔典乐，和神人；龙作纳言，出入帝命⑰。夏、殷亡闻焉⑱，周官则备矣⑲。天官冢宰，地官司徒，春官宗伯，夏官司马，秋官司寇，冬官司空，是为六卿⑳，各有徒属职分，用于百事。太师、太傅、太保㉑，是为三

---

① 宓羲：即伏羲。应劭曰："师者长也，以龙纪其官长，故为龙师。春官为青龙，夏官为赤龙，秋官为白龙，冬官为黑龙，中官为黄龙。"张晏曰："庖羲将兴，神龙负图而至，因以名师与官也。"

② 神农：应劭曰："火德也，故为炎帝。春官为大火，夏官为鹑火，秋官为西火，冬官为北火，中官为中火。"张晏曰："神农有火星之瑞，因以名师与官也。"

③ 黄帝：应劭曰："黄帝受命有云瑞，故以云纪事也。由是而言，故春官为青云，夏官为缙云，秋官为白云，冬官为黑云，中官为黄云。"张晏曰："黄帝有景云之应，因以名师与官也。"

④ 少昊：张晏曰："少昊之立，凤鸟适至，因以名官。凤鸟氏为历正，玄鸟司分，伯赵司至，青鸟司开，丹鸟司闭。"颜师古曰："玄鸟，燕也。伯赵，伯劳也。青鸟，鸧鹒也。丹鸟，鷩雉也。"

⑤ 颛顼：应劭曰："颛顼氏代少昊者也，不能纪远，始以职事命官也。春官为木正，夏官为火正，秋官为金正，冬官为水正，中官为土正。"

⑥ 上：久远。

⑦ 羲和四子：即传说尧之四子羲仲、羲叔、和仲、和叔。事见《尚书·尧典》。

⑧ 四岳：传说是分主四方诸侯之官。

⑨ 牧：州牧。柔：安。能：善。迩：近。

⑩ 司空：传说是古代主管穿土为穴（古人穴居）之官。

⑪ 后稷：主管农事之官。

⑫ 五教：父义、母慈、兄友、弟恭、子孝。

⑬ 士：狱官之长。五刑：指墨刑、劓刑、剕刑、宫刑、大辟。墨刑，凿其额而涅以墨。剕刑，断足。劓刑，割鼻。剕刑，去髌骨。宫刑，阴刑。大辟，杀之。

⑭ 共工：官名，主管百工之事。

⑮ 益：即伯益。虞：官名，主管山泽禽兽。

⑯ 秩宗：官名，主尊神之礼。三礼：所谓天神、地祇、人鬼之礼。

⑰ 纳言：官名，王之喉舌。

⑱ 夏、殷亡闻：谓夏、殷二代官制不见于记载。

⑲ 周官：周代官制。

⑳ 六卿：指冢宰、司徒、宗伯、司马、司寇、司空。冢宰掌邦治，司徒掌邦教，宗伯掌邦礼，司马掌邦政，司寇掌邦禁，司空掌邦土。

㉑ 师：训。傅：相。保：养。

公,盖参天子,坐而议政,无不总统,故不以一职为官名。又立三少为之副,少师、少傅、少保,是为孤卿,与六卿为九焉。记曰三公无官,言有其人然后充之①,舜之于尧,伊尹于汤,周公、召公于周,是也。或说司马主天,司徒主人,司空主土,是为三公。四岳谓四方诸侯。自周衰,官失而百职乱,战国并争,各变异。秦兼天下,建皇帝之号,立百官之职。汉因循而不革②,明简易,随时宜也。其后颇有所改。王莽篡位,慕从古官,而吏民弗安,亦多虐政,遂以乱亡。故略表举大分③,以通古今,备温故知新之义云。

相国、丞相④,皆秦官⑤,金印紫绶,掌丞天子助理万机。秦有左右⑥,高帝即位,置一丞相,十一年更名相国,绿绶。孝惠、高后置左右丞相,文帝二年复置一丞相。有两长史,秩千石。哀帝元寿二年更名大司徒。武帝元狩五年初置司直,秩比二千石,掌佐丞相举不法。

太尉,秦官,金印紫绶,掌武事。武帝建元二年省。元狩四年初置大司马,以冠将军之号⑦。宣帝地节三年置大司马,不冠将军,亦无印绶官属。成帝绥和元年初赐大司马金印紫绶,置官属,禄比丞相,去将军。哀帝建平二年复去大司马印绶、官属,冠将军如故。元寿二年复赐大司马印绶,置官属,去将军,位在司徒上。有长史,秩千石。

御史大夫⑧,秦官,位上卿,银印青绶,掌副丞相。有两丞,秩千石。一曰中丞,在殿中兰台,掌图籍秘书,外督部刺史,内领侍御史员十五人,受公卿奏事,举劾按章。成帝绥和元年更名大司空,金印紫绶,禄比丞相,置长史如中丞,官职如故。哀帝建平二年复为御史大夫,元寿二年复为大司空,御史中丞更名御史长史。侍御史有绣衣直指⑨,出讨奸猾,治大狱,武帝所制,不常置。

太傅,古官,高后元年初置,金印紫绶。后省,八年复置。后省,哀帝元寿二年复置。位在三公上。

---

① "记曰"句:此意谓不必备员,有德者乃充其位。
② 革:改。
③ 大分:大体。
④ 相国、丞相:官名,百官之长。在战国与秦时,原名相邦,汉初因避高帝讳,故改为相国。
⑤ 秦官:本表所云秦官,包括秦统一六国之前的官制,皆类此。
⑥ 左右:谓左、右二相。
⑦ 冠:加于其上共为一官。
⑧ 御史大夫:官名,仅次于丞相的最高长官,主要负责监察、执法。
⑨ 直指:指事而行,不徇私。

太师、太保,皆古官,平帝元始元年皆初置,金印紫绶。太师位在太傅上,太保次太傅。

(节选自班固著,颜师古注《汉书》,中华书局 1962 年版。)

《谏官论》王安石①

以贤治不肖②,以贵治贱,古之道也。所谓贵者何也?公卿大夫是也。所谓贱者何也?士、庶人是也。同是人也,或为公卿,或为士,何也?为其不能公卿也,故使之为士;为其贤于士也,故使之为公卿。此所谓以贤治不肖,以贵治贱也。

今之谏官者,天子之所谓士也。其贵,则天子之三公也。惟三公,于安危治乱存亡之故,无所不任其责,至于一官之废,一事之不得,无所不当言,故其位在卿大夫之上,所以贵之也。其道德必称其位,所谓以贤也。至士则不然,修一官,而百官之废不可以预也;守一事,而百事之失可以毋言也。称其德,副其材,而命之以位也。循其名,僗其分③,以事其上而不敢过也。此君臣之分也,上下之道也。今命之以士,而责之以三公,士之位而受三公之责,非古之道也。孔子曰:"必也正名乎④!"正名也者,所以正分也。然且为之,非所谓正名也。身不能正名,而可以正天下之名者,未之有也。

蚳蛙为士师⑤,孟子曰:"似也,为其可以言也。"蛙谏于王而不用,致为臣而去。孟子曰:"有言责者,不得其言则去⑥;有官守者,不得其职则去。"然则有官守者莫不言有责,有言责者莫不有官守。士师之谏于王是也。其谏也,盖以其官而已矣,是古之道也。古者官师相规,工执艺事以谏⑦。其或不能谏,谓之不恭,则有常刑。盖自公卿至于百工,各以其职谏,则君孰与为不善?自公卿至于百工,皆失其职,以阿上之所好,则谏官者,乃天子之所谓士耳,吾未见其能为也。

待之以轻而要之以重,非所以使臣之道也。其待己也轻,而取重任焉,非所以事

---

① 谏官:掌讽谏帝王的官员。
② 不肖:谦辞,指不成才或力不胜任。
③ 僗:遵守。
④ 正名:辨正名分,使名实相符。
⑤ 蚳蛙为士师:出自《孟子·公孙丑下》。蚳蛙,齐国大夫。士师,古代治狱之官。
⑥ 有言责者,不得其言则去:担任言官的人提出建议不被君王采纳,就可以离开朝廷了。
⑦ 官师相规,工执艺事以谏:这两句出自《尚书·胤征》,意思是说古代的大官和百官之间是允许互相规劝批评的,百官都可以就自己所做的职事向君王进谏。工,百官。艺事,所从事的事业,即自己的本职。

君之道也。不得已,若唐之太宗,庶乎其或可也。虽然,有道而知命者,果以为可乎?未之能处也。唐太宗之时,所谓谏官者,与丞弼俱进于前①。故一言之谬,一事之失,可救之于将然②,不使其命已布于天下,然后从而争之也。君不失其所以为君,臣不失其所以为臣,其亦庶乎其近古也。

今也上之所欲为,丞弼所以言于上,皆不得而知也。及其命之已出,然后从而争之。上听之而改,则是士制命而君听也;不听而遂行,则是臣不得其言而君耻过也。臣不得其言,士制命而君听,二者上下所以相悖而否乱之势也。然且为之,其亦不知其道矣,及其谆谆而不用,然后知道之不行,其亦辨之晚矣。或曰:"《周官》之师氏、保氏③,司徒之属而大夫之秩也④。"曰:尝闻周公为师,而召公为保矣⑤,《周官》则未之学也。

(选自王安石撰,李之亮注《王荆公文集笺注》,巴蜀书社 2005 年版。)

作品讲授

《诗经·小雅·十月之交》

《诗经》是我国第一部诗歌总集,原名《诗》,或称"诗三百"。全书分为风、雅、颂三个部分,主要收集了周初至春秋中叶五百多年间的作品。"风"是带有各诸侯国地方色彩的乐歌,其中大部分是民歌。"雅"是朝廷正声,即周朝京畿地区的乐歌,分为大雅和小雅。大雅中多为朝廷燕享时的乐歌,而小雅则多为下层官吏的怨刺之作。"颂"是王室宗庙祭祀用的舞曲乐歌。《诗经·小雅·十月之交》的作者可能是周幽王时期的一个小官,因为不满于当权者皇父诸人在其位不谋其政,不管社稷安危,只顾中饱私囊的行为而作的一首政治怨刺诗。全诗讽刺君王昏聩,以致天降异象、山川翻覆,慨叹朝臣专权、百姓受难,

---

① 丞弼:宰辅大臣。

② 将然:将要发生之际。

③ 师氏、保氏:皆周代官名。《周礼·地官·师氏》载,师氏以三德教国子:一曰至德以为道本;二曰敏德以为行本;三曰孝德以知逆恶。教三行:一曰孝行以亲父母;二曰友行以尊贤良;三曰顺行以事师长。又《周礼·地官·保氏》载:"保氏掌谏王恶,而养国子以道,乃教之六艺。"

④ 司徒之属:意思是说师氏、保氏都是司徒的属官。司徒,周代六官之一,掌邦教。

⑤ 周公为师,而召公为保:《尚书·召奭》:"召公为保,周公为师,相成王左右。"据《史记·周本纪》,召公、周公二相行政,号曰"共和"。共和十四年,周厉王死于彘。太子静长于召公家,二相共立之为王,是为宣王。宣王即位,二相辅之。

充满了对弊政的愤怒和对百姓的同情,从中可以窥见西周时期朝廷官员的设置与政治情况。

《汉书·百官公卿表》

《汉书》,又称《前汉书》,是我国第一部纪传体断代史,主要由东汉史学家班固编撰。《汉书》是继《史记》之后中国古代又一部重要史书,与《史记》《后汉书》《三国志》并称为"前四史"。《汉书》记载了西汉一朝的历史,包括本纪十二篇,表八篇,志十篇,列传七十篇,共一百篇。《百官公卿表》首次系统展现了秦汉官制的面貌,是研究中国古代官制史和政治制度史的珍贵史料。《百官公卿表》分为上下两卷,上卷是序文,记录秦汉时期从中央到地方各级职官的设置及其职守与品秩;下卷是表文,记载了从汉高祖元年到汉平帝末年西汉一朝各级官员变动等的情况。《百官公卿表》之后,《后汉书》有《百官志》,《晋书》改称《职官志》。《百官志》或《职官志》遂成为研究历代官制的重要材料。

《谏官论》

王安石,字介甫,抚州临川人,因又称"临川先生"。仁宗庆历二年进士及第。历任签书淮南判官、鄞县知县、舒州通判、常州知府、江南东路提点刑狱。嘉祐四年,上书仁宗皇帝言事,建议"改易更革天下之事",应召以直集贤院为三司度支判官,迁知制诰。神宗即位,召为翰林学士。熙宁二年,擢参知政事,次年官拜宰相。王安石是有宋一代最重要的政治改革家之一,在文学上也卓然为宋朝一大家。他特别重视文章的社会意义,主张为文应"以适用为本","有补于世"(《上人书》),多治教政令、经世应用、论证说理之作,逻辑谨严,说理透彻,笔力雄健,语言简洁,极简明峻峭之致,在唐宋八大家中独树一帜。《谏官论》是一篇针对谏官职责与地位的论文。文章回顾了上古时期官员皆可进谏的制度,又对当下谏官地位低下职责却很重的现实作了分析,认为上古之风淳朴可行,当今的制度具有很大的缺陷。

谏官是为专门纠正君主过失而设的官员,在某种程度上弥补了由帝王独断而可能造成的对王朝根本利益的损害,使一些皇帝迫于言论,不得不收敛自己的行为。谏诤是以帝王之"舟"免遭覆没为目的,以"忠君"为准则的,出发点是为了统治的长治久安。韩非子把向君主进谏称为"批逆鳞"。要是揭到皇帝的痛处,君上龙颜大怒,谏官就会有生命之忧,所谓"武死战,文死谏",虽是对臣下百官的职业要求,同时也说明了这种职业的政治风险性。

西周时尚无专职的谏官,当时的公卿大夫都负有进谏的责任。《国语》有《邵公谏厉王弭谤》，写周王卿士邵穆公谏劝周厉王要允许百姓发表意见，此即后世谏官之职责。

战国初年，《战国策》又有《邹忌讽齐王纳谏》，写齐威王接受了邹忌的谏言，下令群臣进谏。这可以说是谏官设置的滥觞。以后晋国就有了中大夫，赵国有了左右司过，楚国有了左徒。这些可以看作早期的谏官。

秦统一六国后开始有专职的谏大夫。汉时称光禄大夫，另置太中大夫、谏议大夫、中散大夫、议郎等，皆掌议论规谏，隶属光禄勋。同时，凡列侯、将军、大夫等加上侍中、散骑、中常侍、给事中等称号，也就成了可以出入宫禁侍从皇帝顾问应对的人，全都负有谏议的责任。

秦汉时已有谏官之职，但尚无谏官的专门机构。

晋时始置门下省，以侍中、给事黄门侍郎为长官，专掌殿内众务，以后权势渐重，渐有参议政事、献纳谏正之责。而光禄大夫、太中大夫和中散大夫等自魏晋以后成了不理事的散官，成了没有实职只是用以养老的优崇之号。

南北朝时又设集书省，或称散骑省，以散骑常侍为主官，其属有给事中、谏议大夫等，专掌规谏、评议、驳正违失等事。

隋时并集书省于门下省，为避隋文帝杨坚父亲杨忠之讳，改侍中为纳言，改给事中为给事。

唐代很重视谏官，有左右二散骑常侍和左右谏议大夫等，左属门下省，右属中书省。武则天时又增设左右拾遗和左右补阙，另有给事中专掌封驳，属门下省。门下省成了以谏议为主要职责的中枢机构之一。

宋代改补阙为司谏，改拾遗为正言，并从门下省析置谏院，以左右谏议大夫为其长官，以司谏和正言为其属官，以给事中分治中书六房（孔目房、吏房、户房、兵房、礼房、刑房）。给事中与谏议大夫都是谏官，合称给谏。

元时未设谏官。

明太祖时废谏院。明清两代以六科给事中兼领各道监察御史，并称台垣。台指御史，垣指给事中，台谏开始合二而一，所以后来御史也称台谏。清雍正时，六科给事中并入都察院。

课后思考

1.《铁齿铜牙纪晓岚》的热播，让纪昀与和珅家喻户晓，请查找资料，了解他们二人真实的为官经历。

2.作为监察机关的御史台,它的意义何在?

3.朱元璋废除丞相并宣布从此永不设相,这是古代官制中的一次重大事件。为什么丞相制度能够在中国历史上存在一千多年?

拓展阅读

[1] 班固.汉书[M].北京:中华书局,1999.

[2] 李林甫,等.唐六典[M].陈仲夫,点校.北京:中华书局,1992.

[3] 孙逢吉.职官分纪[M].北京:中华书局,1988.

[4] 赵尔巽,等.清史稿[M].北京:中华书局,1977.

[5] 杨志玖.中国古代官制讲座[M].北京:中华书局,1992.

[6] 柏铮.中国古代官制[M].北京:北京大学出版社,1989.

[7] 楼劲,刘光华.中国古代文官制度[M].兰州:甘肃人民出版社,1992.

[8] 刘梅生.中国古代文官制度史略[M].郑州:河南大学出版社,1991.

[9] 赖瑞和.唐代基层文官[M].北京:中华书局,2008.

[10] 赖瑞和.唐代中层文官[M].北京:中华书局,2011.

[11] 赖瑞和.唐代高层文官[M].北京:中华书局,2017.

中国是世界四大文明古国之中唯一文化系统历经 5 000 年传承且从未中断的国度,法国汉学家马伯乐曾说:"中国是欧洲以外仅有的这样的一个国家:自远古起,其古老的本土文化传统一直流传至今。"因为中国传统文化系统的特殊性,自 16 世纪传教士进入中国以来,中国的历史、政治、社会、文学、哲学、音韵学、史学、经济、书法等方面就成为几个世纪以来海外汉学家们的研究对象。近年来,汉学(Sinology)出现了狭义和广义之分。狭义的汉学指源于欧洲的中国研究,包括对艺文经史等各种文献的考据训诂研究及非物质文化遗产的研究;广义的汉学指基于狭义汉学而扩展的关于东方与西方、传统与现代、国家与社会等近现代中国问题的"地域研究"。本讲通过讲述海外汉学对中国古代文化的研究即狭义汉学,来展示这一兼具东方神秘与西方开放的学科的独特魅力。

第十六讲

海外汉学

解　题

海外汉学按时间分类应分为传教士汉学时期和专业汉学时期。

一、传教士汉学

13世纪末,一场科学与艺术的革命在意大利兴起,这就是近代欧洲的开端——文艺复兴运动。这场运动旷日持久,于16世纪盛行欧洲,使欧洲人的性格有了很大改变。自那时起,欧洲人变得非常自我,极力想在各个领域找到自己存在的价值。这种性格使他们在努力实现自我价值的同时,也催生了他们灵魂内的极端个人主义。他们渴望世俗的生活,企望财富和爱情,愿意付出一切努力去满足个人的欲望。恰逢其时,一本描述东方美景的《马可·波罗游记》闯进了他们的视野,这本书中有富庶的国度、奇异的风俗和动人的女性,满足了他们的一切冲动,这使得中国一下子就成了欧洲人心目中的理想王国。他们希望实现自己的梦想,于是,他们开始了对神秘东方的探险之旅。

意大利航海家克里斯托弗·哥伦布代表西班牙,于1492年第一次从欧洲向印度进发。尽管哥伦布航海发现的陆地是美洲的巴哈马群岛,但对欧洲人来说,这是一个巨大的惊喜和鼓励。仅仅六年后,葡萄牙航海家瓦斯科·达·伽马在哥伦布航海胜利的鼓舞下,绕过了好望角,进入印度洋,与美丽的东方世界咫尺相望。1517年,有了远航经验的葡萄牙船队再次起锚,这次,他们终于到达了梦想中的国度,驶入了中国的广州湾。1565年,西班牙船队占领了南中国海的吕宋群岛,随着这两个国家的传教士分别从澳门和福建进入中国,传教士汉学时代来临了。

最早来华的传教士们受到了官方的欢迎,正像西方对中国表现出的好奇一样,中国也急切地想要了解自己并不熟悉的一切。顺治皇帝拜德国传教士汤若望为"玛法",康熙使用法国传教士白晋和张诚带来的金鸡纳霜消除病痛,并耐心研习着西洋数学。而与此同时,这些基督教的传教士们也在悄悄研读中国古代典籍,并开始将其翻译成各国文字,欧洲"汉学"的发轫由此而起,传教士们也被后世研究者们称为"传教士汉学家",其中便有我们熟知的意大利传教士利玛窦和卫匡国、葡萄牙传教士曾德昭、波兰传教士卜弥格等。

在汉学研究刚刚开始的时候,欧洲的研究者们毫不掩饰对这个神秘东方国度的好奇,他们的关注点首先是最先映入眼帘的中国社会,接着是历史、风俗、文字。进入中国不久,传教士们就发现要了解中国社会,首先要了解中国人的原有信仰,国学经典便自然而然地成为他们的首要参阅对象。

身为"传教士汉学家",他们的主业是"传教",他们研究中国语言文字和中国传统文化的主要目的在于尽快地了解中国,把他们从欧洲带来的基督教义传播出去。他们最初的汉学研究,是试图在这些典籍中寻找对中国人心灵、智慧和文化思维的理解,以便找到向中国人传播基督教义的快捷有效的途径。汉学研究的成果只是一种"无意插柳"的结果。如德国传教士花之安为使孔子与耶稣共通共融,便将耶稣教义比附中国的传统儒学并得出结论:"夫儒教言理,则归于天命之性,耶稣道理,则归于上帝之命令,仁义皆全……此耶稣道理,实与儒教之理,同条共贯也。"他认为,既然耶稣道理与儒家学说"同条共贯",那么,遵循儒家礼法的中国人信奉基督教便是合情合理的了。值得注意的是,传教士汉学家们在美化耶稣教义的同时,也通过自己对西方社会的介绍让国人的眼界得到了开阔,对西方文化也有了一些了解,为当时相对落后的华人社会送来了一面反观自己的镜子。

传教士汉学家们对诸子百家广为涉猎,随着传教士们在中国停留的时间越来越长,对中国的熟悉程度逐渐加深,比较具有文学性的文字也开始进入他们的视野。如另一位德国汉学家安保罗将《诗经》中"瞻彼淇澳,菉竹猗猗"译作"你看那淇水的曲澳(同"噢"),那长的绿竹这样茂盛"。用词流畅易懂,又雅致华美,甚至意境也极为相通,已经达到较高的水平。

二、专业汉学

法国著名汉学家戴密微曾说:"西方的汉学是由法国人创立的。"语中的"汉学"指的便是专业汉学。专业汉学和传教士汉学的区别在于:前者在研究上开始走出传教士汉学研究的框架,按照近代西方所形成的人文学科的方法研究中国,进入了西方的东方学研究体系,成为学院派汉学。在欧洲,第一个关于中国语言与文化的教授席位于1814年在法国法兰西学院设立,坐上这个席位的汉学家是雷慕沙,他成为西方专业汉学第一人。随后,其他欧洲强国如俄国、荷兰、英国等国的大学也先后设立了汉学专业。

北美汉学起步极晚,19世纪30年代才进入传教士汉学时期,但发展极快。第二次世界大战后,很多欧洲专业汉学家们辗转来到美国,为北美汉学的发展注入了巨大活力,使北美汉学成果卓然,在世界汉学研究中处于领先地位。

西方专业汉学家们有的把对古文献进行分析研究和诠释作为主要方向,有的执着于对中国古代诗歌、戏剧、小说的译介和研究,这些都对汉学的发展作出了重要贡献。随着专业汉学家们翻译及研究成果的增多,直接促进了中国古代文学在西方的传播。语言精练的中国古代经典、注重意境的中国古典诗词经汉学家们的妙手,被带到了西方世界。英国的汉学大师阿瑟·韦利、德国大诗人歌德、美国翻译家华兹生、意象派诗人庞德、当代著名汉学家宇文所安等都曾翻译过不少中国古代文学作品,其中不乏经典译本,使东西方文化完美融合,浑然一体。如大诗人李白的经典之作《长干行》中"感此伤妾心,坐愁红颜老"一句,被庞德译为"They hurt me, I grow older",以天才的直觉把握到了这首诗的"诗核",情味深远绵长。

与此同时,一批西方著名的文学家、艺术家们纷纷从对他们来说十分新鲜的东方文学宝库中找到灵感,将东西方文明相融合,为文学乃至其他艺术类别注入了新的活力,创造出了许多既具西方特征,又具东方韵味的优秀作品,为世界文化的发展增添了新的内容。诺贝尔文学家获得者黑塞在中国诗歌和小说的影响下,写下了许多不朽的名篇;世界戏剧三大表演体系之一的创始人布莱希特以元杂剧为题材,创作了脍炙人口的佳作;作曲家马勒根据中国诗歌的德译本创作的交响乐《大地之歌》成为诗乐结合的完美典范。

除欧洲汉学、北美汉学外,海外汉学中还有一个极为重要的板块,那就是东亚汉学,其中以日本的汉学研究最为突出。

与西方国家相比,日本汉学是很独特的。其独特之处大致有三:一是时间早,二是范围广,三是道路曲折。日本人在相当早的时期已经开始了对中国的关注。从隋唐起,中国的典籍制度、礼仪文化、文字样式等诸方面都为日本所学习、研究、模仿和借用。日本在奈良时代曾向中国派出遣隋使和遣唐使,他们带回的中国文化典籍引发了以日本宫廷贵族为中心的汉文学习热潮,后又延伸到要求普通官吏也必须掌握汉文。受此影响,人们不仅能识认和解意汉文,还有佼佼者可用汉语创作诗歌,这些诗歌就被称为"汉诗文"。平安时代,汉文的学习和创作更是盛行于世,其原因在于嵯峨天皇受曹丕《典论》"文章盖经国之大业,不朽之盛事"的思想影响,以文章"经国",把汉文水平作为考核官吏的一项重要标准。

从镰仓时代末期到室町时代的大约300年间流行的"五山文学"创作了大量用于禅寺仪式的汉诗文。江户时代把程朱理学作为国学,成为人们精神文化生活的行为准则。到了18世纪中叶,出现了众多的诗社,汉诗文创作又出现了繁荣景象,涌现出了许多杰出诗人。从奈良时代到明治维新,日本在一直不停地引进、吸收和消化中国文化,并在此基础上创造和发展了日本文化,这就是日本汉学与西方汉学最重要的不同之处。

到了明治维新时期,汉学在日本有了两种不同的走向。一部分日本汉学家受社会上"脱亚入欧"思想的影响,崇拜西方文化,主张学术上也应向西方列强看齐,把汉文化当作一种迂腐落后的糟粕,避之不及。他们试图否认和割裂日本文化对汉文化的模仿和继承关系,以对中华文明的唾弃、排斥和攻击作为挣脱、独立于汉文化之外的手段;而另有一部分优秀的汉学家们尊重历史,立足传统,以客观的学术精神指导其汉学研究,特别是近年来,成果颇丰。武内义雄的中国哲学、宫崎市定的中国史学、吉川幸次郎的中国文学、神田喜一郎的日本汉文学等研究均有其特色和深度,可谓自成一家、独树一帜。日本汉学家们涉猎广泛,他们首倡了对中国通俗文学、尤其是戏曲杂剧和古典小说的研究,对于敦煌学的开拓与研究也足可与欧美汉学家并驾齐驱,在对清朝历史与文学的研究方面,日本汉学家们更是处于世界领先水平。

篇目选读

《经学不厌精·序》节选 [德] 花之安①

食所以养身也②,学所以养心也,食不精不足以养身③,学不精不足以养心④,理实同也。……童蒙入塾⑤,犹始苗也;朝夕诵读,犹耘籽也⑥;学业甫就⑦,犹成谷也;去伪崇真,犹杵臼也⑧;研究校勘,犹濯摩也⑨;考订既实,而后可明其体而达其用。非然者,泛滥群籍⑩,不知口诵心维⑪,何殊以连糠带秕之米⑫,狂噬大嚼,粗砺之气⑬,令人不可向迩⑭,学经何为哉?

(节选自花之安《自西徂东》,上海书店出版社 2002 年版。)

---

① 花之安:19 世纪德国基督教礼贤会传教士、汉学家、植物学家。1839 年生于科堡,曾在巴门神学院学习,23 岁毕业后又先后去巴塞尔大学、杜宾根大学进修,之后在哥达大学研究植物学。1865 年代表礼贤会到香港,后在广东岭南一带行医、传教 10 余年。后因喉部有疾,发音困难,于是专心研究汉学,想通过文字著述来传播教义。1886 年赴上海,专门从事著述,用儒学思想来诠释基督教义。1898 年德国占领青岛后移居青岛,次年于青岛病逝,共在华 35 载。花之安著作等身,著有《儒教汇纂》《中国宗教导论》《中国妇女的地位》《从历史角度看中国》等书,被誉为"19 世纪最高深的汉学家"。
② 所以:所用来。以,用。
③ 精:精细。足:够。
④ 精:精通。
⑤ 塾:旧时私人设立的教学的地方。
⑥ 耘籽:翻土除草。
⑦ 甫:刚;才。
⑧ 杵臼:舂捣粮食。
⑨ 濯摩(zhuó mó):亦作"濯磨",洗涤磨炼。比喻加强修养,以期有为。
⑩ 群籍:原指五经以外诸书,后泛指各种书籍。
⑪ 口诵心维:口里念诵,心里思考。
⑫ 何殊:有什么不同? 意思是没有什么两样。连糠带秕:糠,谷的外壳。秕,子粒不饱满的稻谷或谷子。
⑬ 粗砺:粗糙,不光滑。
⑭ 迩:近。

《中德四季晨昏杂咏》①文/［德］歌德② 译/杨武能

一

疲于为政，倦于效命，

试问，我等为官之人，

怎能辜负大好春光，

滞留在这北国帝京？

怎能不去绿野之中，

怎能不临清流之滨，

把酒开怀，提笔赋诗，

一首一首，一樽一樽。

二

白如百合，洁似银烛，

形同晓星，纤茎微曲，

蕊头镶着红红的边儿，

燃烧着一腔的爱慕。

早早开放的水仙花

在园中已成行成排。

好心的人儿也许知晓，

它们列队等待谁来。

---

① 本组诗为歌德最重要的诗歌作品之一。组诗共有14首，多为八句一首，四句一阕，这与中国的绝句和律诗十分相近。诗中作者描写主人公在暗含了四季流动的从清晨到黄昏的时间发展中，在爱情上经历了"等待—相聚—离别—巧恋"的过程后，开始了对人生的反思，并领悟到了"于此时此地发挥你的才干"即"时不我待"的人生哲理。

② 歌德：出生于美因河畔的法兰克福，德国著名思想家、作家、科学家，魏玛古典主义最著名的代表，德国乃至世界文学领域最伟大的作家之一，作品有诗歌、戏剧和散文等。1773年作戏剧《葛兹·冯·伯利欣根》，从此蜚声德国文坛。1774年发表了诗歌《少年维特之烦恼》，名声大噪。1831年完成《浮士德》，翌年在魏玛去世。

三

羊群离开了草地，
唯剩下一片青绿。
可很快会百花盛开，
眼前又天堂般美丽。

撩开轻雾般的纱幕，
希望已展露端倪：
云破日出艳阳天，
我俩又得遂心意。

四

孔雀虽说叫声刺耳，
却还有辉煌的毛羽，
因此我不讨厌它的啼叫。
印度鹅可不能同日而语，
它们样子丑叫声也难听，
叫我简直无法容忍。

五

迎着落日的万道金光，
炫耀你情爱的辉煌吧，
勇敢地送去你的秋波，
展开你斑斓的尾屏吧。
在蓝天如盖的小园中，
在繁花似锦的绿野里，
何处能见到一对情侣，
它就视之为绝世珍奇。

六

杜鹃一如夜莺，

欲把春光留住，

怎奈夏已催春离去，

用遍野的荨麻蓟草。

就连我的那株树

如今也枝繁叶茂，

我不能含情脉脉

再把美人儿偷瞩。

彩瓦、窗棂、廊柱

都已被浓荫遮没；

可无论向何处窥望，

仍见我东方乐土。

七

你美丽胜过最美的白昼，

有谁还能责备我

不能够将她忘怀，

更何况在这宜人的野外。

同在一所花园中，

她向我走来，给我眷爱；

一切还历历在目，

萦绕于心，我只为她存在。

八

暮色徐徐下沉，

景物俱已远遁。

长庚最早升起，

光辉柔美晶莹！

万象摇曳无定，
夜雾冉冉上升，
一池静谧湖水，
映出深沉黑影。

此时在那东方，
该有朗朗月光。
秀发也似柳丝，
嬉戏清溪之上。
柳荫随风摆动，
月影轻盈跳荡。
透过人的眼帘，
凉意沁入心田。

九

已过了蔷薇开花的季节，
始知道珍爱蔷薇的蓓蕾；
枝头还怒放着迟花一朵，
弥补这鲜花世界的欠缺。

十

世人公认你美艳绝伦，
把你奉为花国的女皇；
众口一词，不容抗辩，
一个造化神奇的表现！
可是你并非虚有其表，
你融汇了外观和信念。
不倦的探索定会找到
"何以"与"如何"的
法则和答案。

十一

我害怕那无谓的空谈，
喋喋不休，实在讨厌，
须知世事如烟，转瞬即逝，
哪怕一切刚刚还在眼前；
我因而坠入了
灰线织成的忧愁之网。
"放心吧！世间还有
常存的法则永恒不变，
循着它，蔷薇与百合
开花繁衍。"

十二

我沉溺于古时的梦想，
与花相亲，代替娇娘，
与树倾谈，代替贤哲，
倘使这还不值得称赏，
那就招来众多的童仆，
让他们站立一旁，
在绿野里将我等侍候，
捧来画笔、丹青、酒浆。

十三

为何破坏我宁静之乐？
还是请让我自斟自酌；
与人交游可以得到教益，
孤身独处却能诗兴旺勃。

十四

"好！在我们匆匆离去之前，

请问还有何金玉良言?"——

克制你对远方和未来的渴慕，

于此时此地发挥你的才干。

《中国的诗翁》①文/［德］赫尔曼·黑塞② 译/赵平

月光透过白云的空隙

把根根竹梢辉映

波光粼粼的水面

印着古桥的清晰倒影

景致幽雅,愉悦人心

夜色苍茫,万物一新

景如梦,笔传神

莫道明月不等人

桑树下醉倚着诗翁

他把盏挥笔,狂书不羁

描绘着醉人的夜色

舞动的倩影和月光的蜜意

月如银,云似水

在诗翁的眼前浮动

---

① 此诗中包含着"中国元素"。黑塞的图书室里有一个"中国之角",这一角包罗万象,中国的儒道哲学、诗词小说、传统文化等都收罗其中,甚至还有能给予读者直观印象的图集。黑塞对这些书籍爱不释手,潜心阅读,还为这些书籍写了众多书评,在这些书籍中汲取着来自东方的智慧和精神。这些书籍在黑塞的精神世界中占有十分重要的地位。他说:"倘若没有读到这些书,我不知道自己会如何生活下去……我绝未料想到,竟有如此奇妙的中国文学……让中国成为了第二故乡和精神避难所……我既不识中文……却有幸通过自己的想象寻找出一种精神气息和精神故乡而陶醉其中。"

② 赫尔曼·黑塞:德国作家,诗人。出生于德国,1919 年迁居瑞士,1923 年 46 岁入瑞士籍。黑塞一生曾获多种文学荣誉,比较重要的有冯泰纳奖、诺贝尔奖、歌德奖。1946 年获诺贝尔文学奖。1962 年黑塞于瑞士家中去世,享寿 85 岁。黑塞爱好音乐与绘画,是一位漂泊、孤独、隐逸的诗人,被西方文学评论家们称作为"浪漫主义的最后一名骑士"。作品多以小市民生活为题材,表现对过去时代的留恋,也反映了同时期人们的一些绝望心情。主要作品有《彼得·卡门青》《荒原狼》《东方之旅》《玻璃球游戏》等。

在诗翁的笔下复出

这稍纵即逝的诗情画意

被赋予了柔情

被赋予了灵魂和生命

这诗情画意

千古流传以至永恒

日本汉诗文两首①

《江头春晓》嵯峨天皇②

江头亭子人事睽③，欹枕唯闻古戍鸡④。

云气湿衣知近岫⑤，泉声惊寝觉邻溪。

天边孤月乘流疾，山里饥猿到晓啼。

物候虽言阳和未⑥，汀洲春草欲萋萋。

《咏史》坂上今继⑦

陶潜不狎世⑧，州里倦尘埃。

始觉幽栖好，长歌归去来。

琴中唯得趣，物外已忘怀。

---

① 日本汉诗文为日本人用汉文创作的诗文。兴起于公元 7 世纪中叶的近江时代，到明治维新时代走向衰落，约有 1 200 年的历史。日本的古代文学有两大分支，一是日本人用日文创作的和文学，另一种就是日本人直接用中文创作的诗词文赋等文学作品，被称作日本的汉文学。在日本的汉文学当中，汉诗是最重要的一种。所谓日本汉诗文，就是日本人直接用中文创作，并且遵从汉诗格律用韵的一种诗歌形式。按其发展可分为王朝时代，五山时代，江户时代，明治以后。四个时期风格各有特色。

② 嵯峨天皇：日本第 52 代天皇，公元 809—823 年在位，名神野。擅长书法、诗文，被列为平安时代三笔之一。在位期间大力推行"唐化"，从礼仪、服饰、殿堂建筑一直到生活方式都模仿得惟妙惟肖。嵯峨天皇不恋权位，反倒寄情琴棋书画，徜徉山水之间，是位无为而治的信奉者。他迷恋汉学，诗赋、书法、音律都有相当的造诣。

③ 睽：违背、不合。

④ 欹枕：即斜倚枕头。欹，通"倚"，斜倚，斜靠。

⑤ 岫（xiù）：山峰。

⑥ 阳和：春天的暖气，借指春天。

⑦ 坂上今继：日本诗人，公元 814 年左右任左太史。

⑧ 狎（xiá）世：指随附世俗。

柳掩先生宅,花薰处士杯①。

遥寻南岳径,高啸北窗隈②。

嗟尔千年后,遗声一美哉。

作品讲授

《经学不厌精·序》

《经学不厌精》是德国汉学家花之安所作的学习中国经典的入门性著作,其计划中的《经学不厌精》应为一部较为严整、系统的经学通史,设定此书为五卷本,但由于身体原因,花之安生前仅完成并出版了第一、二卷,遗稿由德国传教士安保罗代为整理编辑出版,全书共25万~30万字。《经学不厌精》依然延续了"孔子加耶稣"的方式,在其对中国经学研究的特点、方式、内容等方面都有与西式理念糅合的痕迹。书中经学与实学并重、摈除虚妄、遵循自然规律等先进思想,对当时的中国社会有着重要意义。

《中德四季晨昏杂咏》

《中德四季晨昏杂咏》与中国古典诗歌一样,语言精练简约,耐人寻味,而意境也与中国诗歌十分相似。学界对这部组诗有两种看法,一种认为它是对中国古典诗歌的仿制;另一种则认为它是歌德在阅读中国古代文学作品后进行的创作。无论哪种看法,这组诗受到中国文学影响、带有中国文学印记是毋庸置疑的。如组诗的第一首中"把酒开怀,提笔赋诗,一首一首,一樽一樽"与李白《将进酒》的豪情如出一辙,而诗中出现的孔雀、垂柳等中国特有的或从中国传入欧洲的事物,更为作品增强了中国色彩。在这组诗的第六首中,歌德写下了他"视线所窥,永是东方"的名句,表达了他对中国的向往、倾慕和热爱。可无论向何处窥,仍见我东方乐土。

《中国的诗翁》

《中国的诗翁》是黑塞浪漫主义作品的代表作之一。黑塞被称作"浪漫派最后的一位骑士",而在本诗中他所描写的诗翁形象恰是中国最伟大的浪漫主义诗人李白。黑塞以《中国的诗翁》给我们创造了一个美好的世界,在这个浩大的意象之海中,现实的诗翁黑塞和意象的诗翁李白跨越时空,在一个空明、旷达、充满梦幻的世界中向人们展示理想

---

① 处士:古时候称有德才而隐居不愿做官的人。

② 隈(wēi):山水等弯曲的地方。

美。黑塞所处的时代战争频仍，但在这首诗中我们看不到作者对人生的慨叹、迷惘和痛苦，只能看到他的浪漫主义理想。他讴歌自然、人生，向往和平，赞美生命，但同时依然能使读者感受到作者内心理想和现实的落差，以及由此所引发的淡淡感伤。

日本汉诗文两首

日本汉诗文包括律诗、绝句、古诗、乐府和词。嵯峨天皇的汉诗文《江头春晓》和坂上今继的《咏史》均属律诗。日本学习和吸收中国语言文学、用汉文写作的传统要追溯到公元3世纪《论语》《千字文》等书从中国的传入。7世纪中叶，日本大友皇子、大津皇子成为用汉文写诗的先驱者。8世纪奈良时代的汉诗文创作受中国齐梁体及唐初诗风影响较深。平安时代初期，即9世纪上半叶，是汉诗文的全盛时代。嵯峨天皇和坂上今继便都生活在这个时代。从两首律诗可以看出，当时汉诗文的创作水平颇高，用词雅致，对仗工稳，用典高妙，情景交融，借古喻今，得中国诗歌之精华。平安末期，汉诗文创作逐渐衰落。14世纪禅学盛行时，禅家把汉诗文修养作为禅僧的必备条件，汉诗文复兴，以京都为中心形成了五山文学。江户时代后期，汉诗文再次形成鼎盛时代，一直延续到明治时期。

课后思考

1. 谈谈海外汉学研究的价值和意义。

2. 钱锺书先生在《谈艺录·序》中谈及东西方学术文化问题时说过："东海西海，心理攸同；南学北学，道术未裂。"以传教士汉学为例，谈谈你对这句话的看法。

3. 中国古代文化传至海外，影响了许多文学家的创作，试举一例说明。

拓展阅读

[1] 张国刚,等.明清传教士与欧洲汉学[M].北京:中国社会科学出版社,2001.

[2] 何寅,许光华.国外汉学史[M].上海:上海外语教育出版社,2002.

[3] 李庆.日本汉学史[M].上海:上海外语教育出版社,2002.

[4] 赵毅衡.诗神远游：中国如何改变了美国现代诗[M].上海:上海译文出版社,2003.

[5] 张西平.他乡有夫子：汉学研究导论[M].北京:外语教学研究出版社,2005.

[6] 沈福伟.中西文化交流史[M].上海:上海人民出版社,2006.